Die neue Weltmacht

Ausbreitung des Islam von 622 bis 750 n. Chr.

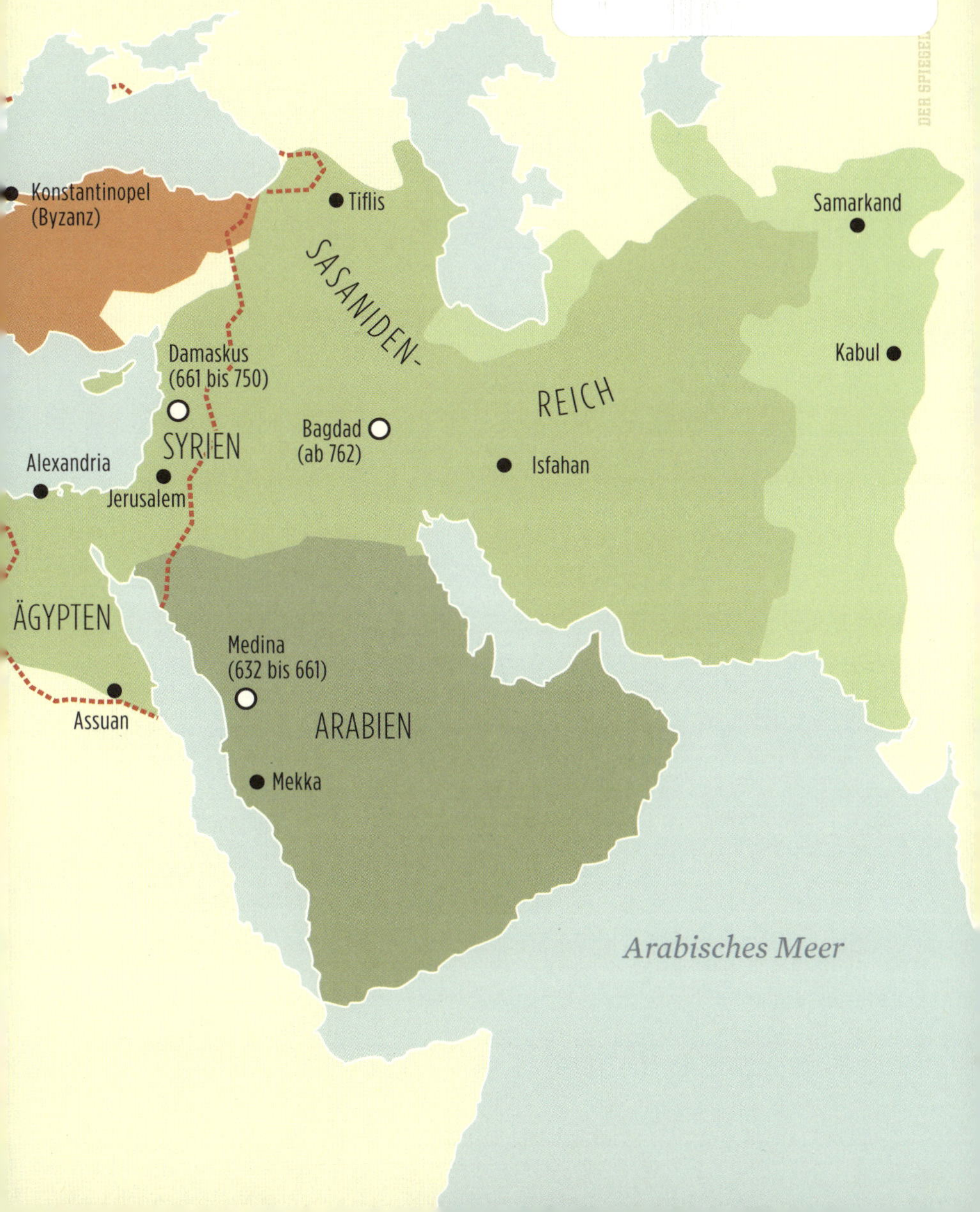

Der Islam

Dietmar Pieper und Rainer Traub (Hg.)

Der Islam

1400 Jahre Glaube, Krieg und Kultur

Ludwig Ammann, Dieter Bednarz,
Georg Bönisch, Annette Bruhns, Katrin Elger,
Erich Follath, Anne-Sophie Fröhlich, Uwe Klußmann,
Michael Josef Marx, Yassin Musharbash, Christoph Schult,
Michael Sontheimer, Daniel Steinvorth,
Claudia Stodte, Thilo Thielke, Volkhard Windfuhr

Deutsche Verlags-Anstalt

Die Texte dieses Buches sind erstmals im gleichnamigen Heft
der Reihe SPIEGEL GESCHICHTE (Nr. 5/2010)
erschienen und wurden für diese Ausgabe aktualisiert.

MIX
Papier aus verantwortungsvollen Quellen
FSC® C014496

Das für dieses Buch verwendete FSC®-zertifizierte Papier
Munken Premium Cream liefert Arctic Paper Munkedals AB, Schweden.

1. Auflage

Typografie und Satz: DVA/Brigitte Müller
Gesetzt aus der Weiss Antiqua
Druck und Bindung: GGP Media GmbH, Pößneck
Printed in Germany
ISBN 978-3-421-04520-1

www.dva.de

Inhalt

Vorwort

Der Islam ist seit Jahren eines der umstrittensten Themen in Deutschland. Ungefähr vier Millionen der weltweit etwa 1,4 Milliarden Muslime leben hier, in rund 2000 deutschen Moscheen wird gebetet.

Ist die Offenbarung des Propheten Mohammed also ein Teil Deutschlands geworden? Darüber gehen die Meinungen weit auseinander. Die Kontroverse tobt auch deshalb so heftig, weil die Bedrohung durch Terroristen, die sich auf den Islam berufen, spätestens seit den Massenmorden des 11. September 2001 offenkundig ist.

Die dadurch ausgelöste Angst verbindet sich bei vielen Bürgern angesichts unsicherer Arbeitsplätze, niedriger Geburtenraten und einer schwindenden Bevölkerungszahl mit ganz persönlichen Existenzsorgen. So kommt es, dass sich der Ärger über erhebliche Defizite bei der sprachlichen und kulturellen Integration in explosiver Weise aufstaut. Thilo Sarrazin, der frühere Berliner Finanzsenator und Bundesbank-Vorstand, hat für dieses Gemisch im vergangenen Jahr den Zünder geliefert – sein Buch »Deutschland schafft sich ab« wurde zu einem riesigen Verkaufserfolg. Die Muslime, so beschwört der Autor eine düstere Zukunft, vermehren sich um so unkontrollierter, je ungebildeter sie sind; bald werden sie unser Land bis zur Unkenntlichkeit überfremdet haben.

Programmatisch erklärte Deutschlands neuer Innenminister Hans-Peter Friedrich bei seinem Amtsantritt im März, der Islam sei »kein Teil Deutschlands«: eine klare Werbung um die Sympathien der Sarrazin-Anhänger, die ein immenses Wählerpotential bilden. Der CSU-Mann vollzog damit eine politische Rolle rückwärts, die sogar innerhalb der Union umstritten ist. Denn sein Vor-Vorgänger im Innenamt, Wolfgang Schäuble (CDU), hatte bei der Einberufung der integrationsorientierten »Islamkonferenz« vor fünf Jahren ausdrücklich gesagt: »Der Islam ist ein Teil Deutschlands.« Bundespräsident Christian Wulff, auch er ein Christdemokrat, machte sich Schäubles Satz zu eigen; Wulff hat die Förderung muslimischer Integration als besonderes Ziel hervorgehoben.

Um was für eine Religion geht es bei alledem? Je leidenschaftlicher über das Wesen des Islam gestritten wird, desto häufiger steht polemische Verkürzung einer sachlichen Auseinandersetzung im Weg; die Kenntnisse erweisen sich oft als erschreckend dürftig. Von den geschichtlichen Entwicklungen und Kontroversen, die diese Religion seit ihren Ursprüngen begleiten, haben die meisten nicht einmal nebelhafte Vorstellungen. Wer war überhaupt Mohammed? Wie kam es zu seinem Offenbarungserlebnis, aus dem der Koran entstand? Wie schafften es die frühen Anhänger des Islam, in kürzester Zeit zwei Großreiche zu erobern und sich auf mehrere Kontinente auszudehnen? Spielt für die Muslime ihr Heiliges Buch dieselbe Rolle wie die Bibel für die Christen – oder haben sie ein anderes Verhältnis zur Schrift? Wie steht der Islam zu Judentum und Christentum, wie zu Staat und Gesellschaft? Wie kam es zur Spaltung in Sunniten und Schiiten?

Solche und andere Fragen behandelt das vorliegende Buch. Es beruht vor allem auf den langjährigen Erfahrungen und Kenntnissen von SPIEGEL-Journalisten. Die Redakteure Dieter Bednarz und Erich Follath bereisen seit Jahrzehnten die islamische Welt. Istanbul-Korrespondent Daniel Steinvorth hat schon als Kind viele Jahre in arabischen Ländern verbracht, seine Kollegen Christoph Schult (bis vor kurzem in Jerusalem), Thilo Thielke (Bangkok) und Volkhard Windfuhr (Kairo) kennen Glanz und Elend des heutigen Islam aus erster Hand, ebenso wie Yassin Musharbash von SPIEGEL ONLINE. Anne-Sophie Fröhlich und Claudia Stodte, Islamwissenschaftlerinnen aus der SPIEGEL-Dokumentation, haben kundige Beiträge geschrieben und ein kleines Islam-Lexikon zusammengestellt. Hinzu kommen wissenschaftlich ausgewiesene Gastautoren sowie der Erlanger Juraprofessor Mathias Rohe als Gesprächspartner. Rohe, Autor des Standardwerkes »Das islamische Recht«, gibt überraschende Aufschlüsse über die Widersprüche und vielfältigen Auslegungen, die sich hinter dem Schreckensbegriff »Scharia« verbergen.

Ein näherer Blick auf die lange Geschichte des Islam zeigt, dass es ein starres Glaubensgebäude nie gegeben hat. Kein Wunder, dass auch die heutige Auslegung und Praxis dieser Religion überaus pluralistisch ist; die beiden Hauptrichtungen, Sunniten und Schiiten, zerfallen in zahlreiche nationale und regionale Untergruppen. Nicht anders als beim Christentum, finden unter dem losen Dach der 1400 Jahre alten Weltreligion unzählige Konfessionen, Richtungen und Sekten Platz, die einander nicht selten spinnefeind sind. Dennoch nehmen fundamentalistische Islamisten für sich in Anspruch, ihre dogmatische Sichtweise sei das einzig wahre Verständnis dieser Religion. Ausgerechnet darin tun es ihnen die fundamentalistischen Islamkritiker gleich, so dass die verfeindeten Lager in der selben ideologischen Falle landen.

Hamburg, im Frühjahr 2011

Dietmar Pieper
Rainer Traub

Verse für Krieg und Frieden

Der Koran ist eines der mächtigsten Bücher der Welt – verehrt, gefürchtet und missbraucht. Wie archaisch ist die heilige Schrift des Islam, dessen Geschichte vor 1400 Jahren begann? Die Muslime legen das einzigartige Werk sehr unterschiedlich aus.

Von Dieter Bednarz und Daniel Steinvorth

Er gilt als das wohl widersprüchlichste, das umstrittenste und zugleich geheimnisvollste Buch der Welt. Er ist ein Füllhorn an Poesie und Prosa und ein Werk voller ungelöster Rätsel. Mal tolerant, dann wieder streng, bald nachsichtig und bald erbarmungslos. Ein ebenso gewaltiges wie gewalthaltiges Buch, für die Gläubigen die einzig gültige Übersetzung des göttlichen Willens, das vollkommene Werk des Schöpfers: der Koran, die Offenbarung Gottes an den Propheten Mohammed.

Während die Bibel mit Geschichten und Gleichnissen voller Wunder und Gnadenbezeugungen, aber auch mit Intrigen und Verbrechen lockt, ist der Koran eher ein Reigen aus Erzählungen und Verordnungen, deren Abfolge nicht chronologisch, sondern durch die Länge der Suren, der 114 Kapitel, bestimmt wird – wobei die langen zuerst stehen, mit einer Ausnahme: der Eröffnungssure.

Es ist ein Buch, das mal durch gewaltige, dunkle Sprachbilder, mal durch die Schlichtheit präziser Alltagsvorschriften hervorsticht, eines, das noch kleinste Details im Leben der Gläubigen regelt: von der Aufteilung des Erbes bis hin zu Stillzeiten für Scheidungskinder. Ein Buch, das Bodenständige wie Schwärmer gleichermaßen bezaubert, in dem aber auch rätselhafte Buchstaben auftauchen, deren Bedeutung niemand kennt, aus denen sich aber die »unsichtbare Wirklichkeit Gottes« ablesen lasse, wie islamische Mystiker, die Sufis, behaupten.

Zugleich ist der Koran wohl das mächtigste Buch der Welt. Mit seinen Regeln, Ermahnungen und Erkenntnissen ist er die Richtschnur für fast ein Fünftel der Menschheit, umfassender und strenger als das heilige Buch der Christen.

»Und lobpreise deinen Herrn vor dem Aufgang und vor dem Untergang der Sonne! Und preise zu gewissen Zeiten der Nacht und an den Enden des Tages«, so schreibt Sure 20, Vers 130, dem Gläubigen regelmäßige Gebete vor. Bemüht um Gottgefälligkeit, verneigen sich 1,4 Milliarden Muslime vom Senegal bis Sumatra, von Somalia bis Xinjiang gen Mekka und sprechen zu Beginn ihres Gebets die Fatiha, die Eröffnungssure des Koran: »Bismillah al-rahman al-rahim, al-hamdu lillah rabb al-alamin ...« – »Im Namen Gottes, des Barmherzigen, des Gnädigen, Lob sei Gott, dem Herrn der Welten.«

Zwar hält die Bibel den Rekord als das meistgedruckte Werk der Welt: etwa 430 Millionen biblische Schriften wurden 2009 verbreitet. Aber der Koran holt auf. Dies lässt sich erahnen, wenn die saudi-arabische König-Fahd-Druckerei stolz verkündet, allein sie produziere jährlich weit über acht Millionen Korane, und jeder Mekka-Wallfahrer erhalte ein Gratisexemplar.

Obwohl der Koran nur auf Arabisch, der Sprache der Offenbarung, rezitiert werden darf, gibt es Dutzende Übersetzungen. Schließlich wollen immer mehr Muslime außerhalb der arabischen Welt, aber auch Nichtmuslime im Westen wissen, was Gott zu Mohammed gesagt haben soll. Vor allem aber trägt die Dynamik der jüngsten Weltreligion zum Anstieg der Koranauflagen bei. Zum Gürtel des Islam gehören reiche Länder wie das Sultanat Brunai oder die Vereinigten Arabischen Emirate, aber auch extrem arme wie Bangladesch oder Mauretanien. In

Westeuropa bestimmt die Religion, die in der Wüste geboren wurde, den Alltag von etwa 15 Millionen Einwanderern und Konvertiten, keine Glaubensgemeinschaft wächst hier schneller und gebärdet sich ähnlich selbstbewusst.

Als Zeichen von Gottesfürchtigkeit wird der Koran in Washington im Kapitol ebenso geehrt wie auf dem Schafott in Bagdad. Im Abgeordnetenhaus der Vereinigten Staaten legte Keith Ellison, Demokrat aus Minnesota und Amerikas erster muslimischer Abgeordneter, am 4. Januar 2007 seinen Amtseid ab. Er hielt dabei einen Koran aus dem persönlichen Nachlass des US-Gründervaters Thomas Jefferson in den Händen. Ein grüner, in Leder gebundener Koran war die letzte Habe des einst so mächtigen wie reichen Diktators Saddam Hussein. Am 30. Dezember 2006, dem Tag seiner Hinrichtung, diktierte er dem Richter seinen letzten Wunsch: Man möge sein Exemplar einem Freund übergeben, der es in Ehren halten werde.

Die gewaltige Symbolkraft des Werkes ist unbestritten. Die Auslegung des Koran kann über Leben und Tod, Krieg und Frieden entscheiden. Mal dienen die Offenbarungen den Attentätern von Hamas oder al-Qaida als Legitimation ihres Terrors: »Bekämpfe die Ungläubigen und die Heuchler und behandle sie hart«, rezitieren Islamisten auf ihren Bekennervideos aus der neunten Sure; oft berufen sie sich auch auf einen Vers aus der vierten, der ihnen das Paradies verspricht: »Wer auf dem Weg Gottes kämpft und wird getötet – oder siegt –, dem werden wir gewaltigen Lohn geben.«

So haben sie ihren Lohn gesucht, die Selbstmordattentäter von New York und Washington 2001, von Bali 2002, von Madrid 2004, von London 2005. Auf einmal verwandeln sich junge Muslime in Sprengkörper, jagen Hochhäuser und Discotheken, vollbesetzte Züge und U-Bahnen in die Luft und reißen Hunderte Menschen mit in den Tod. Was für eine düstere Religion muss das sein, auf die sich diese Attentäter berufen?

Den Christenmenschen war die heilige Schrift der Muslime nie ganz geheuer. Weil im Koran Mose, Abraham und auch Jesus und Maria auftauchen, wurde er in Europa jahrhundertelang als »Türkenbibel« verachtet. Wer dennoch in den Offenbarungen las, sah sich wie Voltaire in seinem Unbehagen gegenüber den Muselmanen eher noch bestätigt. Der Koran, so schrieb der französische Aufklärer, sei »ein unverständliches Buch, das den gesunden Verstand auf jeder Seite erschauern lässt«.

Auch der Islamfreund Johann Wolfgang von Goethe klagte über »grenzenlose Tautologien und Wiederholungen« und zeigte sich, »so oft wir auch daran gehen, immer von neuem angewidert«. Aber der Dichterfürst, der den Koran für seinen »West-östlichen Divan« studierte, gestand auch, dass ihn das Buch zugleich »anzieht, in Erstaunen setzt und am Ende Verehrung abnötigt«.

In der islamischen Welt wird dem Werk meist bedingungslose Verehrung entgegengebracht. »Al-Koran al-karim«, der »ehr-

Alif Lam Mim
Dies ist das Buch, an dem kein Zweifel ist;
Rechtleitung ist denen, die Gott fürchten,
die glauben ans Verborgene,
verrichten das Gebet,
und die von dem, was wir
zur Nahrung ihnen gaben, spenden;
die daran glauben, was zu dir herabkam,
und daran auch, was vor dir schon herabkam,
und die Gewissheit haben übers Jenseits:
Die sind von ihrem Herrn rechtgeleitet,
und ihnen ergeht es wohl.
Sure 2, Vers 1 bis 5

würdige«, der »kostbare« Koran ist die übliche Bezeichnung der Gläubigen. Denn den Muslimen gilt nicht nur der Inhalt, sondern auch das Buch, der Gegenstand an sich, als heilig. Wer aus ihm rezitiert, wer seinen Worten lauscht, so heißt es, könne den Allmächtigen hören, sehen und spüren. Religionswissenschaftler vergleichen die Bedeutung des Koran für die Muslime mit dem Stellenwert, der Jesus unter Christen zukommt: Bei den einen verkörpere sich Gott in einem Menschen, bei den anderen in einem Buch.

Wann und wo nahm das alles seinen Anfang? Gab es immer nur diesen einen Koran, so wie wir ihn heute kennen? Es war der Prophet Mohammed, geboren um 570 in Mekka, der Allahs Offenbarung aus der Wüste unter die Menschen gebracht hat. In einer Art Midlife-Crisis hatte er sich in die Berge zurückgezogen, um zu meditieren. Eines Nachts, so berichtet es der erste Mohammed-Biograf Ibn Ishaq, erschien ihm der Erzengel Gabriel im Schlaf. Er trug ein Tuch wie aus Brokat, worauf etwas in arabischen Lettern geschrieben stand. »Lies«, forderte er Mohammed auf. »Ich kann nicht lesen«, erwiderte dieser. Darauf würgte ihn Gabriel mit dem Tuch fast zu Tode und befahl: »Lies im Namen deines Herrn, des Schöpfers, der den Menschen schuf aus geronnenem Blut. Lies, und der Edelmütigste ist dein Herr, er, der das Schreibrohr zu gebrauchen lehrte, der die Menschen lehrte, was sie nicht wussten.« Mohammed wiederholte die Sätze – die später als Anfang der Sure 96 Eingang in den Koran fanden. Als er aufwachte, war es, als seien ihm »die Worte ins Herz geschrieben«.

Die heidnischen Herrscher in Mekka verspotteten und bedrohten Mohammed. Er musste mit seinen Gefährten in eine Oase namens Jathrib, später Medina genannt, fliehen. Dort vergrößerte sich seine Gemeinschaft. Anders als in Mekka drehen sich die Offenbarungen nun immer öfter um das rechte Leben im Alltag. Während der Koran in den »mekkanischen Suren« das metaphysische Wunder Gottes bezeugt, nimmt er in den »medinensischen Suren« auch Bezug auf gottesfürchtige Lebensführung, auf Kriegs- und Friedensrecht sowie den Umgang mit Andersgläubigen. Der Prophet empfängt jetzt jene Worte, die heute zwischen Fundamentalisten und Reformern besonders umstritten sind.

Als wäre der Koran ein Lehrbuch für Widersprüche, sagt er etwa zum Umgang mit Alkohol gleich dreierlei: Wird Wein in Sure 16,67 noch zu den guten Gaben Gottes gezählt (»ein Rauschgetränk und Nahrung schön«), liegt darin in Sure 2,219 schon »schwere Sünde, auch Nutzen«; erst in Sure 5,90 ist er dann ein »Gräuel und des Satans Werk«.

Auch pendelt das Buch zwischen Aufrufen zur Gewalt und Ermahnungen zur Toleranz. Da gibt es die Aufforderungen zur Tötung von Ungläubigen, etwa Sure 4,89: »Wenn sie sich abkehren, dann ergreift sie und tötet sie, wo immer ihr sie findet.« Oder grausame Höllenstrafen für die Ungläubigen im Jenseits: »Und wenn sie um Hilfe rufen, wird ihnen mit Wasser wie mit geschmolzenem Erz geholfen« (Sure 18,29). Aber es gibt auch Botschaften von universeller Barmherzigkeit. Gott selbst ist die Güte: »Rahman«, der Barmherzige, und »Rahim«, der Gnädige, sind die gebräuchlichsten Gottesnamen im Koran. Der Mörder eines Unschuldigen, so lehrt der Koran, müsse behandelt werden, »als habe er die gesamte Menschheit ermordet«.

Zugleich ruft der Koran immer wieder zum »Dschihad« auf. Selbst für vorsichtige Kommentatoren wie den Erlanger Islamwissenschaftler Hartmut Bobzin – der 2010 eine neue Übersetzung des Koran vorgelegt hat – steht fest: Mit diesem »Bemühen auf dem Wege Gottes«, so die wörtliche Übersetzung, ist »vor allem der Kampf im Sinne einer kriegerischen Auseinandersetzung gemeint«. Parallel dazu warnt der Koran vor einer selbstvernichtenden Opferbereitschaft, die heute islamistische Selbstmordattentäter antreibt: »Stürzt euch nicht mit eigenen Händen ins Verderben« (Sure 2,195).

Über die Andersgläubigen, Christen und Juden, lässt sich der Koran einmal respektvoll als über »Leute der Schrift« aus, dann wieder als über »diejenigen, die Gott verflucht hat und denen er zürnt und von denen er einige zu Affen und Schweinen und Götzendienern gemacht hat«. Die Widersprüche erklären muslimische Rechtsgelehrte mit den jeweiligen Umständen, in denen sich die junge Gemeinde Mohammeds gerade befand: hier im Kampf, dort im Frieden, immer darauf bedacht, die eigene Machtsphäre zu erweitern und zu vertiefen.

Wie zum Beweis seiner Vollkommenheit offeriert der Koran auch für den Umgang mit seinen Widersprüchen eine Lösung. »Wenn wir einen Vers tilgen oder in Vergessenheit geraten lassen, bringen wir einen besseren oder einen, der ihm gleich ist«, heißt es in Sure 2. »Weißt du denn nicht, dass Gott zu allem die Macht hat?« Auf die daraus entwickelte Lehre von der Abrogation, der Aufhebung früher Verse durch nachfolgende, berufen sich die Fundamentalisten bei der Durchsetzung ihres

Gott, außer ihm kein Gott!
Er, der Lebendige, Beständige,
ihn fasset weder Schlaf noch Schlummer,
sein ist, was da im Himmel ist und was auf Erden;
wer leget Fürsprach' ein bei ihm,
als er erlaub' es denn? Er weiß,
was vor ist und was hinter ihnen,
doch sie umfassen nichts von seinem Wissen,
als was er will. Es füllt sein Thron
die Weite Himmels und der Erde,
und ihn beschwert's nicht, beide zu behüten.
Er ist der Hohe, Große.
Sure 2, Vers 255

rigiden Islam – schließlich gehen die späteren Offenbarungen mit Wein, Weib und Ungläubigen härter ins Gericht. Bis der Prophet Mohammed seine allerletzte Offenbarung empfing, vergingen 22 Jahre. Die zentrale Botschaft seiner aufopfernden Mission bleibt ein radikaler Monotheismus.

Dass sich Gott in seinen Offenbarungen aus der Bibel bedient, störte Mohammed und dessen Anhänger nicht. So kennen die Muslime Adam und den Sündenfall ebenso wie Noahs Arche, Mose und auch Jesus – der im Koran allerdings nicht Sohn Gottes ist, sondern nur einer von vielen Propheten. Solche Ähnlichkeiten belegen für Muslime nur die Richtigkeit des Koran. Und so lernen sie die Suren auswendig und sprechen sie nach. Mit der mündlichen Überlieferung scheint Gottes Botschaft gesichert.

Über erste schriftliche Fassungen des Textes ist wenig bekannt. Die wohl ältesten Koranfragmente retteten im Jemen ausgerechnet Nichtmuslime für die Wissenschaft. Als in der Großen Moschee von Sanaa, einem der ältesten islamischen Gebetshäuser der Welt, das zu Lebzeiten Mohammeds gebaut wurde, im Sommer 1973 bei Renovierungsarbeiten in der Zwischendecke ein sogenanntes Papiergrab entdeckt wurde, ahnte noch niemand die Sensation. Solche Hohlräume dienten häufig zur Entsorgung religiöser Schriftstücke, denn die Vernichtung heiliger Texte ist verboten. Die zerfallenen, von Insekten zerfressenen Fragmente mit Koranversen landeten in Kartoffelsäcken, achtlos am Fuß einer Wendeltreppe abgestellt.

Erst deutsche Koranforscher erkannten den Wert der Pergamente. Mit finanzieller Unterstützung der Bundesregierung rekonstruierten die Orientalisten Albrecht Noth und Gerd-Rüdiger Puin in jahrelanger Puzzlearbeit die Koranfetzen. Nach vielfältigen Untersuchungen geht Puin davon aus, »dass einige Fragmente etwa im Jahre 700 entstanden sein müssten«.

Die dunklen Anfänge der Koranaufzeichnungen – Palmenblätter, Steine und sogar Knochen mit Notizen – sind idealer

Nährboden für allerlei Legenden und Spekulationen. Gab es vielleicht sogar gewisse Verse, die der Zensur zum Opfer fielen, weil sie sich mit der späteren, reinen Lehre nicht in Einklang bringen ließen? Berühmt, ja berüchtigt ist jene Überlieferung, wonach nicht nur der Erzengel Gabriel, sondern auch Satan dem Propheten ein oder zwei Verse einflüsterte.

So sollen in den Offenbarungen die drei heidnischen Göttinnen al-Lat, al-Ussa und Manat zunächst als »hochfliegende Kraniche« bezeichnet worden sein, deren Fürsprache bei Gott erwünscht sei. Die Einwohner von Mekka – hocherfreut, dass der Prophet ihre Lokalgottheiten derart würdigt – seien daraufhin seinem Aufruf gefolgt, sich vor Gott niederzuwerfen. Später habe Mohammed jedoch vom Erzengel Gabriel erfahren, dass dies keine göttlichen, sondern eben »satanische Verse« waren.

Die Legende von diesen Versen – die Salman Rushdie 1988 als Hintergrund für seinen hochumstrittenen Roman benutzte – liefert noch heute Stoff für Disput: Die meisten muslimischen Gelehrten lehnen die Geschichte seit Jahrhunderten ab. Doch manche westliche Islamwissenschaftler sind geneigt, sie für wahr zu halten: Eine Episode, die Mohammed in derart unvorteilhaftem Licht erscheinen lasse, könne unmöglich erfunden sein. Wahrscheinlicher sei daher, dass die »satanischen Verse« Mohammeds vorübergehenden Versuch widerspiegelten, die Mekkaner durch Schmeicheleien für ihre drei Göttinnen schneller von der Großmut Allahs zu überzeugen. Mohammed, mehr Pragmatiker als Prophet? Für Muslime ein äußerst ketzerischer Gedanke.

Dass aus der Sammlung von Aufzeichnungen und Überlieferungen schließlich der Koran wurde, ein geschlossenes Buch, so wie es Gläubige in aller Welt verehren, ist das Verdienst des Kalifen Uthman. Der dritte Nachfolger Mohammeds soll um die Mitte des 7. Jahrhunderts eine schriftliche Fassung sämtlicher Offenbarungen verfügt haben. Auf sein Geheiß wurden alle schon vorliegenden Dokumente zusammengetragen, er ließ die vertrauenswürdigsten Rezitatoren vorladen und schließlich die Suren edieren. Warum sie der Länge nach geordnet wurden, zählt auch fast 1400 Jahre nach der Redaktion des Koran zu den ungelösten Rätseln.

An der Uthman-Fassung wurde nicht mehr gerüttelt. Allein dass die Kairoer Azhar-Universität in den zwanziger Jahren des vergangenen Jahrhunderts den Versen der Ordnung halber Nummern voranstellte, löste massive Proteste von Eiferern aus. Nur weil die Neuerung von der höchsten theologischen Autorität kam, wurde sie schließlich von der muslimischen Gemeinde weltweit akzeptiert. Seither steht fest, was im Koran steht. Über jede Silbe wachen die Experten der Azhar-Universität in Kairo, ganz im Sinne Allahs: »Dhalika al-kitab la raiba fihi hudan lil-muttakin«, lautet Vers 2 der 2. Sure: »Dies ist das Buch, an dem nicht zu zweifeln ist, geoffenbart als Rechtleitung für die Gottesfürchtigen.«

Gott ist das Licht des Himmels und der Erde,
das Gleichnis seines Lichtes ist
wie eine Nisch' in welcher eine Leuchte;
die Leuchte ist in einem Glas,
das Glas ist wie ein funkelnder Stern,
die angezündet ist vom Segensbaume,
dem Ölbaum nicht aus Osten noch aus Westen;
das Öl fast selber leuchtet, wenn's
auch nicht berührt die Flamme;
Licht über Licht – Gott leitet
zu seinem Lichte wen er will:
Gott aber prägt die Gleichnisse den Menschen,
und Gott ist jedes Dings bewusst.
Sure 24, Vers 35

Wer gegen die tausend Jahre alte Macht der Azhar, der »Strahlenden«, aufbegehrt, muss, wie der jüngst verstorbene Literaturprofessor Nasr Hamid Abu Said, mit dem Schlimmsten rechnen. Auf Drängen islamistischer Eiferer wurde er zum Apostaten erklärt. Ein Gericht in Kairo verfügte 1995 die Zwangsscheidung des »Ketzers« von seiner Frau Ibtihal Junis. Die Azhar half der Anklage mit einem religiösen Rechtsgutachten.

Sein Verbrechen? Abu Said war davon überzeugt, dass »Gott zu Mohammed in Bildern gesprochen hat, in Metaphern, die wir auf unsere heutige Zeit übertragen müssen«. Nur so könne sich der Islam »für die Aufklärung öffnen und die Herausforderungen des 21. Jahrhunderts bewältigen«. Für seine konservativen Gegner waren solche Gedanken pure Ketzerei. Im Westen wurde Abu Said seither als »Speerspitze eines liberalen Islam« (»Neue Zürcher Zeitung«) gefeiert und mit Ehrungen überhäuft. Kenner wie der Bonner Islamwissenschaftler Stefan Wild sehen in ihm so etwas wie eine »historische Figur«, eine, »von der wir noch in 100 Jahren sprechen werden«.

Auch bei den Schiiten gibt es Theologen, die sich auflehnen gegen orthodoxe Schriftgelehrte, gegen scheinbar übermächtige Autoritäten. Einer von ihnen ist Abdolkarim Sorusch. So wie Abu Said gegen die Scheichs der Azhar streitet, streitet Sorusch gegen die Mullahs in Teheran.

Die Turbanträger gründen ihre Macht auf die von Revolutionsführer Ruhollah Ajatollah Chomeini 1979 eingeführte »Welan'sjat-e Fakih«, die Herrschaft des obersten Rechtsgelehrten. Nach ihr dürfen sich Irans religiöse Führer als irdische Stellvertreter jenes zwölften Imam fühlen, der im 9. Jahrhundert spurlos verschwand und seither in der Verborgenheit ausharrt. Mit seiner ersehnten Wiederkehr verbinden die Schiiten das Jüngste Gericht und die Einkehr der Gerechtigkeit auf Erden.

Die von den Mullahs damit beanspruchte Unfehlbarkeit kommt für Sorusch religiöser Despotie gleich. Auch für ihn besitzt Gottes Offenbarung ewige Gültigkeit, nicht jedoch die Schlussfolgerungen, die sich daraus ableiten lassen. In seinen Aufsätzen und Büchern propagiert er die »Wandelbarkeit der religiösen Erkenntnis«. Theologen, so Sorusch, seien nicht wie Gott oder der Prophet. Was sie verkünden, sei »menschliche, unheilige Erkenntnis – behaftet mit aller Fehlbarkeit des menschlichen Geistes«.

Solche Anmaßungen dulden die Chomeini-Erben nicht. Der einstige Vordenker der Islamischen Republik verlor in den neunziger Jahren seinen Lehrstuhl an der Universität Teheran, er erhielt Morddrohungen und wagte seitdem kaum noch öffentliche Auftritte. Unter dem gegenwärtigen Staatspräsidenten Mahmud Ahmadinedschad ist Sorusch erst recht Persona non grata.

Unter aufgeklärten Muslimen gilt Sorusch hingegen als Lichtgestalt. »Er befreit den Islam vom Ballast der Vergangenheit und versöhnt ihn mit der Moderne«, jubelte die inzwischen verbotene Oppositionszeitschrift »Kijan«. Manche, wie die amerikanische Autorin Robin Wright, sehen in Sorusch gar einen »iranischen Luther«. Einen, der wie der deutsche Reformator im 16. Jahrhundert das Deutungsmonopol des herrschenden Klerus brechen könnte. Den Mönch aus Eisleben und den Professor aus Teheran verbindet die Betonung der spirituellen und mystischen Seite des Glaubens. In der islamischen Variante der Mystik, dem Sufismus, sieht Sorusch ein Potential für die Herausforderungen der Moderne; hier sei der Glaube stets auf der Suche, stets fragend, nie selbstsicher – ein Gegenpol zum autoritären Rechtsislam, wie ihn die Mullahs predigen.

Zurück zu den Wurzeln, zurück in die Frühgeschichte des Islam, zurück ins 8. und 9. Jahrhundert, lautet die Devise der Reformer. Hier, in der Blütezeit ihrer Religion, sehen beide Vordenker – der Sunnit Abu Said und der Schiit Sorusch – einen Schatz, den es auszugraben gilt. Damals, keine 150 Jahre nach dem Tod des Propheten, hatte in Bagdad die Dynastie der Abbasiden die Macht übernommen, ein der Wissenschaft zugeneigtes Herrschergeschlecht. In der von Legenden umwobenen, prächtigen Kalifenresidenz am Tigris stritten die Gelehrten leidenschaftlich um die rechte Art, den Koran zu lesen.

Besonders vernunftbetont waren die sogenannten Mutasiliten (arabisch für: »jene, die sich absondern«). Sie orientierten sich an der griechischen Philosophie. Es heißt, ihr großer Förderer, der Kalif al-Mamun, habe eines Nachts von Aristoteles geträumt und kurz darauf befohlen, an jeder Ecke Bagdads eine Akademie, eine Sternwarte oder eine Bibliothek zu bauen.

Die Mutasiliten kritisierten das Wiederkäuen orthodoxer Lehren, sie verlangten, die islamischen Quellen eigenständig zu interpretieren; eine Praxis, die in der islamischen Tradition »Idschtihad« heißt, »Anstrengung«. Der heikelste Punkt ihrer Theologie aber war, den Koran nicht als »ewiges«, sondern als »geschaffenes Werk« zu betrachten. Ewig, lehrten sie, sei nur Gott selbst. Und wäre es nicht vermessen, Gott eine zweite ewige Instanz zur Seite zu stellen?

Nur ein knappes Jahrhundert währte die Blütephase der Freigeister, dann schlug die Orthodoxie zurück. Es folgte geistige Verkrustung. Allein das goldene Zeitalter der Mauren von Andalusien, die im 11. Jahrhundert auf der Iberischen Halbinsel Kunst und Wissenschaften aufblühen ließen, konnte noch einmal an die Ära der Mutasiliten anknüpfen.

Während in Deutschland Seuchen und Hungersnöte die Menschen dahinrafften, richteten die Kalifen von »al-Andalus« Apotheken und Krankenhäuser ein, wurde in Córdoba und Toledo gedichtet, geforscht und philosophiert. Es ist jene Epoche, die bei vielen Muslimen von heute noch immer starke Sehnsüchte weckt – setzte doch mit ihrem Ende der Niedergang der islamischen Welt ein.

Zu Beginn des 21. Jahrhunderts erreichte das Ansehen der Weltreligion einen neuen Tiefstand. Die Anschläge von New

York, Madrid und London verengten – in den Augen verängstigter Europäer und Amerikaner – das Bild des Islam auf den Terrorismus seiner Extremisten.

Das Instrument für den Terror heißt »Takfir« (arabisch für: »jemanden für ungläubig erklären«). Es bietet seinen Anhängern die Rechtfertigung, sich zu Herren über Leben und Tod aufzuschwingen. Nach einem vielzitierten Satz des Propheten darf das Blut von Muslimen nur als Strafe für Mord, für Ehebruch sowie für den Abfall vom Islam vergossen werden. Für Takfiristen gilt demnach: Todeswürdig ist jeder, der auch nur einen Hauch von ihrer strengen Koranauffassung abweicht, denn er gilt als vom Islam abgefallen. Es ist dabei egal, ob er wählen geht – schließlich kann nur Gott, nicht aber ein gewählter Politiker Gesetze erlassen – oder einfach nur als Sportler kurze Hosen trägt, was gegen Sitte, Anstand und Gottes Willen verstößt. Er muss sterben.

Dennoch glauben die beiden deutschen Islamwissenschaftler Katajun Amirpur und Ludwig Ammann, dass der Islam seit den Anschlägen vom 11. September 2001 »an einem Wendepunkt« angelangt sei. Als hätte der islamistische Overkill die liberalen

Ihr die da glaubet!
Glaubet an Gott und den Gesandten!
Und an das Buch, das er auf ihn herabgesandt,
und an das Buch, das er zuvor herabgesandt.
Doch wer an Gott nicht glaubt,
und nicht an seine Engel,
und nicht an seine Bücher,
und nicht an seine Gesandten,
und nicht an den Jüngsten Tag,
der ist im Irrtum tief verfangen.
Sure 4, Vers 136

Geister in den eigenen Reihen wachgerüttelt, sei in der islamischen Welt eine »unendliche Vervielfältigung der Standpunkte« zu beobachten. Ein Blick ins Internet und in populäre Diskussionsforen wie futureislam.com reiche aus, um zu erkennen, dass unzählige Muslime den Stillstand überwinden wollen – und dass der Begriff »Reform« nicht tabu sei.

Protagonisten dieses Wandels gibt es überall. Wie weit Islam und Moderne miteinander vereinbar sind, zeigt der bislang größte Feldversuch direkt vor den Toren Europas: in der Türkei. In kaum einem Land treffen Orient und Okzident, der Islam und die Werte des Westens, so stark aufeinander wie bei dem EU-Anwärter und Nato-Partner. In keinem anderen Land wurde dem Islam allerdings auch so viel Weltlichkeit abverlangt wie in der 1923 von Mustafa Kemal, genannt Atatürk (Vater der Türken), begründeten Republik. Um die Moscheen von rückwärtsgewandtem Gedankengut freizuhalten, richtete Atatürk eigens das Präsidium für religiöse Angelegenheiten ein, das Diyanet. Die Behörde mit heute fast 90 000 Mitarbeitern beaufsichtigt die Ausbildung der Imame, und sie bestimmt auch, was gepredigt wird.

Das Rüstzeug für die Debatte mit den Fundamentalisten kommt von Vordenkern wie Ömer Özsoy, 47, dem seit 2006 in Frankfurt am Main lehrenden türkischen Koranexperte. Für ihn steht nur ein Bruchteil dessen, was die Offenbarung den Menschen vermitteln will, wörtlich im Koran; der Großteil der wahren Aussagen erschließt sich erst durch das Studium der historischen Umstände vor rund 1400 Jahren und deren Interpretation für die Gegenwart. Weil die Anpassung des Koranverständnisses an die Aktualität so lange schon verpönt sei, fehlten »den Muslimen die Antworten auf die Fragen der Moderne«. Lakonisch resümiert Özsoy: »Wir Muslime sind zurückgeblieben.«

Vor allem für die Frauen erweist sich der Islam als Instrument ihrer Unterdrückung. Zum Verhältnis von Mann und Frau ist der Koran wie so oft uneindeutig: Da lassen sich Verse finden, die als Befreiung von Unmündigkeit verstanden werden müssen, aber auch andere, die Frauen dem Mann untertan erklären. In der Wirklichkeit haben sich zumeist die Stammestraditionen der Araber durchgesetzt, wonach die Frau als Besitz der Familie betrachtet wird. Frauen erben in den meisten islamischen Ländern nur die Hälfte dessen, was ein männlicher Verwandter vom Nachlass erhält. Auch zählt ihre Aussage vor Gericht nur halb so viel wie die Aussage eines Mannes.

Der Zwang zum Kopftuch wird beispielsweise mit Auszügen aus Sure 24 begründet: »Und sag den gläubigen Frauen, dass sie ihre Blicke senken und dass sie ihre Scham bewahren sollen, und dass sie ihren Schal sich um den Ausschnitt schlagen.« Ein Beweis für die Pflicht, Kopftuch zu tragen? Nein, sagen aufgeklärte Musliminnen; vielmehr ein Hinweis dafür, wie sich Frauen damals vor sexueller Belästigung schützen konnten. Preist nicht gerade auch der Koran die universelle Schönheit des Menschen? So heißt es in Sure 95: »Bei der Feige und der Olive und dem Berge Sinai und dieser sicheren Stadt: Wahrlich, Wir erschufen den Menschen in schönster Gestalt.«

Auf Dauer kann sich der Islam wohl kaum von den Zumutungen der Moderne abschotten, zumal in der globalisierten Welt. Internet und Satellitensender haben Vielstimmigkeit im islamischen Raum erzeugt und zugleich die Suche nach Orientierung und Autorität verstärkt. Die neue Vielfalt wird auch die Bedeutung und Interpretation des Koran mitbestimmen.

An der so schillernden Bedeutung des Werkes, weit über die islamische Welt hinaus, ändert das nichts. Auf lange, lange Zeit noch wird der Koran das bleiben, was der Vordenker Abu Said in ihm gesehen hat: »Das schönste und zugleich gefährlichste Buch der Welt.«

Biblische Gestalten im Koran

ADAM UND EVA

Superstock / Mauritius Images

In der biblischen Schöpfungsgeschichte vertreibt Gott Adam und Eva nach dem Sündenfall aus dem Paradies. Auch der Koran erzählt die Geschichte vom Sündenfall. Das Fehlverhalten Adams wird dort nicht als Abkehr von Gott beschrieben, sondern als Schwäche Adams gegenüber der Verführung des Teufels. Gott vertreibt Adam und Eva zwar aus dem Paradies, gibt ihnen aber tröstliche Worte mit auf den Weg: »Diejenigen, die meiner Rechtleitung folgen, haben nichts zu befürchten, und sie werden nicht traurig sein.«

»Die Verführung Adam und Evas« (niederländisches Gemälde um 1600)

ABRAHAM

Getty Images

In der jüdisch-biblischen Überlieferung gilt Abraham (arabisch Ibrahim) als Stammvater des Volkes Israel, im Islam als Stammvater aller Semiten. In der biblischen Überlieferung sollte Abraham auf Gottes Geheiß seinen zweiten Sohn Isaak opfern, im Koran wird die Geschichte ohne Nennung eines Namens erzählt – und traditionell auf den Erstgeborenen Ismael (arabisch Ismail) bezogen. Mit Ismael soll Abraham nach islamischer Vorstellung die Kaaba in Mekka gebaut haben. Abrahams Sohn Ismael gilt als Stammvater der Araber.

Abraham opfert seinen Sohn (persische Illustration um 1600)

MOSE

Die biblische Geschichte von Mose (arabisch Mussa), der das Volk Israel aus der ägyptischen Gefangenschaft ins Gelobte Land führt, wird im Koran wiederholt erwähnt. Mose ist dort der am häufigsten genannte Prophet.

Weil Gott in direkte Zwiesprache mit Mose tritt, trägt er in der islamischen Tradition den Beinamen Kalim Allah (der, zu dem Gott spricht). Der Koran berichtet auch von der Übergabe der Gebotstafeln auf dem Berg Sinai. Die Zehn Gebote werden im Koran in abgewandelter Form und Zusammenstellung erwähnt, haben dort aber keine zentrale Bedeutung.

Ullstein

Mose mit Gesetzestafel (Gemälde um 1630)

MARIA

Die Lebensgeschichte Marias (arabisch Marjam) ist im Koran und in den islamischen Überlieferungen detailliert wiedergegeben. In der nach ihr benannten 19. Sure wird auch die in der christlichen Überlieferung herausgebildete Vorstellung von der Jungfrauengeburt übernommen. An anderer Stelle im Koran wird Maria mit der alttestamentlichen Mirjam gleichgesetzt. Im Koran ist Maria die einzige weibliche Figur, die namentlich benannt wird.

Marjam und Issa; altpersische Miniatur

JESUS

»Issa bin Marjam« – Jesus, der Sohn Marias – ist im Islam ein bedeutender Prophet und unmittelbarer Vorgänger Mohammeds, wird aber nicht als Gottes Sohn angesehen. Der Koran berichtet von Wundern Jesu, was dessen besondere Stellung unterstreicht. In Sure 4 wird der Kreuzestod Jesu bestritten, Gott habe Jesus vielmehr direkt zu sich geholt.

Türkisch-islamische Darstellung der Himmelfahrt Jesu

TEIL I

GEBURT DES ISLAM

Wer war Mohammed?

Das Leben des Propheten ist von unzähligen Legenden umrankt. Dennoch gibt es manche historische Fakten über den Mann aus Mekka, seine Herkunft, sein Leben und seine Mission. Der Rest ist Glaube.

Von Erich Follath

Den Wettbewerb um den größten spirituellen Führer aller Zeiten hat er gewonnen – zu diesem Schluss kam jedenfalls der amerikanische Psychoanalytiker Jules Masserman von der Universität Chicago. Der Wissenschaftler nannte im US-Nachrichtenmagazin »Time« drei Kriterien für seine Wahl: Der Kandidat musste für das Wohlsein seiner Anhänger gesorgt, eine soziale Organisation gegründet und ein komplettes Glaubensgebäude entworfen haben: »Mohammed erfüllte diese Bedingungen.«

Kaum jemand hat in so wenigen Jahren so viel bewegt wie der Kaufmann aus Mekka, alles Bestehende herausgefordert, alles umgewälzt. Und keiner hatte in Europa jahrhundertelang so konstant eine so schlechte Presse. Seine Feinde nannten ihn einen »Betrüger«, sogar den »Antichrist«. Dante (1265 bis 1321) beschreibt ihn in seiner »Göttlichen Komödie« beim Gang durch die Hölle genüsslich mit aufgeschlitztem Bauch. Voltaire degradiert ihn im Jahr 1741 in seinem Theaterstück »Der Fanatismus oder Mohammed, der Prophet« zum »Mörder und Wollüstling«. Für den Schriftstellerkollegen Diderot ist er 1775 »der größte Feind der gesunden Vernunft«, dem Theologen Karl Barth ist sein Gott noch 1938 nichts anderes als »ein Götze wie andere Götzen«.

Selbst in der Trivialliteratur werden der Prophet und seine Verkündigung niedergemacht. Karl May schuf Hadschi Halef Omar als tumben Muslim, dem seine Rückständigkeit um die Ohren gehauen wird: »Und kämt ihr zu Hunderttausenden, so hast du gar keine Ahnung, wie schnell wir mit euch aufräumen würden.«

Ein Gegenbeispiel unter den Geistesgrößen ist Johann Wolfgang von Goethe. Der Dichterfürst, nicht kirchenfromm und dogmengläubig, las im Koran und plante sogar eine »Mahomet-Tragödie«. Wohl vor allem, um zu provozieren, schrieb er in die Vorankündigung seines 1819 erschienenen »West-östlichen Divan«, er lehne »den Verdacht nicht ab, er sei selbst ein Muselmann«. Besonders gründlich hat sich Goethe aber nicht mit dem Korantext beschäftigt, er reduziert ihn auf wenige Aussagen und beklagt »endlose Wiederholungen«.

Die katholische Kirche hat die Muslime im Konzil von Florenz 1442 dem »ewigen Feuer« preisgegeben – sie brauchte mehr als ein halbes Jahrtausend, um den glaubensverwandten Monotheisten 1964 auf dem Zweiten Vatikanischen Konzil »ewiges Heil« in Aussicht zu stellen. Und erst 2001 betrat ein Papst – in Damaskus – zum ersten Mal eine Moschee.

Genützt hat es beim Christenvolk wenig. Der Prophet hat ein Imageproblem: Laut einer Emnid-Umfrage von 1997 ist er den Deutschen fast so unsympathisch wie der Jesus-Richter Pilatus. Einen Muslim als Ehepartner ihres Kindes würden 52 Prozent ablehnen oder nur unter starken Vorbehalten akzeptieren, einen Buddhisten 46, einen Juden 30 Prozent. Gegenüber keiner anderen Weltreligion haben die Deutschen so große Vorbehalte. Sie wissen denn auch verschwindend wenig über Mohammed; nicht einmal ein Prozent hat je im Koran geblättert. Aber fast alle sagen, sie wüssten gern mehr.

Forscher aus aller Welt kommen zu erstaunlichen, zu provozierenden Erkenntnissen. Semantiker sezieren die Sprache des

Koran, gebeugt über das älteste bekannte Handschriftenfragment aus Sanaa im Jemen. Soziologen beschäftigen sich mit der frühen Gesellschaftsstruktur auf der Arabischen Halbinsel. Historiker setzen mit Genealogen den Stammbaum des Propheten fest.

Besonders viel verdanken wir dem Chronisten Ibn Ishaq, der im 8. Jahrhundert erst in Medina, dann in Bagdad alles Verfügbare über das Leben Mohammeds zusammentrug. Er schreibt auch, was man nicht weiß, was Legenden sein könnten, wo Versionen konkurrieren: ein Werk, verfasst noch vor der bald danach einsetzenden Heiligenstarre des Islam. Denn bald schon waren Zweifel oder Widersprüche am Propheten-Leben nicht mehr erwünscht. Je mächtiger der Glaube wurde, desto glorreicher geriet die Vita, desto weniger Raum blieb für Unklarheiten. Und meist ist in den zahllosen muslimischen Abhandlungen über Mohammed nicht mehr ausschlaggebend, wie es gewesen ist, sondern nur noch: wie es gewesen sein sollte. Musste.

»Vorläufigkeit und Revidierbarkeit dürfen gerade nicht die Merkmale einer muslimischen Schilderung seines Lebens sein. Die Worte und Taten des Propheten müssen daher aus dem Gefüge der Worte und Taten der Menschen vor ihm und nach ihm herausgetrennt sein«, schreibt der führende deutsche Mohammed-Forscher Tilman Nagel. »Im Grundsätzlichen unterscheidet sich die Sicht der Muslime auf Mohammed von derjenigen historisch Interessierter anderer Orientierung.«

Anders gesagt: Das Leben dieses Mannes lässt sich nicht im Indikativ erzählen, sondern nur als Geschichte einer Spurensuche jenseits der innerislamischen Glaubenszeugnisse. Die Hauptquellen: Ibn Ishaq, dessen Originalmanuskript leider verlorengegangen ist, aber auch noch in den überlieferten Fragmenten wichtig bleibt. Und natürlich der Koran. Wer also war dieser Mohammed? Was ist das Geheimnis des Islam?

Unfruchtbar ist das Tal, zerklüftet die Bergwelt, knapp das Wasser. Aber keiner kann sagen, dass die Mekkaner im 6. Jahrhundert nicht das Beste aus diesem Platz machen. Sie haben eine wohlhabende Stadt erbaut, mit einem Reichenviertel in der Ebene und dem Handwerker- und Plebejerviertel an den Berghängen, wo auch viele Beduinen vorübergehend ihre Zelte aufgeschlagen haben. Es geht streng hierarchisch zu in der Stadt: Ein Rat der reichen Familien bestimmt die politischen Geschicke, die meisten der Aristokraten gehören dem Stamm der Kuraisch an. Sie kontrollieren das Kreditwesen, sie versorgen die zahlreichen durchreisenden Geschäftsleute und garantieren gegen Entgelt deren Sicherheit.

Mekka liegt am Knotenpunkt der Karawanenstraßen, die den südlichen Jemen mit Syrien und dem Zweistromland im Norden verbinden. Im Winter tragen oft 2000 Kamele Datteln und Weihrauch, sogar Edelsteine und Seide aus Indien und China gen Norden, zurück bringen sie Baumwollstoffe, Weizen und Öl. Und dann ist da noch das Heiligtum, das die Kuraisch kontrollieren: ein würfelförmiges Bauwerk, damals schon Kaaba genannt, in dessen eine Ecke ein geheimnisvoller schwarzer Stein eingelassen ist. Unweit davon finden Pilger den Samsam-Brunnen, aus dem sie sich Wasser holen müssen.

Angebetet wird ein ganzes Bündel von Gottheiten: Hausgötzen in Form von geformten Datteln, aufgerichtete Steine, die der Pilger mit Blut und Öl bespritzt, Standbilder, bei denen der Orakelsuchende Pfeile wirft. Kamelmarkt, Kult und Kirmes gehen geschäftsfördernd ineinander über – unter dem Schutz eines drei Monate anhaltenden jährlichen Gottesfriedens, der Blutrache und Plünderung verbietet, aber Sangeswettbewerbe wie Essensgelage fördert.

Besonders Dichter und Wahrsager sind gefragt. Die Mekkaner glauben, diese seien von Dschinnen besessen, halb menschliche, halb überirdische Wesen. (In Mohammeds Offenbarung tauchen sie später häufig auf, manche hat er bekehrt, andere wurden zu »Holzscheiten« im Höllenfeuer. Spätere Verwandte der Dschinnen sind der Geist in Aladins Wunderlampe, Meister Proper und die »Bezaubernde Jeannie« aus der TV-Serie.)

Mekka ist zur Zeit der Geburt des Mohammed nicht gerade der spirituelle Mittelpunkt der Welt, liegt aber auch nicht im toten Winkel der Ökumene. Juden leben mitten unter den Götzenanbetern und auch einige Christen. Das Konzept von einem einzigen Gott ist den merkantilen Mekkanern also nicht unbekannt, doch besonders attraktiv finden sie es nicht: Die Fremdgläubigen gehören nicht zur Oberschicht, ihre Religionsgesetze sind nicht auf Arabisch formuliert. Sie sind geduldete Außenseiter.

Der Vater stirbt, bevor Mohammed (der »Hochgepriesene«) geboren wird, die Mutter Amina ist nicht gerade auf Rosen gebettet. Aber sie gehört zu einer Untersippe der Kuraisch und hat deshalb Anspruch auf Stammesloyalität. Laut islamischer Überlieferung soll die Geburt im »Jahr des Elefanten« stattgefunden haben, in dem ein bedeutender Sieg über Eindringlinge gefeiert wird. Doch ähnlich wie beim Geburtsjahr Jesu ist das nur ein Trick späterer Geschichtsschreiber, um große Ereignisse in Verbindung zu bringen. Durch eine detektivische Kombination anderer Lebenstermine haben Historiker 570 (eventuell 569) als Geburtsjahr festgelegt.

Mohammed erlebt eine schwere Jugend: Er ist gerade erst sechs, als auch seine Mutter stirbt, acht, als der geliebte Großvater von ihm geht. Der Onkel Abu Talib wird ihm zur lebenslangen Vaterfigur, begleitet ihn bis zur Selbstentäußerung loyal durch alle Tiefen – ein Anhänger der neuen Religion wird er allerdings nie.

Noch deutet nichts auf ein besonderes Leben hin. Mohammed begleitet in seiner Jugend Karawanen bis nach Syrien, dürfte dort auch mit christlichen Eiferern zusammengekommen sein. Dass ihn ein Mönch als Prophet erkannt habe, wird von Historikern in den Bereich der Legende verwiesen. Mohammed macht seinen Job als Karawanenführer so erfolgreich, dass er einer wohlhabenden Witwe auffällt. Er heiratet mit 25 Jahren diese Chadidscha, die mindestens ein Jahrzehnt älter ist. Sie schenkt ihm vier Töchter (und zwei oder drei Söhne, die aber im Kindesalter sterben). Sie wird zu seiner zweiten großen Vertrauensperson.

Glücklich verheiratet, gutsituiert – und dann kommt mit 40 die große Krise, die ihn aus der Bahn wirft. Mohammed wird zum Aussteiger. Er lässt die Geschäfte ruhen, zieht sich in die Einsamkeit der Berge zurück, meditiert in Höhlen.

Ab jetzt teilt sich die Geschichte seines Lebens im Auge des Betrachters, ganz nach dessen Einstellung, nach dessen Gläubigkeit: Mohammed erfährt in einer dramatischen Nacht die erste Offenbarung Gottes, wird jeder Muslim sagen. Mohammed hat geniale Einfälle, wird in einer revolutionären Bewusstseinswandlung zur religiös-politischen Führerfigur, urteilt der Ungläubige.

»Die Wahrheit« kommt jedenfalls schmerzlich über ihn, der nach Ansicht mancher Islamforscher ein Analphabet ist. Der Erzengel Gabriel, den er vor sich sieht, packt ihn mit aller Kraft und schnürt ihm die Luft ab, als er auf dessen Worte nicht reagiert: »Trage vor im Namen deines Herrn!« Noch einmal würgt der Erzengel ihn und fordert: »Trag vor!«

Endlich glaubt Mohammed begriffen zu haben – er solle die ihm vorgebeteten Worte rezitieren und sich für alle Zeiten merken: die Lehre von Gott, der ihn als seinen Gesandten dazu bestimmt habe, die Mitmenschen von ihrem heidnischen, egoistischen und unbarmherzigen Leben abzubringen. Damit ihnen nicht am Tage des Jüngsten Gerichts »eine auseinanderklaffende Erde, lodernde Feuer« und weitere Höllenqualen drohten.

Seiner Sendung ist sich Mohammed anfangs keinesfalls sicher. Er weint sich bei seiner Frau aus, spielt mit Gedanken an Selbstmord (»mich von einem Berg herabzustürzen«). Die Offenbarungen reißen ab, kommen dann wieder. Der gequälte

Roger-Viollet

Erzengel Gabriel verkündet Mohammed
seine Berufung (18. Jahrhundert).

Prophet, schweißgebadet, nur von seiner unmittelbaren Umgebung ermuntert, gibt die Bestellungen schließlich weiter – und erntet bei den Mekkanern meist Spott und wütende Ablehnung.

Als mittelgroßen Mann mit einem buschigen Bart, der stets freundlich war und niemals aufbrausend oder nachtragend, mit einer Schwäche für Parfum und schöne Frauen – so beschreiben ihn später phantasievolle Geschichtenerzähler. Erwiesen sind solche Details nicht. Eine charismatische Persönlichkeit muss er jedenfalls gewesen sein, selbst seine Gegner sprechen ihm die besondere Ausstrahlung nicht ab.

Das macht Mohammeds Botschaft in ihren Augen nicht besser: Mekkas Elite fühlt sich bedroht. Soll sie eines neuen Propheten wegen auf die Einkünfte an der Kaaba-Pilgerstätte verzichten? Und warum denn teilen mit den Armen – für eine Belohnung in einem zweifelhaften Jenseits, wo die Knochen doch »ohnehin morsch« sind, wie sie sagen? Da nennen sie ihn lieber einen »Besessenen« und seine Lehre ein »wirres Bündel von Träumen«.

Mohammed nimmt nie für sich in Anspruch, Gottes Sohn zu sein. Der Islam verurteilt eine solche »Beigesellung« gegenüber dem Höchsten ausdrücklich. Als einige Mekkaner ihn auffordern, sein Prophetentum doch mit einem Wunder zu untermauern, muss er passen: Er kann nicht über Wasser gehen, Lahme laufen lassen, Brot vermehren. Und er gibt zu, dass er nicht der erste Prophet gewesen ist. Mohammed sieht sich in einer Reihe mit Stammvater Ibrahim (Abraham), Mussa (Mose) und Issa (Jesus) – als »Siegel der Propheten«.

Einige Anhänger, viele aus der Unterschicht, suchen wegen der zunehmend feindlichen Haltung der Stadtväter Zuflucht in Abessinien, wo der christliche König sie gnädig aufnimmt und Parallelen zur Bibel erkennt: »Wahrlich, dieses und die Offenbarung an Mose kommt aus einer Nische.« Den Gottesgesandten

AP

Das »Mecca Royal Clock Tower Hotel« ragt
601 Meter hoch in den Himmel über die Stadt Mohammeds;
die Kaaba wirkt daneben klein (Computersimulation).

trifft ein weiterer schwerer Schicksalsschlag: Sein Ersatzvater Abu Talib und seine geliebte Chadidscha sterben, beide im Jahr 619.

Mohammed ist 52, als er seiner Stadt den Rücken kehrt: ein Prophet, der in seiner Heimat nichts zählt. Ein Gescheiterter, der zwei Drittel seines Lebens hinter sich hat und nicht viel mehr als einige Dutzend um sich scharen kann, die an ihn glauben. Dass er in dieser Situation nicht an seiner Botschaft verzweifelt und aufgibt, grenzt für den Ungläubigen an ein Wunder.

Mit der »Auswanderung« (Hidschra) des Verfemten am 16. Juli 622 fängt die islamische Zeitrechnung an. Es ist ein Markstein der Weltgeschichte, denn jetzt beginnt Mohammeds kometenhafter Aufstieg. In nur einer Dekade ruft er eine mächtige Gemeinschaft ins Leben, etabliert den Islam, legt die Grundlagen für ein Weltreich.

Er zieht mit seinen Anhängern ins 300 Kilometer nördlich gelegene Jathrib, das später zu seinen Ehren Medinat al-Nabi genannt wird, »die Stadt des Propheten«. In der Oase herrscht Streit, zwei arabische Stämme bekriegen sich, etwa die Hälfte der Bevölkerung sind Juden. Die Medinenser suchen einen von außen, der Ideen hat, der sie mit irgendeiner Botschaft zusammenschweißt. Sie sind im Gegensatz zu den Mekkanern, die nach eigenen Worten »nur den Spuren ihrer Väter folgen« wollen, aufnahmebereit.

Dem Neuen gewährt man Schutz vor Feinden, auch mit den Mitteln der Blutrache. Dafür erwartet man von ihm Vermittlung: Mohammed wird zum Schlichter unter den Zerstrittenen, zum Stifter einer neuen Stammessolidarität. Er entwirft den Vertrag für »eine einzige Gemeinschaft, unterschieden von allen anderen«. Das Merkmal, das sie vereint und von der Umwelt abhebt, wird der Glaube an einen einzigen Gott. Mohammed hält seine neue monotheistische Religion zunächst offen für andere, besonders für die Jathriber Juden.

Der Prophet empfängt weiter seine Offenbarungen. Doch mit seiner Funktion in der neuen Stadt verändert sich auch der Schwerpunkt der Eingebungen: Handelte es sich in Mekka zumeist um eschatologische Themen vom Jüngsten Gericht, so richten sich die Medina-Botschaften vor allem auf das diesseitige Leben. Mohammed predigt von der sozialen Verpflichtung des Eigentums, dem pfleglichen Umgang mit Frauen, von Wucherzins, Glücksspiel und Alkohol.

Wer bei einer Erbschaft zwei Drittel, wer nur ein Achtel bekommen soll, wird vom Propheten festgelegt. Wie genau Waren gewogen werden sollen (»Gebt volles Maß«). Was einem Dieb gebührt (»Haut ihm die Hand ab«). Die Lehre mit ihren präzisen Alltagsvorschriften durchdringt alle Bereiche des menschlichen Daseins. Bis hin zum Zähneputzen, zum Händewaschen nach dem Sex. Allah: ein Gott auch der kleinen Dinge.

Der Islam ist mehr als andere Religionen – er ist »der Entwurf einer Gesellschaftsordnung«, so urteilte der große britische Sozialphilosoph Ernest Gellner. Der Islam unterscheidet sich auch wesentlich vom Christentum, mit dessen Lehren wie mit denen des Judentums Mohammed in Medina konfrontiert wurde. »Mein Reich ist nicht von dieser Welt«, sagt im Johannes-Evangelium der angeklagte Jesus zu Pilatus. Im Islam fehlte diese Trennung zwischen Religion und weltlicher Macht von Anbeginn: Der Medina-Stadtstaat ist Mohammeds Gottes-Entwurf auf Erden, sein Reich ist von dieser Welt.

Gerade weil Mohammed einerseits so visionär und bis in unsere Tage revolutionär erscheint, enttäuscht es viele, dass er in anderer Beziehung ein Kind seiner Zeit und seiner Stammeskultur geblieben ist. Er hat die Stellung der Ärmsten in der Gesellschaft verbessert. Aber er dachte gar nicht daran, etwa die Sklaverei abzuschaffen.

Auch Mohammeds Einstellung zum anderen Geschlecht zeigt ihn als progressiven Denker, zugleich jedoch als Vertreter einer patriarchalischen Gesellschaft: Er hat über Ungleichheiten nachgedacht, sich aber zu ihrer Überwindung nicht ganz durchringen können. Männer stünden »eine Stufe höher«, sagt der Koran; andererseits dürften »Frauen dasselbe beanspruchen«. Falls sie sich freilich zu unmoralischen Handlungen hinreißen ließen, predigt der Prophet den Männern, »so hat Gott erlaubt, euch von ihnen zu trennen und sie zu schlagen, aber nicht heftig«.

Der Schleier sollte die Damenwelt ursprünglich schützen, nicht degradieren: »Auf diese Weise ist es am ehesten gewährleistet, dass sie erkannt und nicht belästigt werden« (Sure 33, Vers 59). Die Stammesscharmützel haben zu Lebzeiten Mohammeds viele Mekkanerinnen zu Witwen gemacht, manche Sklavinnen wurden zum Verkauf ihres Körpers gezwungen. Der Prophet verurteilt die Prostitution. Mit der Erlaubnis, mehrere Frauen zu heiraten – aber nicht mehr als vier – , betont der Koran die Verpflichtung der Männer, die Unversorgten in eine Familie einzubinden.

Besonders verstörend ist Mohammeds ambivalente Einstellung zur Gewalt. Als er seine Position in Medina konsolidiert hat, greift er zum damaligen Brauch der Raubzüge. Einmal überfällt er sogar im heiligen Monat eine mekkanische Karawane und bricht damit den Landfrieden. Gerechtfertigt wird dieses Vorgehen in einer göttlichen Offenbarung, Koransure 2, Vers 217: »Kampf in dieser Zeit wiegt schwer, aber jemanden abzuhalten vom Weg Gottes ... das wiegt schwerer.«

Bei der Schlacht von Badr im Jahr 624 schlagen die zahlenmäßig weit unterlegenen Muslime die Mekkaner in die Flucht, den Sieg werten sie als besonderen Gnadenerweis des Himmels. Drei Jahre darauf sammeln sich die Krieger aus Mohammeds Heimatstadt zur Revanche vor den Toren Medinas. Sie scheitern an einer sehr weltlichen List des Propheten: Breite Gräben hat er um die Oasenstadt ausheben lassen, die Pferde der feindlichen Armee können sie nicht überwinden.

Bevor Mohammed sich anschickt, seinen Geburtsort zu erobern, muss er sich mit einem Problem beschäftigen, das er überwunden glaubte: den Juden von Medina. Er hat ihnen Respekt entgegengebracht und vorausgesetzt, sie würden im Islam eine Fortentwicklung ihrer eigenen Religion erkennen. Doch die Juden sehen Mohammed nicht als Propheten. »Sie frevelten und zerschnitten den Bund, der zwischen ihnen und dem Gesandten Gottes bestand.«

Da lässt Mohammed die Seinen enttäuscht nicht mehr in Richtung Jerusalem beten, sondern gen Mekka. Und beansprucht den Stammvater Abraham ganz für sich, indem er ihn zum Urmuslim erklärt. Mohammed behauptet, Abraham habe einst den schwarzen Stein in die Kaaba von Mekka gebracht und dort gebetet. Damit erhebt er den Islam nicht nur zur Vollendung, sondern zum Ursprung aller monotheistischen Religionen. »Die genialste aller religiösen Schöpfungen« nannte das im 19. Jahrhundert der niederländische Islamwissenschaftler Christiaan Snouck Hurgronje.

Angeblich entkommt Mohammed nur knapp einem jüdischen Mordanschlag. Er rächt sich mit blutiger Vertreibung. Doch auch später werden die Juden – wie die Christen – als »Schriftbesitzer« Privilegien genießen. Sie können, anders als Polytheisten, gegen eine Kopfsteuer (Dschisja) als Schutzbefohlene in islamisch beherrschten Gesellschaften leben.

Und dann fällt dem Propheten seine Heimatstadt praktisch kampflos zu. Mekka ist eine Stadt im Umbruch. Viele haben sie verlassen, um sich den mächtigen Muslimen anzuschließen. Die Gemeinschaft von Stamm und Sippe zerbröckelt, die traditionelle Wertordnung zeigt Auflösungserscheinungen. Zu dekadent sind die Reichen, zu bettelarm die Unterprivilegierten geworden. Der Islam stößt in dieses politische und spirituelle Vakuum.

Der Unruhestifter von einst kehrt im Triumph als Sinnstifter nach Mekka zurück. Als Erstes reißt er die Götzenfiguren aus der Kaaba, funktioniert sie um zum Heiligtum des Einen Gottes. Er übt Milde, verschont weitgehend seine früheren Feinde, predigt Versöhnung statt Rache. Bei der Verbreitung seiner Lehre bevorzugt er die Diplomatie, wozu bekanntlich auch die Eheschließung zählt: Einige seiner insgesamt 13 Frauen, darunter viele Witwen, heiratet der Prophet, um einen weiteren Stamm an sich zu binden. Der Harem ist ihm ebenso Last wie Lust. Mohammed zweifelt am Sex, stöhnt über die Intrigen um seine Lieblingsfrau Aischa – ein Mann, kein Übermensch.

Er ist jetzt der unbestritten mächtigste Mann Arabiens. Er hat praktisch alle Stämme der Halbinsel geeint, Bündnisse bis nach Irak und Syrien geschlossen. Sein Lebenswerk ist vollendet. Mohammed stirbt am 8. Juni 632, neun Witwen stehen an seinem Grab in Medina. Einen Nachfolger hat er nicht aufgebaut, sondern darauf vertraut, dass die Botschaft überlebt. Und doch sieht Mohammed in seinen letzten Stunden illusionslos in die Zukunft. Er fürchtet Spaltungen unter seinen Anhängern: »Die Juden sind in 71 Richtungen gegangen, die Christen in 72, ihr werdet in 73 Richtungen gehen.«

Gottes Wort wurde von den nachfolgenden Kalifen schnell weit in die Welt hinaus verbreitet. Aber genauso schnell waren Mohammeds Erben untereinander zerstritten – wie vom Propheten prophezeit.

CHRONIK 610 BIS 698
GLAUBE UND SPALTUNG

um 610
Mohammed, ein etwa 40-jähriger Kaufmann vom Stamm der Kuraisch, erfährt seine erste Offenbarung und tritt in Mekka als Prophet des Islam auf.

616 bis 619
Der Kuraisch-Stamm boykottiert den Clan Mohammeds, dessen Eingottglaube ihren Traditionen widerspricht.

620 bis 622
In der Oase Jathrib (Medina) bekehren sich Angehörige zweier Stämme zum Islam. Sie erheben Mohammed zum Führer ihres von Fehden zerrissenen Verbandes.

622
Mohammed emigriert mit seinen Anhängern aus dem von feindseligen Kuraisch beherrschten Mekka nach Jathrib/Medina, begründet dort ein islamisches Gemeinwesen und führt soziale Reformen durch. Die Auswanderung aus Mekka, genannt »Hidschra«, ist das Jahr 0 der islamischen Zeitrechnung.

624
Sieg der Muslime über die Kuraisch von Mekka

627
Vergeblich belagern die Kuraisch bei ihrem Rachefeldzug Medina, dessen Bewohner sich mit einem breiten Graben um ihre Stadt wirkungsvoll geschützt haben.

628
Die Kuraisch lenken ein – der Vertrag von Hudaibija erlaubt den Muslimen Zutritt zum Heiligtum von Mekka (erste Pilger 629).

630
Kampflose Einnahme von Mekka durch die Muslime

630 bis 632
Unterwerfung der Stämme der Arabischen Halbinsel

632
Abschiedswallfahrt und Tod des Propheten Mohammed

632 bis 634
Mohammeds Freund Abu Bakr wird dessen erster Nachfolger (Kalif). Er sendet Eroberungsheere aus.

634
Sieg über die Byzantiner bei Adschnadain (Palästina)

634 bis 644
Unter Kalif Umar unterwerfen die Muslime Ägypten, Palästina, Syrien, Mesopotamien, Persien.

638
Jerusalem wird erobert. Kalif Umar berät mit anderen Weggefährten des Propheten über die Aufteilung der Kriegsbeute. Deren Grundsätze verzeichnet fortan die Stammrolle der islamisch-arabischen Armee, der »Diwan«. Später wird dieses Wort zum Inbegriff arabischer Verwaltung.

644
Umar stirbt durch die Dolchstiche eines persischen Sklaven.

644 bis 656
Unter dem Kalifen Uthman setzen sich die Eroberungszüge des Islam in Iran und Nordafrika fort.

um 653
Uthman verfügt die erste offizielle Redaktion des Korantextes.

656
Der Kalif wird von seinen Feinden ermordet.

656 bis 661
Unter dem Kalifat von Ali, dem Schwiegersohn des Propheten, kommt es zum ersten muslimischen »Bürgerkrieg«, als der syrische Befehlshaber Muawija die Gefolgschaft verweigert. Nach Alis Ermordung im Jahr 661 verzichtet dessen Sohn Hassan auf das Kalifat, der neue Kalif Muawija begründet die Umajjaden-

Dynastie; aus Alis Partei (Schia) wird die schiitische Abspaltung.

661 bis 680
Zweite große Expansionsperiode unter dem Kalifat von Muawija. Damaskus wird neue Hauptstadt.

680
Alis Sohn Hussein führt einen Aufstand gegen das Umajjaden-Kalifat und wird in der Schlacht von Kerbela getötet. Sein Opfertod gibt der Schia ein religiöses Grundmotiv.

683 bis 692
Zweiter muslimischer »Bürgerkrieg« auf der Arabischen Halbinsel. Der Umajjaden-Kalif Abd al-Malik (685 bis 705) gewinnt die Kontrolle über alle islamischen Provinzen zurück.

691
Bau der Umar-Moschee (Felsendom) in Jerusalem

ab 698
Münzreform: Ablösung sasanidischer und byzantinischer Geldstücke durch arabisch-islamische Prägungen. Arabisch wird Kanzleisprache.

Der musterhafte Gesandte

Die Überlieferungen zu Mohammeds Leben
sind neben dem Koran die wichtigste Quelle des Islam.
Viele dieser »Hadithe« sind allerdings gefälscht.

Von Anne-Sophie Fröhlich

Zahnpflege lag dem Propheten am Herzen. Regelmäßig reinigte er sein Gebiss mit einem Wurzel- oder Zweigstück vom Zahnbürstenbaum (Siwak). Am liebsten hätte er das Zähneputzen zur Pflicht vor jedem Gebet gemacht, aber das schien ihm dann doch zu viel verlangt.

Dass wir über die Vorliebe Mohammeds für das auch auf der Arabischen Halbinsel gebräuchliche Zahnputzholz Bescheid wissen, verdanken wir dem Bedürfnis der frühen Muslime, ihr Leben nach seinem Vorbild auszurichten. Auch deshalb, weil der Koran auf allzu viele Alltagsprobleme keine Antwort gab, begann man schon bald nach Mohammeds Tod, sich in strittigen Fragen auf das erhabene Vorbild zu berufen. Was hatte der Gesandte Gottes getan – oder auch nur stillschweigend gebilligt?

Eine Fülle von Geschichten, Sprüchen und Anekdoten wurde zusammengetragen, von Lieblingsspeisen (der Prophet aß gern Honig und Süßigkeiten, auch Kürbis mochte er sehr) und alltäglichen Gewohnheiten (er zog immer zuerst den rechten Schuh an) über Religiöses (mittags und nachmittags betete er mit jeweils zwei Niederwerfungen) bis hin zu rechtlichen und politischen Fragen (»Einem Befehl darf nur Folge geleistet werden, wenn er im Einklang mit Recht und Gesetz steht«). Das Familienleben Mohammeds ist ebenso überliefert wie seine Antworten an Ratsuchende. Allgemeine ethische Gedanken finden sich neben konkreten Anweisungen – alles, was aus dem Leben des Propheten zu erfahren war, wurde gesammelt.

Den umfangreichen Stoff zerlegte man in kleine Episoden, die man Hadithe (»Erzählungen«) nannte. Jedes Hadith besteht aus zwei Teilen: dem eigentlichen Text (arabisch Matn) und einer einleitenden Überliefererkette (Isnad), die nach dem Muster »A hat mir erzählt, dass B sagte, er habe von C gehört« idealerweise bis zu Mohammed oder seinem Umfeld zurückreicht. Die so gesammelte Sunna (»Tradition«) des Propheten avancierte in der entstehenden Religion zur wichtigsten Entscheidungsquelle nach dem Koran. Alle Seiten argumentierten jeweils mit dem Vorbild Mohammeds – und dabei nicht selten auch mit erfundenen Hadithen. Schon die Rechtsgelehrten (Ulama), die das ausufernde Material im 9. Jahrhundert systematisierten, gingen davon aus, dass ein großer Teil der Überlieferungen nicht authentisch ist, und versuchten, Kriterien für die Glaubwürdigkeit zu entwickeln. Da der Islam keine Instanz kennt, die verbindlich etwas für richtig oder falsch erklären kann, hielt man sich dabei vor allem an die Kette der Gewährsleute. Wies der Isnad Lücken auf? Waren die Überlieferer zuverlässig? Als Hilfe bei der Bewertung entstand eine reiche biografische Literatur, in der die genannten Frauen und Männer systematisch überprüft wurden.

Die Ulama verschiedener islamischer Richtungen kamen dabei zu unterschiedlichen Ergebnissen. So betrachten etwa die Schiiten all jene Hadithe nicht als authentisch, die auf Mohammeds Lieblingsfrau Aischa zurückgehen – die stellte sich nämlich nach Mohammeds Tod gegen dessen Cousin und Schwiegersohn Ali, den Stammvater der Schiiten.

Ein Hadith mit einer mehrfach bezeugten durchgehenden Kette angesehener Überlieferer gilt als sahih (wörtlich »gesund«) oder auch hassan (»schön«), ein schlecht belegtes als daif (»schwach«). Inhaltliche Kriterien spielten kaum eine

Rolle. So kommt es, dass sich auch gegensätzliche Positionen jeweils mit Hadithen belegen lassen – was in der islamischen Tradition positiv bewertet wird: »Die Vielfalt der Meinungen ist eine Gnade für die Gemeinde«, lautet ein bekanntes Hadith.

Bis heute untermauern sowohl Kämpfer für Meinungsfreiheit als auch autoritäre Herrscher, sowohl Feministinnen als auch Taliban ihre Argumentationen mit Hadithen. Auch die im 9. Jahrhundert entstandenen großen Kompilationen »gesunder« Hadithe, die bis heute eine grundlegende Quelle der Scharia bilden, bieten den Islamgelehrten, Muftis wie Kadis, einigen Spielraum. Von den insgesamt 200 bekannten Hadith-Sammlungen gelten den Sunniten sechs als besonders autoritativ, die Schiiten stützen sich auf vier kanonische Werke.

Nicht selten bestimmten freilich die Interessen der Mächtigen und gesellschaftliche Konventionen, welche Überlieferungen sich durchsetzten. So erzählte Muawija, der erste Kalif der Umajjaden-Dynastie, er habe Mohammed sagen hören: »Die Herrschaft über die Muslime gebührt einzig den Kuraisch« – seinem eigenen Stamm, dem auch der Prophet angehört hat. Ein anderes Hadith zitiert den Propheten dagegen mit den Worten: »Hört auf euren Befehlshaber und gehorcht ihm, auch wenn es ein abessinischer Sklave sein sollte.«

Die Stellung der Frau, die im frühen Islam besser war als in den Zeiten zuvor, wurde schon bald mit angeblichen Prophetenworten deutlich eingeschränkt. Misogyne Überlieferungen wie »Niemals wird ein Volk zu Wohlstand gelangen, das seine Geschicke einer Frau anvertraut« oder »Das Unglück liegt in drei Dingen: dem Haus, der Frau und dem Pferd« fanden weite Verbreitung. Noch heute sind sie bekannter als die (besser belegten) frauenfreundlichen Aussagen Mohammeds.

Die feministische Religionswissenschaftlerin Riffat Hassan vertritt die Ansicht, dass die untergeordnete Stellung der Frau im islamischen Recht maßgeblich einer Interpretation des Koran

»durch die Brille der Hadithe« geschuldet sei, in denen sich die Diskriminierung von Frauen in der damaligen Gesellschaft und auch in christlichen und jüdischen Traditionen widerspiegle. So ist etwa die Vorstellung, dass die Frau aus einer Rippe des Mannes und damit sekundär geschaffen wurde, nicht im Koran zu finden, wohl aber in mehreren Hadithen. Ein anderes Hadith konstruiert zwischen dem Satan und unerlaubter Sexualität eine Verbindung, die sich im Koran nicht findet: »Ein Mann sollte nicht mit einer Frau allein sein, denn dann ist der Satan der Dritte.«

Die Religionsbehörde der Türkei lässt eine Gruppe von Theologen seit einigen Jahren die Überlieferungen mit dem Ziel durchforsten, frauenfeindliche Hadithe aus den Sammlungen zu entfernen. Als gefälscht sollen alle Aussagen getilgt werden, die zur Gewalt gegen Frauen aufrufen oder Frauen diskriminieren und sie dem Mann unterordnen.

Unter sittenstrengen Moralaposteln können freilich auch ganz alltägliche Begebenheiten, die eher beiläufig auftauchen, zu Streitpunkten werden. So gibt es eine ganze Reihe von Hadithen, in denen der Prophet »lachte, bis seine Weisheitszähne zu sehen waren«. Puristischen Theologen im 8. Jahrhundert war das ein Dorn im Auge, denn ähnlich wie ihre sinnenfeindlichen

Ein Mann zum Gesandten: Ich bin verloren! Ich habe Im Ramadan mit meiner Frau geschlafen. – Lass einen Sklaven frei! – Ich habe keinen. – Faste zwei Monate hintereinander! – Das kann ich nicht! – Speise 60 Arme! – Ich finde nichts vor! Da ward eben ein Korb mit Datteln gebracht; der Prophet: Wo ist der Bettler? Spende das da! – Einem Ärmeren als mir? Bei Gott, es gibt weit und breit keine ärmere Familie als unsere! Da lachte der Prophet, bis seine Weisheitszähne erschienen: Dann eben euch!

christlichen Kollegen vertraten sie die Ansicht, dass herzhaftes Lachen sich für einen Religionsstifter nicht schickt. Obwohl Mohammeds Freude am Scherzen gut belegt war, brachten sie anderslautende Erzählungen in Umlauf und prägten die bis heute gängige Meinung, der Gesandte Gottes habe nie gelacht. Selbst wenn seine Weisheitszähne zu sehen gewesen seien, habe er gemäß seiner Prophetenwürde – allenfalls gelächelt.

Kampf um Mohammeds Erbe

Die äußeren Triumphe der neuen Religion gingen mit blutigen inneren Fehden über die Propheten-Nachfolge einher. Sie mündeten in dauerhafter Spaltung zwischen Sunniten und Schiiten und in dynastischer Erbfolge.

Von Volkhard Windfuhr

Solange Mohammed lebte, befehligte allein der charismatische Herrscher den Ausbau des ersten islamischen Gemeinwesens. Die junge Glaubensgemeinschaft (Umma) in Medina war auf die Zeit nach ihrem Propheten nicht vorbereitet.

Wie sollte es nach dem Tod des Religionsgründers im Jahr 632 weitergehen? Die Nachfolge des Anführers, um den sich alles drehte, blieb zunächst ungeklärt. Die anfangs meist mündlich überlieferten Verse des Koran waren thematisch kaum geordnet und keineswegs voll ausgedeutet; sie lieferten für die Nachfolge keinen Anhaltspunkt. Dennoch musste rasch ein Nachfolger gefunden werden. Die noch lockere Gemeinschaft der Gläubigen in Medina, dann in Mekka und im überall wachsenden Machtbereich der Muslime, drohte zu zerfallen. Ganze Stämme kündigten ihre Loyalität auf. Nicht zufällig war es zuvor noch keinem gelungen, die arabischen Stämme zusammenzuhalten.

Nach Ansicht des französischen Islamexperten André Miquel glichen sie damals einem Mosaik »nebeneinander lebender Völkerschaften«. Die Sprecher einflussreicher Großfamilien, bekannte Mitstreiter des Propheten und seine vielen Blutsverwandten einigten sich zuletzt auf den hochangesehenen Abu Bakr, einen der ältesten Gefährten Mohammeds und zugleich dessen Schwiegervater: Abu Bakrs junge Tochter Aischa war die Lieblingsfrau des Propheten. Der soll noch selbst seinen Schwiegervater als Nachfolger vorgeschlagen haben. Der neue Gemeindechef war so respektiert, dass er von der Umma einstimmig akzeptiert wurde. Er kümmerte sich zuerst um die Rückgewinnung verlorenen Terrains und abtrünniger Stämme auf der Arabischen Halbinsel.

Doch Abu Bakr war nur eine kurze Amtszeit vergönnt. Schon nach zwei Jahren, 634, starb auch er. Immerhin hatte er es geschafft, das sich entwickelnde theokratische Staatswesen mit Vorstößen auf byzantinisches und persisch-sasanidisches Gebiet auszubauen.

Der betagte Abu Bakr hatte beizeiten seine Nachfolge regeln wollen und der jungen Gemeinde empfohlen, im Falle seines Todes den erfahrenen Heerführer Umar Bin al-Chattab, einen Schwiegervater Mohammeds, zum Oberhaupt der Muslime zu erheben. So geschah es. Während Umars Herrschaft wurden unter anderem Damaskus und Jerusalem erobert.

Doch die Einmütigkeit der Islamführer hielt nicht lange. Die grundsätzliche Frage, wer künftig Nachfolger werden durfte und welche Vollmachten ihm zustanden, entzweite die inzwischen stark angewachsene Gemeinde. Zwar waren für die meisten Führungskompetenz, moralische Integrität und charakterliche Stärke die entscheidenden Kriterien – nach der Losung »der Rechtschaffenste unter euch ist der Geeignetste«. Noch bis ins 20. Jahrhundert sollte diese Formel aus der – im Rückblick vergoldeten – Gründerzeit des Islam zur Rechtfertigung der Machtübernahme arabischer Potentaten bemüht werden.

Aber je weiter die persönliche Erinnerung an den Propheten verblasste, desto lauter wurde die Kritik derjenigen, die darauf pochten, dass nur Blutsverwandte des Gottgesandten das Recht hätten, die islamische Gemeinschaft zu leiten. Diese Idee stieß jedoch vor allem bei großen Kaufmannsfamilien aus Mohammeds Vaterstadt Mekka auf wenig Gegenliebe. Die inneren

Spannungen waren derart heftig, dass die verfeindeten politischen Lager sich bemühten, bindende Regeln für die Auswahl künftiger Nachfolger auszuarbeiten. Die Auseinandersetzungen nahmen die Form perfider Rufmordkampagnen, gelegentlich auch bewaffneter Kämpfe an, die das spätere Schisma in der islamischen Welt vorwegnahmen. Die Heftigkeit der Interessenkonflikte und Clan-Kämpfe verschärfte sich in dem Maß, in dem islamische Reiterheere dem byzantinischen Kaiserreich und dem Sasaniden-Imperium weitere reiche Provinzen entrissen.

Im Jahr 642 eroberten muslimische Truppen die ägyptische Hauptstadt Alexandria. Der dortige koptische Patriarch unterzeichnete einen Beistandspakt mit dem arabischen Heerführer Amr Bin al-Ass. Die Eroberungszüge der Muslime in Richtung Nordafrika und Iran sicherten der Zentrale in Medina nun mit atemraubender Geschwindigkeit eine Region nach der anderen. Die Atmosphäre daheim aber vergiftete sich immer mehr. Machtkämpfe und Intrigen rivalisierender Clans wurden alltäglich.

Die damalige Situation in Medina hat der ägyptische Publizist Farag Foda, der wegen seiner scharfen Kritik am Islamismus 1992 ermordet wurde, einmal so beschrieben: »Der Kampf um Macht und Pfründe war sicher nicht weniger schlimm als im Rom der Soldatenkaiser: Auch wenn dabei religiöse Motive bemüht wurden, trug man die Auseinandersetzungen mit brutaler Gewalt aus.«

Der zweite Mohammed-Nachfolger Umar Bin al-Chattab fiel 644 einem Attentat zum Opfer. Über das Motiv des Mörders gibt es bis heute unterschiedliche Ansichten; mehrheitlich sehen die Historiker einen Akt persönlicher Rache. Betrachtet man aber das damalige politische Klima, liegen Machtkämpfe und Sippenfehden als Ursache nahe. Umar ließ noch auf dem Sterbebett einen Nachfolger wählen: Uthman (Osman) Bin Affan, Mitglied einer angesehenen mekkanischen Familie, ein Schwiegersohn Mohammeds. Er förderte Eroberungsfeldzüge im Osten, Norden und Westen des im Entstehen begriffenen islamischen Großreichs.

Der dritte der vier frühen Prophetennachfolger, die in der islamischen Genealogie unter dem ehrenden Beinamen »die Rechtgeleiteten« eine Sonderstellung einnehmen, machte mit einer religionshistorischen wie soziopolitischen Großtat Epoche: Alle mündlichen und schriftlichen Überlieferungen über Mohammeds Offenbarungen ließ Uthman zu einem einheitlichen Kodex zusammenfassen. Gut 20 Jahre nach dem Tod des Propheten, um das Jahr 653, lag erstmals die Gesamtversion des Koran vor. Das ist unter den monotheistischen Weltreligionen die kürzeste Spanne zwischen dem Tod der Religionsstifter und dem Erscheinen des heiligen Buchs. Bis dahin hatten die arabischen Eroberer im Gegensatz zu Juden und Christen über keine gut nutzbare Ausgabe ihres Urbuchs verfügt, obwohl sie binnen weniger Jahre ein weitläufiges Imperium geschaffen hatten, das den Anspruch erhob, die Menschheit durch eine neue Offenbarungsreligion zu retten. Nun besaßen deren Verkünder ihre heilige Schrift – wie die Juden ihre Tora und die Christen ihre Bibel.

Ungeachtet dessen waren die zerstrittenen Lager der Muslime weit auseinandergedriftet, als Uthman 656 ermordet wurde, angeblich beim Lesen heiliger Koransuren. Ihm wurden Vetternwirtschaft und Korruption vorgeworfen, und seinem Tod folgte eine Welle bürgerkriegsähnlicher Konflikte. Vor allem im steuerträchtigen Damaskus eskalierte der Kampf zwischen Uthmans Gefolgsleuten und rivalisierenden Muslimen, die über die ungenierte Selbstbereicherung des Uthman-Clans empört waren.

Die Verhandlungen über die Bestimmung des vierten Mohammed-Nachfolgers waren mühsam. Die Mehrheit des Wahlgremiums sprach sich jetzt für Ali Bin Abi Talib aus, den Vetter und Schwiegersohn des Propheten, verheiratet mit dessen Tochter Fatima. Zahlreiche Heerführer und Sippenchefs waren jedoch entschieden gegen die Wahl Alis.

Der Statthalter des reichen Syrien, Muawija Bin Abi Sufjan, sagte Ali den Kampf an und erwies sich in einem blutigen Bürgerkrieg als der Stärkere. In der Nähe des Euphrat, auf dem Schlachtfeld von Siffin, konnte Alis Armee 657 die Truppen des Rebellen Muawija nicht besiegen. Ali beging den krassen Fehler, einen trickreichen Schiedsspruch zu akzeptieren und sich auf einen Kompromiss mit den Rebellen über die Führung der Umma einzulassen.

Das sollte ihm, dem rechtmäßigen Umma-Führer, zum Verhängnis werden. Einige enttäuschte extremistische Anhänger, genannt »die Abtrünnigen«, schimpften Ali einen Verräter und ermordeten ihn in der Moschee des irakischen Kufa – weil er vor dem Herausforderer Muawija eingeknickt war. Als »Partei Alis« (Schiat Ali) aber gingen jene Muslime in die Geschichte ein, die weiterhin allein in Ali und seinen Nachkommen die rechtmäßigen Nachfolger des Propheten sahen.

Die meisten Muslime akzeptierten jedoch Muawijas Inthronisierung als Kalif. Die Spaltung zwischen Sunniten, wie diese Mehrheit fortan hieß, und Alis Anhängern, den Schiiten, dauert bis heute an: Etwa zehn Prozent der weltweit 1,4 Milliarden Muslime sind Schiiten, die große Mehrheit Sunniten.

Im Libanon, im Irak, in Saudi-Arabien, Afghanistan und Pakistan führt der alte Gegensatz immer wieder zu Spannungen und ernsten politischen Problemen. Die schiitische Islamische Republik Iran verleiht den Schiiten heute erstmals seit Jahrhunderten wieder großen Einfluss.

Mit der Ermordung des Kalifen Ali begann der Aufstieg der Umajjaden-Dynastie in Damaskus. Der Usurpator Muawija schaffte das System der kollektiven Kalifenwahl ab. Mohammeds Nachfolger wurden nun nicht mehr durch eine Art Ältestenrat der islamischen Gemeinde (Schura) ausgesucht, sondern in dynastischer Erbfolge bestimmt. Erst Mustafa Kemal Atatürk schaffte das Kalifat im neuen Nationalstaat Türkei 1924 gänzlich ab.

Der besiegte Löwe

Mohammeds Cousin, Schwiegersohn und treuer Gefolgsmann Ali wurde dessen vierter Nachfolger. Für die Schiiten ist er bis heute der erste.

Von Rainer Traub

Untersetzt, breitschultrig und weißbärtig soll er gewesen sein, von leicht aufbrausendem, eher ungeselligem Temperament. Kein Kumpeltyp also, dafür unbestechlich und immun gegen den Beutereiz der frühen muslimischen Eroberungen. Und von legendärer Körperkraft: »Löwe« (Haidara) wurde er bewundernd genannt, weil er in den Überlebenskämpfen der islamischen Urgemeinde, wie es heißt, zahllose Feinde niederstreckte; er wird deshalb meist mit dem Krummschwert dargestellt.

Vor allem aber war Ali ein hingebungsvoll gläubiger Anhänger des Propheten. Nach Mohammeds Ehefrau Chadidscha war er der Erste, den der Religionsstifter zum Islam bekehrte – jedenfalls nach schiitischer Überlieferung. Auch die sunnitische Genealogie kennt unter den männlichen Getreuen nur einen Einzigen, der sich noch vor Ali zum Islam bekannte: den weit älteren Abu Bakr, Gefährte und erster Nachfolger des Propheten.

Alis Vater Abu Talib hatte Mohammed, den Sohn seines Bruders, adoptiert und wie ein eigenes Kind behandelt. Ali war Mohammeds Cousin – dabei aber gut 30 Jahre jünger als der Prophet, zu dem er deshalb eher wie ein Sohn zum Vater aufschaute.

Als Junge war er im Haus von Mohammed und Chadidscha aufgewachsen. Ali wurde auch Mohammeds Schwiegersohn, als er dessen Tochter Fatima heiratete. Die brachte als einziges Mohammed-Kind Söhne zur Welt, die das Erwachsenenalter erreichten: Hassan und Hussein, die Enkel des Propheten. Zu Fatimas Lebzeiten soll Ali keine weitere Frau gehabt haben, doch insgesamt ist sein familiäres Pensum eines Patriarchen wahrhaft würdig: neun Ehefrauen und etliche Geliebte, mit denen er 14 Söhne und 19 Töchter hatte.

Nicht zuletzt wegen der großen Nähe zwischen Mohammed, Ali und dessen Söhnen steht für die Anhänger (»Schiiten«) Alis fest, dass Mohammed allein Ali und in nächster Generation dessen Söhne als Nachfolger wollte. Beweise dafür gibt es nicht. Zu den altarabischen Stammestraditionen gehörte es, die Führung nur betagten, erfahrenen und allgemein geschätzten Männern anzuvertrauen. Bei Mohammeds Tod war Ali aber erst etwas über 30 Jahre alt. Er soll gerade den Leichnam gewaschen haben, als die älteren Gefährten des Verstorbenen die Nachfolge unter sich ausmachten. Außerdem hatte sich Mohammed eindeutig als letzten der Propheten bezeichnet; seine Rolle konnte demnach nicht erblich sein. Der Islam der Gründerzeit wollte die dynastische Erbfolge ja gerade abschaffen.

Dreimal hintereinander zog die muslimische Urgemeinde als Propheten-Nachfolger ältere Männer vor. Alis Stunde schlug erst, als der dritte Kalif Uthman bei bürgerkriegsähnlichen Unruhen ermordet wurde. Uthman entstammte der alten Stadtaristokratie von Mekka, die erst spät die neue Religion angenommen hatte – gleichsam als »Trittbrettfahrer«, so der Islamwissenschaftler Heinz Halm: »Ali dagegen repräsentierte die Muslime der ersten Stunde, die Exilanten von Medina, sozusagen den religiösen Uradel, dessen Verdienste die frühzeitige Annahme des Islam und die Hidschra, das freiwillige Exil in Medina, gewesen waren.«

Doch der neue Glaube hatte inzwischen nicht nur Trittbrettfahrer angezogen, sondern ein Imperium hervorgebracht.

Machtinstinkt und Skrupellosigkeit zählten da mehr als »religiöser Uradel«. Es hätte wohl übermenschlicher Kräfte bedurft, um das eine jetzt noch mit dem anderen zu versöhnen. So war es kein Zufall, dass Ali im Jahr 40 islamischer Zeitrechnung (661 n. Chr.) eines gewaltsamen Todes starb – wie fünf Jahre zuvor Amtsvorgänger Uthman.

Mythos der Unbesiegbarkeit

In erstaunlich kurzer Zeit eroberten die Anhänger Mohammeds ein riesiges Reich.

Von Rainer Traub

Mohammed floh 622 n. Chr. vor dem Stamm der Kuraisch aus Mekka. Die zerstrittenen Stämme von Jathrib (Medina) hatten ihn als Schlichter und gemeinsamen Führer in die Oasenstadt gerufen. Dort formte er, um den Kern der engsten Getreuen aus Mekka herum, die islamische Urgemeinde. Das Datum der Auswanderung setzten Mohammeds Anhänger an den Beginn ihrer neuen Zeitrechnung. Im Jahr 624, in der Schlacht von Badr, besiegten die Muslime ihre kuraischitischen Feinde, obwohl diese zahlenmäßig hoch überlegen waren. Den wundersamen Sieg erklärte Mohammed mit Gottes Wirken; der Mythos von der Unbesiegbarkeit der Muslime hat hier seinen Ursprung.

625 entschieden die Kuraisch jedoch die nächste Schlacht bei Uhud, nach anfänglichem Vorteil der Muslime, für sich. Mohammed soll diese Niederlage als Warnung Gottes gedeutet haben, weil ein Teil seiner Leute in weltlicher Gier auf Beute aus war, statt in Gottes Namen weiterzukämpfen. Die Kuraisch zogen 627 mit einer Armee von angeblich 10000 Mann nach Medina. Doch der Prophet und Kommandeur hatte einen Graben nahe der Stadt ausheben lassen, den die Angreifer aus dem 350 Kilometer entfernten Mekka nicht überwinden konnten. Den Versuch, Medina auszuhungern, durchkreuzte ein Sandsturm – so zogen die Kuraisch unverrichteter Dinge wieder ab.

In der islamischen Urgeschichte markiert die »Grabenschlacht«, bei der es zum Kampf gar nicht kam, einen politisch-psychologischen Wendepunkt. Die erneute Rettung der Muslime festigte den Mythos ihrer Unbesiegbarkeit. Immer mehr Stämme auf der Arabischen Halbinsel, die seit Langem von Stammeskriegen und Blutfehden zerrissen war, schlossen sich der neuen Glaubensgemeinschaft an, die versprach, im Namen des einzigen Gottes eine gerechte Gesellschaft der Gleichen zu errichten. Im Jahr 630 übergaben die mekkanischen Stammesführer ihre Stadt kampflos den Muslimen und traten zum Islam über. Unter diesem Banner war erstmals seit Menschengedenken praktisch die gesamte Arabische Halbinsel vereint, als Mohammed 632 starb.

Nach seinem Tod verweigerten jedoch etliche arabische Stämme dem ersten Kalifen Abu Bakr die Gefolgschaft. Sie stellten die Steuerzahlungen nach Medina mit der Begründung ein, ihre Loyalität habe allein dem Propheten gegolten. In dieser tiefen Krise erklärte Abu Bakr Abspaltungen vom Islam zum politischen Verrat. In den sogenannten Ridda-Kriegen warf er die Sezessionsbewegungen nieder und vereinte die Arabische Halbinsel erneut im Zeichen des Islam. Bald aber starb er nach nur zweijährigem Kalifat.

Sein Nachfolger Umar formte den Islam als politische Ideologie und erwies sich als außergewöhnlicher Militärstratege; im Jahrzehnt seiner Führung entstand ein Riesenreich. Dabei attackierte er vor allem zwei scheinbar übermächtige Nachbarn: Das oströmische oder byzantinische Reich rund ums Mittelmeer und das nordöstlich gelegene sasanidisch-persische Reich. 635 nahmen muslimische Truppen Damaskus ein. Dass sie dann, wohl im Jahr 636, Byzantiner wie Sasaniden kurz nacheinander vernichtend schlagen konnten, war für die Muslime selbst kaum fassbar; sie führten es auf einen göttlichen Heilsplan zurück.

Binnen weniger Jahre veränderte sich die politische Geografie des Nahen Ostens völlig. 644 waren ganz Arabien, ein Teil des Sasanidenreichs und die syrischen und ägyptischen Provinzen der Byzantiner erobert; wenig später wurde der Rest des sasanidischen Gebietes besetzt. Um die Mitte des 7. Jahrhunderts stießen muslimische Flotten auch im Mittelmeer vor, begannen Sizilien anzugreifen und vernichteten 655 eine byzantinische Armada vor der Küste Kleinasiens. Konstantinopel widerstand jedoch der Seeblockade 674 bis 678, wie später noch einmal einer dreijährigen Belagerung (715 bis 718).

Historiker erklären den verblüffend schnellen Kollaps der beiden Großreiche mit einem Bündel von Ursachen: Beide hatten sich lange gegenseitig bekriegt und waren auf einen neuen Feind nicht vorbereitet. Sie kannten aus früheren Zeiten begrenzte Überfälle einzelner arabischer Stämme, begriffen aber die neue Qualität des islamisch geeinten Angriffs erst, als es zu spät war. Viele Bewohner der eroberten Gebiete gehörten zu den »Schriftbesitzern«: Sie genossen als Anhänger monotheistischer Offenbarungsreligionen einen vertraglichen Schutzstatus und hatten gegen die neuen Herren oft gar nichts einzuwenden.

Nach der Ermordung des vierten Kalifen Ali machte die syrische Dynastie der Umajjaden 661 Damaskus statt Medina zur neuen islamischen Hauptstadt. 679 kam es zum Friedensschluss mit dem byzantinischen Restreich. 691 wurde in Jerusalem, das Kalif Umar schon 638 erobert hatte, der Felsendom als erster islamischer Großbau errichtet. Die Expansion im Maghreb griff im Jahr 711 nach Andalusien über; bei Tours und Poitiers stoppte 732 ein Frankenheer unter Karl Martell den Vormarsch des Islam im Westen (siehe Grafik im Vorsatz).

Nach der Machtergreifung der abbasidischen Dynastie wurde das neugegründete Bagdad 762 die Hauptstadt der Kalifen. Es begann das Goldene Zeitalter des Islam, das gut ein halbes Jahrtausend währen sollte.

»Eine spannende Dynamik«

Der Erlanger Jurist und Islamwissenschaftler Mathias Rohe über Geschichte und Gegenwart des islamischen Rechts, die Grausamkeiten im Namen der »Scharia« und das verwirrende Miteinander von Religion und Justiz im Islam

Das Gespräch führte Rainer Traub.

SPIEGEL: Professor Rohe, Ihr Lehr- und Forschungsgebiet islamisches Recht ist mit der Kopplung von Religion und Recht irritierend für Europäer: Die verbinden eine Religion allenfalls mit moralischen Geboten, aber gewiss nicht mit weltlichem Recht.
ROHE: Zunächst einmal stellt das islamische Recht nicht die einzige Mischform von Religion und Recht dar – denken Sie nur an das jüdische Recht.
SPIEGEL: Das in Israel praktizierte Recht ist mit dem islamischen vergleichbar?
ROHE: Gerade im Zivilrecht trifft das zu. Wenn Sie sich etwa das jüdische Eherecht ansehen, stoßen Sie auf manche Ähnlichkeiten mit dem traditionellen islamischen Recht. Auch im christlichen Kulturraum gab es lange Verbindungen zwischen den Sphären Religion und Recht – das ist erst durch die Säkularisierung zurückgegangen.
SPIEGEL: Auch wenn Europa vom Christentum geprägt ist, erschiene uns so etwas wie ein Lehrstuhl für »Christliches Recht« doch absurd. Das käme nicht einmal Theologen in den Sinn, die vielleicht die Zehn Gebote oder die Bergpredigt als moralische Richtschnur empfehlen.
ROHE: Christentum und Islam haben eben ganz verschiedene Geschichten. Das Christentum begann mit einer mehr-

hundertjährigen Periode offizieller Verfolgung – der Islam war von Anfang an eine politische Erfolgsgeschichte. Und schon zu Lebzeiten Mohammeds mussten in Medina auch ganz weltliche, diesseitige Verhältnisse geregelt werden.

SPIEGEL: Wie hat man sich die Entstehung islamischer Rechtsvorstellungen seit den ersten religiösen Offenbarungserlebnissen Mohammeds vorzustellen?

ROHE: Über die Entwicklung im ersten Jahrhundert islamischer Zeitrechnung – also im siebten Jahrhundert der christlichen – wissen wir wenig, weil es praktisch keine Quellen gibt. Wir dürfen aber vermuten, dass man zunächst den bestehenden Zustand fortgeschrieben hat.

SPIEGEL: Den einer beduinischen Stammesgesellschaft?

ROHE: Da gab es schon einen lebhaften Austausch mit Syrien und anderen Nachbargebieten, es handelte sich also eher um stadtkulturelle Verhältnisse.

SPIEGEL: Wie konnte der Islam, der sich als neue, endgültige Offenbarungsreligion verstand, an das Alte anknüpfen? Wollte er das nicht gerade umstürzen?

Mathias Rohe

Der Erlanger Juraprofessor, Verfasser des Standardwerks »Das islamische Recht. Geschichte und Gegenwart«, war Mitglied der deutschen Islam-Konferenz (2006 bis 2009) und im Nebenamt Richter am Oberlandesgericht Nürnberg (2001 bis 2007). Rohe, Jahrgang 1959, leitet an dem von ihm eingerichteten Erlanger Zentrum für Islam und Recht im Rahmen eines europäischen Forschungsverbundes das Projekt »Family and the Law«. Seit vielen Jahren hält er internationale Vorträge über das Verhältnis von Islam und Recht und entwickelt Weiterbildungskurse für deutsche Imame.

ROHE: Das galt nur in Bezug auf die lokale vorislamische Vielgötterei, die er in der Tat mit seinem strengen Monotheismus revolutionierte. Es galt aber nicht gegenüber Judentum und Christentum. Der Islam sah sich von Anfang an in der Nachfolge dieser verwandten monotheistischen Offenbarungsreligionen. In einer klassischen islamischen Rechtsauffassung, die nach dem Konsens muslimischer Gelehrter verbindlich ist, heißt es ausdrücklich, alles vorislamische Recht gelte weiter, sofern es nicht vom Islam aufgehoben wird.

SPIEGEL: Woher rührt dieser Pragmatismus?

ROHE: Vergessen Sie nicht, dass die Bevölkerung von Medina in Blutrache tief zerstritten war, als sie den aus Mekka vertriebenen Mohammed im Jahr 622 als Streitschlichter in ihre Stadt holte. Es war auf der Arabischen Halbinsel nicht unüblich, in solchen Fällen unparteiische Schlichter, am besten von außerhalb, zur Hilfe zu rufen.

SPIEGEL: Mohammed, der Prophet und Kriegsherr der neuen Religion, betätigte sich als Mann des Ausgleichs und inneren Friedens?

ROHE: Zum Kriegsherrn wurde er erst, nachdem er als erfolgreicher Schlichter zum anerkannten Anführer in Medina aufgestiegen war.

SPIEGEL: Die Vorstellung einer schiedlich-friedlichen Religion des sozialen Ausgleichs passt so gar nicht zum düsteren Bild vom islamischen Recht, das heute im Westen vorherrscht. Das ist geprägt von archaisch-brutalen Körperstrafen wie öffentlichen Auspeitschungen, dem Abhacken von Gliedmaßen oder gar Steinigungen angeblicher oder tatsächlicher Ehebrecherinnen. Solche Gräuel werden in einigen Teilen der islamischen Welt als religiöse und rechtliche Gebote des Koran gerechtfertigt.

ROHE: Derartige Praktiken sind selbstverständlich völlig unannehmbar und lösen zu Recht Entsetzen aus.

SPIEGEL: In welchen Staaten sind sie noch gebräuchlich?
ROHE: In Saudi-Arabien, in Iran, in Somalia, im Sudan, teilweise in Nigeria und Pakistan. In Libyen hat es das gegeben, in einer Ecke Malaysias – in ganz verschiedenen Teilen der Welt.
SPIEGEL: Der Schreckensbegriff, unter dem diese Grausamkeiten firmieren, heißt Scharia. Was hat es damit auf sich?
ROHE: Das Grundproblem bei der Diskussion über das Verhältnis von Islam und Recht ist, dass zwei sehr unterschiedliche Begriffe von »Scharia« in der Debatte wild durcheinandergehen.
SPIEGEL: Und zwar?
ROHE: Da ist zunächst die Scharia im weiten Sinn dieses arabischen Wortes, das eigentlich nur »der Weg« bedeutet und ursprünglich die Gesamtheit der religiösen und rechtlichen Normen des Islam meint. In diesem Sinn sind zum Beispiel die fünf sogenannten Säulen des Islam Teil der Scharia: das Bekenntnis zu einem einzigen Gott, die fünf täglich vorgeschriebenen Gebete, die Einhaltung der Fastenzeit, das Gebot der Armenfürsorge und die Wallfahrt nach Mekka.
SPIEGEL: Und Scharia im engen Sinn?
ROHE: Darunter werden nur die strittigen Praktiken verstanden: Ungleichbehandlung der Geschlechter, Ungleichbehandlung der Religionen, drakonische Körperstrafen. Viele Nichtmuslime, aber auch nicht wenige Muslime gebrauchen den Begriff Scharia ausschließlich in diesem engen Sinn. Und in der öffentlichen Debatte im Westen geht es meist nur um die berüchtigten Praktiken.
SPIEGEL: Ihr Forschungsgebiet ist die Scharia im weiten Sinn?
ROHE: Ja, es umfasst sämtliche diesseits- und jenseitsbezogenen Normen des Islam. Neben den für uns indiskutablen Formen der Scharia im engen Sinn, die in Teilen der islamischen Welt existieren, gibt es weite Bereiche des islamischen Rechts, die aus westlicher Sicht ganz unproblematisch sind. Vertragsrecht, Schuldrecht, Wirtschafts- und Handelsrecht sind zum Teil iden-

tisch mit dem, was wir hier haben. Die Globalisierung verlangt ja auch die Vereinbarkeit grundlegender Rechtsnormen.
SPIEGEL: Stichwort Vereinbarkeit: Sie reisen oft zu juristischen Vorträgen in den Orient. Wie ist dort das Echo?
ROHE: Wenn ich erkläre, dass die Säkularität westlichen Typs nichts mit Religionsfeindschaft zu tun hat und dass unsere Verfassung allen Religionen breite Freiräume garantiert, löse ich große Verblüffung aus – in der islamischen Welt wird Säkularität in aller Regel mit Religionsfeindschaft gleichgesetzt. Die gleiche Reaktion habe ich übrigens bei Fortbildungen für Imame in Deutschland erlebt, denen ich Crash-Kurse über Säkularität gab. Fast ungläubiges Staunen rief ich kürzlich auch in Malaysia mit Vorträgen über die staatlich geregelte Ausbildung für islamische Religionslehrer in Deutschland hervor.
SPIEGEL: Einer der Punkte, wo islamrechtliche und westliche Religionsbegriffe am schärfsten aufeinandergeprallt sind, waren die dänischen Mohammed-Karikaturen. Wie stehen Sie dazu?
ROHE: Vor allem hätte ich allen Beteiligten empfohlen, sie sich genau anzusehen, denn sie sind sehr unterschiedlich. Über eine habe ich herzlich gelacht. Da ruft Mohammed, ein freundlicher älterer Herr, von der Himmelsleiter herab zu den finsteren, bärtigen Gestalten, die nach oben drängen: »Bitte hört auf, wir haben keine Jungfrauen mehr übrig!« Das ist eine gewitzte Bloßstellung der ungeheuerlichen Wahnidee von Fanatikern, sich mit Mord auch noch die Aussicht auf paradiesische Wonnen zu verdienen. Das Gegenbeispiel ist eine Karikatur, die Mohammed mit einer unter dem Turban verborgenen Bombe darstellt. Diese Karikatur kann man doch wohl nur so verstehen, dass die Weltreligion Islam ihrem ganzen Wesen nach gewalttätig sei. Damit grenzt die Darstellung an das, was im deutschen Recht Störung des Religionsfriedens heißt.
SPIEGEL: Die Feministin Alice Schwarzer hat Ihnen Verharmlosung der Scharia vorgeworfen, weil Sie die diskriminierenden

und grausamen Züge der Scharia nicht gebührend gegeißelt hätten.

ROHE: Leider hat sie – wie auch andere Kritiker, die ins selbe Horn stoßen – nie das Gespräch mit mir gesucht. Ich würde ja alle kritischen Fragen gern beantworten. Aber als Wissenschaftler kann ich mich nun einmal nicht darauf beschränken, gebetsmühlenartig Schrecklichkeiten und Ungerechtigkeiten anzuprangern. Mein Buch über Geschichte und Gegenwart des islamischen Rechts will keine Streitschrift gegen die Scharia sein. Es will sachlich wiedergeben, wie das islamische Recht entstanden ist und welche Debatten darüber innerhalb des Islam geführt wurden und werden.

SPIEGEL: Wann ging der Pragmatismus der islamischen Gründerzeit in ein gefestigtes Rechtssystem über?

ROHE: Zunächst einmal hat man wohl die Verwaltungsstrukturen der binnen weniger Jahrzehnte überrannten byzantinischen und sasanidischen Reiche übernommen. Die Etablierung eines islamischen Rechtswesens zog sich von der Mitte des 7. bis ins 10. Jahrhundert hin. Man darf sich das aber nicht als zentral gesteuerten Prozess vorstellen; es war eine dezentrale, im Einzelnen unterschiedlich verlaufende Entwicklung. Die historisch gewachsene Binnenpluralität ist dem Islam gewissermaßen in die Wiege gelegt.

SPIEGEL: Auch nichtislamisches Recht wurde in der Frühzeit im islamischen Kulturraum angewendet?

ROHE: Ja. Das erinnert an unsere Gegenwart der Globalisierung und internationalen Migration: Auch heute haben wir es mit dem Nebeneinander unterschiedlicher Rechtsvorstellungen zu tun. Sogar in unserem Rechtsrahmen sind wir manchmal gehalten, fremde Rechtsnormen anzuwenden – etwa französisches Recht, brasilianisches oder eben islamisch geprägtes Recht. Im letzteren Fall haben einzelne Gerichte den Fehler begangen zu sagen: Das sind religiöse Normen, die wir als säkulares staatliches Gericht gar nicht anwenden können.

SPIEGEL: Aber was passiert, wenn zum Beispiel Migranten aus islamischen Gesellschaften, die Polygamie zulassen, auf eine monogame Gesetzgebung stoßen?
ROHE: Zunächst einmal scheinen polygame islamische Ehen, die hier im Westen geführt werden, die große Ausnahme zu sein. Wo es sie gibt, war das Folge einer verfehlten Einwanderungspolitik. So haben die Franzosen bis 1993 die Einwanderung polygam verheirateter Männer samt allen Ehefrauen erlaubt. Das dürfte einer der Gründe für die explosive Situation in den Pariser Vorstädten sein, wo Männer mit vielen Frauen und Kindern zum Teil unter unvorstellbaren Verhältnissen hausen. Deutschland hat diesen Unsinn nie mitgemacht und den Ehegatten-Nachzug auf eine Frau beschränkt.
SPIEGEL: Aber interkulturelle Kompromisse in Bezug auf Rechtsnormen gibt es auch bei uns?
ROHE: Ja. Wenn polygame Ehen im Herkunftsland – das kann zum Beispiel auch Südafrika sein, Polygamie gibt es nicht nur im islamischen Bereich – gültig eingegangen sind, dann werden Ansprüche anerkannt, die die Zweit- oder Drittfrau gegen den Ehemann geltend macht: Anträge auf Unterhalt, Erbanteile oder vom Ehemann erworbene Anrechte auf Sozialleistungen. In solchen Fällen verlangt unser Sozialgesetzbuch, dass die Ansprüche mehrerer Ehefrauen durch deren Zahl zu teilen sind.
SPIEGEL: Welche Rolle spielt der Koran für das islamische Recht?
ROHE: Er ist die oberste normative Quelle für alle religiösen, moralischen und rechtlichen Vorschriften. Aber wenn Sie ihn durchforsten, finden Sie nur ein paar Dutzend Verse, die sich explizit mit rechtlichen Aspekten befassen. Dieses Wenige steht jedoch ganz oben, weil es nach muslimischem Verständnis das offenbarte Wort Gottes ist.
SPIEGEL: Worauf stützte sich die Rechtsprechung nach Mohammed, wenn der Koran nicht weiterhalf?

ROHE: Auf die sogenannte Sunna, die Gesamtheit der von Mohammed berichteten Worte und Taten (Hadithe). Allerdings wurde der größte Teil davon im Nachhinein gefälscht, um den verschiedensten Interessen den Anstrich religiöser Autorität zu verleihen. Man hat schon im 9. Jahrhundert versucht, die umlaufenden Hadithe in verschiedenen Sammlungen zusammenzufügen; es hat sich sogar eine eigene Wissenschaft herausgebildet, um die authentischen von den gefälschten Hadithen zu scheiden.

SPIEGEL: Kennt der Islam juristische Quellen im engeren Sinn des Wortes?

ROHE: Er kennt eine ganze Fülle wie zum Beispiel den Gelehrtenkonsens. Aber die Quellen sind zwischen den schiitischen und den großen sunnitischen (Hanafiten, Malikiten, Schafiiten, Hanbaliten) Rechtsschulen umstritten. Seit dem 10. Jahrhundert liegen die großen Werke der Gelehrten zu allen möglichen Rechtsfragen in vielen Bänden vor – es tritt eine gewisse Erstarrung ein.

SPIEGEL: Inwiefern?

ROHE: Wenn Sie ein juristisches Werk aus dem 12. mit einem aus dem 18. Jahrhundert vergleichen, stellen Sie nur noch geringe Veränderungen und Anpassungen an geschichtliche und soziale Veränderungen fest. Statt der reinen Lehre schiebt sich überall die Staatsmacht mit ihren jeweiligen Bedürfnissen in den Vordergrund. Die Rechtsgelehrten verschwinden tendenziell in der Opposition, oft genug auch im Gefängnis. Im Verlauf der letzten hundert Jahre ist die einst so bedeutende Gelehrtenkaste des Islam weitgehend durch staatliche Institutionen entmachtet worden. Die tausendjährige Gelehrtenkultur des Islam ist deshalb im fundamentalen Wandel.

SPIEGEL: Erinnert im islamischen Recht etwas an die westliche Trias von Staatsanwalt, Verteidiger und Richter?

ROHE: Heute ja, in klassischer Zeit gab es das im islamischen Kulturraum so wenig wie etwa im Reich Karls des Großen.

Damals lief es im Islam vor allem auf den Richter hinaus, den Kadi. Flankiert wurde er von einem Marktaufseher oder einer Art Polizist. Aber wir wissen wenig darüber. Das islamische Verwaltungsrecht ist eine völlig unausgereifte Materie. Aus heutiger Sicht ist das nur von Vorteil, weil immer argumentiert werden kann: Neuerungen aller Art stehen keine bindenden Vorschriften entgegen.

SPIEGEL: Wiederum Pragmatismus?

ROHE: In der Tat ist der von Anfang an ein Grundzug islamischer Praxis. Es gibt einen einzigen sozusagen staatsrechtlichen Vers im Koran, der lautet: »Gehorcht Gott, gehorcht dem Gesandten und gehorcht denen unter Euch, die zu befehlen haben.« Wer immer das ist – das kann ein Kalif sein oder ein Militärregime, aber auch ein Parlament. Negativ gesprochen gibt es im Islam weitreichende Rechtsunsicherheit. Positiv gesprochen: weitreichende Interpretationsfreiheit. Die ermöglicht dann eben auch einen säkularen islamischen Staat wie die Türkei und die Schule von Ankara, die klipp und klar sagt: Die Rechtsform des Islam im 21. Jahrhundert ist die Demokratie.

SPIEGEL: Ist die Türkei rechtlich gesehen nicht die große Ausnahme?

ROHE: Nehmen Sie Tunesien. Da wurde die Polygamie abgeschafft und das Gerichtsurteil als einzige legale Form der Scheidung eingeführt, während in anderen islamischen Staaten das einseitige Scheidungsrecht des Mannes und die Polygamie fortbestehen.

SPIEGEL: Und in beiden Fällen beruft man sich auf den Koran?

ROHE: Das ist eben die Vielfalt der Auslegungen. Im Fall der Polygamie geht es zum Beispiel um zwei Koranstellen. Da heißt es erst, ein Mann dürfe sich zwei, drei oder vier Frauen nehmen. Später ist davon die Rede, dass ein Mann, der mehrere Ehefrauen hat, alle gleichbehandeln und materiell gleich gut versorgen müsse, auch wenn das eigentlich unmöglich sei. Diese religiöse Weisung der Gleichbehandlung hat man traditionell als moralisches Postulat ohne juristische Konsequenz verstanden. Die tunesischen Gesetzgeber aber leiten aus dem Gebot der Gleichbehandlung das Verbot der Vielehe ab: Kein Mann könne mehrere Frauen völlig gleich behandeln und versorgen.

SPIEGEL: Islamischer Mainstream sind solche Entwicklungen aber nicht?

ROHE: Das sicher nicht. Aber wir erleben heute eine interessante Entwicklung, weil erstmals in der Geschichte des Islam die Diskussion sich nicht auf Rechtsgelehrte beschränkt. Viele Intellektuelle, aber auch jede Menge einfacher Muslime mischen sich weltweit gesellschaftlich ein. Sie äußern sich zum Beispiel in Internetforen zu Alltagsfragen rechtlicher und politischer Art. Das ist eine spannende Dynamik. Allerdings ist das Gesamtbild uneinheitlich. In Indonesien ist seit einigen Jahren die Scharia im engeren Sinn in einem Landesteil wieder eingeführt worden. Die Hamas ist dabei, die Zeit im Gaza-Streifen ähnlich zurückzudrehen. Anderswo haben religiöse Fanatiker Musikverbote durchgesetzt, die Leute werden im Alltag übel schikaniert.

SPIEGEL: Das islamische Recht bietet also ein eher verwirrendes Gesamtbild?

ROHE: Einheitlich war dieses Bild in der 1400-jährigen Geschichte des Islam zu keinem Zeitpunkt. Aber so unüberschaubar und pluralistisch wie heute wirkte es vielleicht noch nie.

SPIEGEL: Professor Rohe, wir danken Ihnen für dieses Gespräch.

TEIL II

AUSDEHUNG UND BLÜTEZEIT

Die Religion der Schönheit

Grandiose Bauwerke, geniale Ornamente und meisterliche Schriftkunst: Die besondere Ästhetik des Islam entspringt einem Bilderverbot.

Von Michael Josef Marx

Der riesige und ungeheuer vielfältige Raum, der durch die islamische Kultur geprägt ist, reicht von Marokko bis Indonesien. Ungeachtet aller regionalen und kulturellen Unterschiede hat die gemeinsame Religion eine unvergleichliche Ästhetik hervorgebracht, die weit über den islamischen Kulturkreis hinaus beeindruckt und staunen macht.

Die Beziehung zwischen Gott und Mensch, die im Koran und den Texten der islamischen Tradition neu bestimmt wurde, ist nicht zuletzt durch eine ästhetische Dimension gekennzeichnet. Mohammed, der zwischen 610 und 632 in Mekka und Medina eine religiöse Gemeinde und ein erstes islamisches Staatswesen gründete, verkündigte seine Offenbarung als göttlich inspirierten Text in arabischer Sprache. Deren unverwechselbare Laute und Schriftzeichen waren damit von Anfang an Teil der sakralen Aura der neuen Religion. Nach islamischem Verständnis empfing und verkündigte Mohammed erst in Mekka, dann in Medina seine Offenbarung, die auf einer himmlischen Tafel festgehalten und hinterlegt ist.

Der arabischen Sprache als dem vom Allmächtigen gewählten Verkündungsmedium kam demnach ein theologisch grundlegender Rang zu. Ganz anders hatte es sich beim Christentum verhalten: Die aramäische Sprache, in der Jesus seine frohe Botschaft verkündete, hat in der christlichen Tradition nie eine besondere religiöse Rolle gespielt – sie blieb dem Evangelium äußerlich. Das Neue Testament wurde ja auch nicht in der Muttersprache des christlichen Religionsstifters fixiert, sondern in Griechisch. Diese Sprache dominierte in der hellenistischen Umgebung Jesu kulturell und diente als Übermittlungsmedium, ohne dadurch ein sakrales Eigengewicht zu erlangen.

FRÜHER ISLAM

Die Ausformungen des Arabischen in Koranrezitation und Kalligrafie kennzeichnen die Anfänge islamischer Kunst. In den vergangenen 14 Jahrhunderten haben sich zudem in den islamisch geprägten Ländern allmählich charakteristische Stilformen in Ornament und Architektur ausgebildet, die auch in der modernen Zeit nach den Medienrevolutionen des Buchdrucks und des Internets ihre charakteristischen Züge behalten.

Was den sakralen Bau betrifft, der im Zentrum islamischer Frömmigkeit steht, so mag es paradox erscheinen, dass die Kaaba in Mekka schon eine vorislamische Geschichte hat. Als die erste muslimische Gemeinde Mohammeds Verkündigungen vernahm und sich an der Kaaba zum Gebet versammelte, diente dieses Bauwerk in Westarabien schon seit Generationen als Pilgerheiligtum. Nach den Angaben islamischer Geschichtsschreiber enthielt es Statuen und Bilder an den Innenwänden, auf denen biblische Figuren und sogar Maria, die Mutter Jesu, abgebildet waren. In der mekkanischen Entstehungszeit des Islam (610 bis 622) orientierte sich die Gebetsrichtung der Gemeinde aber noch nicht an der Lage der Kaaba.

Vor der Auswanderung nach Medina beteten die frühen Muslime noch in Richtung Jerusalem – sie sahen sich als religiöse Gemeinde in der Tradition von Juden und Christen. Erst nachdem die muslimische Gemeinschaft Zuflucht in Medina gefunden und der Prophet dort sein erstes Staatswesen gegründet hatte, wurde die altarabische Kaaba zur verbindlichen Gebetsrichtung.

Nach dem siegreichen Einzug in Mekka im Jahr 630 soll Mohammed befohlen haben, die Kultbilder an der Kaaba zu zerstören und die Bilder an den Innenwänden des Sakralbaus zu entfernen. Jedoch habe er, wie es heißt, angeordnet, das Marienbild im Inneren der Kaaba zu verschonen. Das Betreten der Kaaba war nach dem altarabisch-vorislamischen Pilgerritus, der in seinen Grundzügen von den Muslimen weitergeführt wurde, nicht vorgesehen.

BILDKRITIK UND BILDERVERBOT

Die Verbindung von Sakralbau und Bildkritik, wie sie in der »Reinigung der Kaaba« überliefert ist, enthält ein islamisches Leitmotiv. Im Koran selbst ist noch kein Bilderverbot ausdrücklich festgehalten. Explizit bilderkritische und bilderfeindliche Aussagen Mohammeds finden sich erst in den Sammlungen der Aussprüche und Taten des Propheten (Hadithe) aus den ersten beiden Jahrhunderten des Islam. Dem Koran zufolge hat Gott als Schöpfer die Welt und alle Lebewesen gestaltet. Jesus, der nach der Schilderung in Sure 5, Vers 110 Vogelfiguren aus Lehm formt und ihnen Leben einhaucht, handelt »mit Gottes Erlaubnis« und vermag nicht aus eigener Kraft die Lehmfiguren mit Leben zu erfüllen. Außer dieser Geschichte enthält der Koran keine Verse, die Kultbilder und Abbildungen kritisieren.

Nach islamischer Überlieferung soll Mohammed, als man ihm über eine bebilderte Kirche in Äthiopien berichtete, aber gesagt haben: »Wenn unter denen ein frommer Mann stirbt, bauen sie über seinem Grab eine Gebetsstätte und bringen darin diese Bilder an. Solche Leute sind vor Gott am Tage der Auferstehung die schlechtesten Geschöpfe.« Diejenigen, die Bilder und Statuen herstellen, soll der Prophet kritisiert haben: »Von demjenigen, der ein Bild macht, wird am Tag der Auferstehung verlangt werden, dass er ihm Leben einhaucht. Das wird er aber nicht tun können.« In bildhaften Darstellungen wird also menschliche

Hybris gesehen, die sich den allein Gott vorbehaltenen Schöpfungsakt anmaßt.

Aus solchen Traditionen hat ein Teil der muslimischen Rechtsgelehrten ein absolutes Bilderverbot abgeleitet. Dies ist allerdings nur eine von (mindestens) drei islamischen Positionen. Eine zweite Auffassung unterscheidet verschiedene Kunstformen im Hinblick auf ihre religiöse Statthaftigkeit: Skulpturen, die Schatten werfen, sind demnach grundsätzlich untersagt, während Zeichnungen zwar nicht verboten, jedoch zu vermeiden sind; Personen dürfen abgebildet werden, sofern sie nicht vollständig dargestellt sind. Eine dritte Lehrmeinung im vielstimmigen islamischen Recht erlaubt Abbildungen – aber nur unter der Bedingung, dass sie nicht Gegenstand religiöser Verehrung werden.

SPÄTANTIKE TRADITION IM REICH DER UMAJJADEN

Die repräsentativen Bauten des ersten islamisch-arabischen Herrschergeschlechts, der umajjadischen Kalifen, waren noch stark von der bilderreichen Architektur des spätantiken Nahen Ostens

gekennzeichnet. Byzantinische Kunst und Technik hatten diese geprägt. Deshalb entsprechen die umajjadischen Paläste Kusair Amra oder Kasr Muschatta mit ihren Mosaiken, Fresken und in Stein gehauenen Bildprogrammen dem islamischen Bilderverbot keineswegs. Auch der Jerusalemer Felsendom, vom Kalifen Abd al-Malik, der von 685 bis 705 regierte, über dem Felsen des Tempelbergs errichtet, verkörpert spätantike Kontinuität.

Der achteckige Bau, in dessen Mitte sich eine Kuppel über dem Felsen wölbt, hat mit der byzantinischen Mosaikkunst noch nicht gebrochen, auch wenn keine Abbildungen von Lebewesen, sondern nur Pflanzenornamente dargestellt werden. Die achteckige Form selbst scheint an die christlichen Bauwerke anzuknüpfen, mit denen vor allem in der konstantinischen Epoche die theologisch bedeutsamsten Orte (Betlehem, Rom, Ravenna) architektonisch markiert wurden.

Das Jagdschloss Kusair Amra – ein Juwel in der jordanischen Wüste

Bildagentur-Online

Der Bezug zur vorislamischen Zeit wird auch im Bildprogramm der umajjadischen Münzen greifbar. Schrittweise zeigt sich hier jedoch der Bruch mit der Tradition, wenn die Kreuze von der Bildseite getilgt und durch Symbole ersetzt werden, die nicht christlich besetzt sind. Nach der Münzreform von Kalif Abd al-Malik (696/697) erscheint auch die Figur des islamischen Herrschers mit Schwert und Peitsche, die die auf früheren Prägungen dargestellten byzantinischen Kaiser verdrängt hatte, nicht mehr auf Münzen; es ist unklar, ob diese Abbildung einen Kalifen oder gar den Propheten selbst meinte.

KALLIGRAFIE UND REZITATION

Der in arabischer Sprache offenbarte Koran steht am Beginn der islamisch-arabischen Tradition. Ob zu Lebzeiten des Propheten der kunstvolle Rezitationsvortrag des Koran bereits so praktiziert wurde, wie er bis in die heutige Zeit überliefert wird, wissen wir nicht. Da der Text (oder zumindest ein Teil davon) bereits zu Mohammeds Lebzeiten liturgisch verwendet wurde, ist es wahrscheinlich, dass der Vortrag von Abschnitten aus dem Koran beim Gemeindegebet in einem eigenen, von der Alltagssprache abgesetzten Sprachmodus vollzogen wurde. In den späteren Jahrhunderten hat die islamische Tradition stets den ästhetisch herausragenden Charakter des Korantextes hervorgehoben.

So sollen sich allein wegen der Schönheit der Koranrezitation Menschen dem Propheten angeschlossen haben. Manche Zuhörer, so heißt es, habe die Schönheit der koranischen Sprache gar mit solch himmlischer Wucht getroffen, dass sie auf der Stelle das Zeitliche gesegnet hätten. Das schildert der fromme Gelehrte Thaalabi in einem »Buch der vom Koran Getöteten«, das der existentiellen Wirkung der Koranrezitation gewidmet ist. Bis in die heutige Zeit ist die Koranrezitation eine spezifisch islamische Kunstform, die sich zwischen gleichförmigem Vortrag (Tartil) und einer raffinierten musikalischen Technik bewegt, bei der die Melodie jeweils von einer einzigen Silbe getragen wird (Tadschwid). Nach islamischem Verständnis wird die Rezitation des Koran trotz der sie kennzeichnenden rhythmischen Elemente und Tonskalen nicht als Musik bezeichnet: Das würde die Rezitation des heiligen Buchs in die Nähe menschlicher Kreativität rücken.

Auch die schriftliche Form der Koranüberlieferung erhält neben der theologischen eine ästhetische Dimension. Aus vorislamischer Zeit kennen wir nur ein knappes Dutzend arabischer Steininschriften – vor allem aus dem nordarabischen Raum, aus Syrien und Jordanien. Zwar existierte bereits eine reiche mündliche Dichtungstradition, doch der Koran ist das erste schriftlich fixierte literarische Zeugnis in arabischer Sprache.

Schon wenige Jahrzehnte nach dem Tod des Propheten sind Fragmente von Koranhandschriften auf Pergament nachweisbar, verfasst in altarabischer Schrift, dem sogenannten Hidschasi-Stil der bis Mitte des 8. Jahrhunderts verwendet wurde. Kodizes aus dieser frühen Zeit sind durch einen noch wenig standardisierten, zum Teil unregelmäßig wirkenden Schrifttyp charakterisiert. Die frühesten Handschriftenfragmente vermitteln so noch den Eindruck, dass das Festhalten des Textes Vorrang vor der Ästhetik der Schrift hatte.

Bereits in der umajjadischen Epoche entsteht ein zweiter monumentaler Duktus, der kufische Schriftstil, der auf Münzen, Meilensteinen und Mosaiken ab der zweiten Hälfte des 7. Jahrhunderts nachweisbar ist. In den Mosaiken im Jerusalemer Felsendom ist dieser Schrifttyp zwischen Kuppelumlauf und Oktogon nachweisbar. Das in kufischer Schrift innen und außen umlaufende Schriftband enthält die frühesten datierbaren Texte aus dem Koran.

Die kufische Schrift, die aufgrund ihrer eckigen Form mit der spätantiken, byzantinischen Mosaikkunst hervorragend harmoniert, kann als die erste kalligrafische arabische Schriftform betrachtet werden. Sie wurde bis ins 12. Jahrhundert fast ausnahmslos für repräsentative Korankodizes auf Pergament und für Koranzitate in Steininschriften und Mosaiken verwendet. Neben der sakralen Verwendung der arabischen Schrift bildeten sich seit dem 8. Jahrhundert an islamischen Herrscherhöfen kalligrafische Schriftvarianten aus.

Während die repräsentativen Koranhandschriften fast immer auf äußerst teurem Pergament geschrieben wurden, verbreitete sich über die eroberten Gebiete in Mittelasien durch den Kontakt mit dem chinesischen Reich immer stärker das kostengünstigere Papier als Beschreibstoff. Der arabische Gelehrte Ibn Mukla, gestorben 940, spricht von sechs verschiedenen Schriftarten des Arabischen, die sich zu seiner Zeit etabliert hätten. Für die arabische Sprache, bereits um das Jahr 1000 verbreitet zwischen Atlantischem Ozean und China, haben sich neben diesen kanonischen Schriftstilen immer auch lokale Stile gebildet.

Ab dem 16. Jahrhundert wurde im Osmanischen Reich eine neue, offizielle kalligrafische Variante entwickelt, die Diwani-Schrift, benannt nach dem Hof – »Diwan« – des osmanischen Sultans. Darin wurden zum Beispiel Erlasse des Sultans notiert, die mit dem kalligrafischen Siegel der osmanischen Sultane, einer Tugra, unterzeichnet wurden. Die Diwani-Schrift, in der Schreiber nur an den offiziellen Schulen am Hof ausgebildet wurden, hatte neben ihrer ausgereiften Ästhetik auch den Vorteil, dass die in ihr verfassten Dokumente relativ fälschungssicher waren.

UMGEHUNG DES BILDERVERBOTS

Um figürliche Illustrationen zu vermeiden, entwickelte die arabische Kalligrafie elegante Lösungswege. So wurden die rein verbalen Beschreibungen von Mohammeds physischer Erscheinung, das Lob seines Charakters, sein koranischer Ehrentitel »Siegel der Propheten« (Sure 33, Vers 40) und andere Preisungen kalligrafisch so ingeniös dargestellt, dass in den von der arabischen Schrift umrissenen Flächen das Gesicht des Propheten vorstellbar wird.

Nichtbildliche Illustrationen kalligrafischer und ornamentaler Art stehen im Mittelpunkt islamischer Kunst. Geometrische Muster und Pflanzenornamente, die in der Architektur noch ergänzende Funktion hatten, rückten in das Zentrum anderer künstlerischer Ausdrucksformen. Die Mosaiken im Felsendom und an der Umajjaden-Moschee in Damaskus bilden Pflanzenornamente dabei zunächst noch naturgetreu ab. Ohne die Absetzung von Vordergrund und Hintergrund, ohne die Verwendung von Rahmen entwickelten sich die Ornamente an Bauwerken, Kunstgegenständen und Handschriftenverzierungen allmählich von naturgetreuer zu stilisierter Darstellung.

Künstler im Raum des heutigen Irak schufen im 9. Jahrhundert einen neuen geometrischen Ornamenttyp, der seit dieser Zeit die Kunst der abbasidischen Ära charakterisierte und im 10. Jahrhundert zur Vollendung gelangte. Nachweisbar ist er zum ersten Mal in der Architektur der neuen abbasidischen Hauptstadt Samarra; er verbreitete sich innerhalb des islamischen Raums sehr schnell. Die pflanzlichen Ornamente sind nun nicht mehr nach den Gesetzen der Natur miteinander verbunden, sondern folgen in ihrer Anordnung den Gesetzen der Geometrie. In ihrer geometrischen Weiterentwicklung und Stilisierung nehmen sie abstraktere Formen an – und werden zu jenem Dekorationsstil, den man in westlichen Sprachen als arabesk bezeichnet.

Als hervorragendes Beispiel kann die Ausschmückung der Großen Moschee von Córdoba gelten. Die Anordnung der sich ins unendliche ergänzenden Ranken zeigt das Genie islamischer Ornamentkunst. Das gilt auch für ein anderes Beispiel: die Außenverzierung der Kuppel der Imam-Moschee in Isfahan, errichtet 1612 bis 1630. Hier scheinen die beiden Ornamente (eines in Gelb, das andere in Weiß) gleichzeitig zu verlaufen und einander zu durchdringen, sie umschließen so die Moscheekuppel.

DIE MOSCHEE: FUNKTION UND SYMBOL

Der Begriff Moschee (arabisch Masdschid) bezeichnet im Koran zunächst einen Ort, an dem sich die Gläubigen zum Gebet zusammenfinden. In Medina fanden solche Versammlungen im Haus des Propheten statt.

Erst mit den Eroberungen bedeutender Städte (wie Damaskus oder Jerusalem) und im Zuge der Gründung neuer Städte wie Kufa, Basra, Fustat (heute Alt-Kairo) oder Kairawan (im heutigen Tunesien) entstanden neue Bauten mit eigener Formensprache. Besonders interessant ist Damaskus, wo nach der islamischen Eroberung im Jahre 636 ein Teil der christlichen Johanneskathedrale für die Muslime abgeteilt wurde. In den anschließenden Jahren beteten offenbar Muslime wie Christen dort und feierten in ein und demselben Gebäude ihre Gottesdienste.

Die Moschee ist nach ursprünglichem Verständnis kein sakraler Bau, sondern Versammlungsort der Muslime. Seit der Auswanderung der muslimischen Urgemeinde nach Medina ist die Gebetsrichtung nach Mekka durch einen überdachten Bereich an der entsprechenden Innenwand markiert (arabisch Kibla). Später (ab circa 700) entwickelt sich der sogenannte Mihrab – die Gebetsnische, deren Lage die Gebetsrichtung vorgibt. Der Platz vor der Gebetsnische, vor der ersten Reihe der Betenden, ist dem Vorbeter, der das Gemeindegebet leitet, zugedacht.

Der Mihrab ist der am besten ausgestaltete Ort in einer Moschee, der oft mit besonderen Lampen beleuchtet wird. Da in einer Moschee Gruppengebete, aber nicht wie in einer Kirche heilige Handlungen stattfinden, verfügt der islamische Gebetsraum über kein sakrales Inventar. Im Lauf der Zeit wurde eine Kanzel (arabisch Minbar) oder erhöhte Plattform für denjenigen eingerichtet, der die Predigt hält – zur Zeit des Propheten handelte es sich um einen hohen Stuhl. Sehr früh sind Minarett-Türme nachweisbar, von denen aus zum Gebet gerufen wird und durch die schon von Weitem islamische Präsenz sichtbar wird.

Die frühesten Moscheebauten sind Säulenhallenmoscheen, in denen eine große Zahl von regelmäßig beieinanderstehenden Säulen einen Raum überdachen. Als ideellem Prototyp folgen diese ersten Moscheebauten dem Haus des Propheten in Medina, dessen Südhof durch ein auf Palmstämmen ruhendes Dach überdeckt war. Ab dem 11. Jahrhundert wurde in den persischen Provinzen ein neuer Moscheetyp entwickelt, bei dem ein großer zentraler Innenhof von vier Räumen umgeben war. Dieser neue Typ der Moschee fand vor allem im Gebiet des heutigen Iran (die Imam-Moschee in Isfahan gehört dazu) und im indischen Raum Verbreitung. Besondere Bedeutung bei den zahlreichen Weiterentwicklungen und Regionalstilen der Versammlungsmoschee hat der von den Osmanen entwickelte Moscheetyp – der Innenraum wurde hier mit einer Kuppel überwölbt.

JENSEITS DES BILDERVERBOTS

Im Moscheeraum ist die Abbildung von Lebewesen verboten. Aber die islamische Kunst hat höchst einfallsreich den Spielraum der Ornamente genutzt. Bei den architektonischen Bauformen ergänzen sich abstrakte Ornamentik und arabische Kalligrafie; beide vermitteln nach islamischem Kunstverständnis den Bezug zur Transzendenz.

Vor allem durch die Entwicklung der Kalligrafie hat die islamische Kunst den Bezug zum arabischen Text des Koran festgeschrieben. So fand sie, unter weitgehendem Verzicht auf menschliche Abbildungen, ihren ganz eigenen, unverwechselbaren Weg zu Kreativität und Schönheit.

CHRONIK 711 BIS 1204
MACHTKAMPF DER RELIGIONEN

711
Muslimische Truppen unter Tarik Bin Sijad setzen von Marokko nach Europa über, vernichten das Westgotenheer und beginnen Spanien zu erobern (so die herrschende Lehrmeinung).

719
Córdoba wird Residenz arabischer Gouverneure.

732
Nach der Niederlage von Tours und Poitiers gegen die Franken unter Karl Martell stoppt die islamische Expansion in Europa.

ab 743
Zwistigkeiten und Kämpfe in der Umajjaden-Dynastie und wachsender Widerstand gegen sie

749/50
Die Abbasiden-Revolution rottet die Umajjaden-Familie fast aus – die neue Dynastie herrscht bis 1258.

755 bis 788
Ein Überlebender des Massakers an den Umajjaden, Abd al-Rahman I., begründet in Córdoba die spanische Umajjaden-Dynastie.

762/63
Kalif Mansur gründet Bagdad als Hauptstadt des Abbasiden-Reichs. Bald steigt sie zum Mittelpunkt der islamischen Welt auf.

785/86
Errichtung der großen Moschee von Córdoba

786 bis 809
Kalifat des Harun al-Raschid

831
Nach arabischer Belagerung fällt Palermo (und bleibt bis 1072 islamisch).

861
Kalif Mutawakkil wird als erster islamischer Herrscher Opfer seiner türkischen Leibgarde.

861 bis 945
Verfall der abbasidischen Zentralgewalt

878
Die Araber entreißen den Byzantinern Sizilien.

909 bis 972
Die schiitischen Ismailiten errichten in Ifrikija (Tunesien) ein Kalifat.

912 bis 961
Abd al-Rahman III. von Córdoba führt das spanische Umajjaden-Reich zur Blüte.

922
In Bagdad wird der Mystiker Halladsch von Orthodoxen hingerichtet.

969
Schiitische Fatimiden erobern Ägypten und werden Vormacht im östlichen Mittelmeerraum.

973
Kairo wird Hauptstadt der Fatimiden-Kalifen, die Moschee und Hochschule al-Azhar zum neuen geistigen Zentrum.

998 bis 1030
Mahmud von Ghasna stellt Gebiete, die in Nordwestindien im Namen der Abbasiden-Kalifen erobert wurden, unter islamische Herrschaft.

1031
Ende der Umajjaden-Herrschaft in Spanien, Zerfall in Kleinstaaten

ab 1040
Aufstieg der Seldschuken-Dynastie in Iran

1071
Der Seldschuken-Sultan Alp Arslan vernichtet in Armenien ein byzantinisches Invasionsheer.

1085
Eroberung Toledos durch die Reconquista

1096
Beginn des ersten Kreuzzugs

1099
Die Kreuzritter erobern Jerusalem.

1127 bis 1146
Der Gouverneur von Mossul und Aleppo ruft den Glaubenskrieg (Dschihad) gegen die Kreuzfahrer aus.

1147 bis 1149
Im zweiten Kreuzzug erleiden die christlichen Invasoren große Niederlagen.

1175
Saladin wird Sultan über Ägypten und Palästina.

1176
Die Seldschuken besiegen ein byzantinisches Heer unter Manuel I.

1179
Wiederaufnahme des Dschihad: Saladin schlägt ein Kreuzritterheer.

1187
Saladin besiegt abermals ein Kreuzritterheer und nimmt Jerusalem ein.

1188 bis 1192
Dritter Kreuzzug wegen Jerusalems Fall

1202 bis 1204
Vierter Kreuzzug

1203
Gründung des mongolischen Reichs

Ein Elefant für Karl

Harun al-Raschid, der legendäre Kalif von Bagdad, war einer der mächtigsten Herrscher seiner Zeit.

Von Dietmar Pieper

Bagdad – das war einmal ein Name, der die Welt bezauberte. Wochenlang waren die Karawanen unterwegs, die Juwelen und Gewürze, golddurchwirktes Tuch und zuckersüße Datteln aus allen Himmelsrichtungen in die Stadt am Tigris brachten. Den Fluss hinauf segelten Schiffe, beladen mit wertvollen Hölzern und Alabaster, Wein und Getreide.

Schon wenige Jahre nach ihrer Gründung im Sommer des Jahres 762 galt die »runde Stadt« als größte und prächtigste Metropole auf dem Erdkreis. Hunderttausende Menschen lebten hier, vielleicht sogar eine Million, Händler, Handwerker und Tagelöhner, Bettler und Diebe. An der Spitze der märchenhaft reichen Oberschicht standen die Kalifen.

Der berühmteste von ihnen war Harun al-Raschid (»Aaron der Rechtgeleitete«). Zur Legende wurde er durch die Geschichten aus 1001 Nacht, in denen er als weiser Herrscher dargestellt wird, der unerkannt durch die Straßen von Bagdad spaziert, um zu erfahren, was sein Volk bewegt.

Der wirkliche Harun wurde 763 im heutigen Iran geboren, Sohn des Kalifen Mahdi aus einer Verbindung mit der jemenitischen Sklavin Chaisuran. Mit 23 Jahren gelangte er an die Macht, nachdem sein Bruder Hadi unter mysteriösen Umständen ums Leben gekommen war. Es heißt, die Mutter habe Hadi vergiftet und dazu mit Kissen ersticken lassen, um den Weg für ihren jüngeren Lieblingssohn freizumachen.

Harun aus dem Geschlecht der Abbasiden war nun Nachfolger des Propheten und Herrscher über ein Reich, das sich vom Hindukusch bis in den Maghreb erstreckte. Der Luxus, in dem er mit seinen Ehefrauen und Sklavinnen lebte, war unermesslich. Kunstreichen Dichtern wurde der Mund mit Perlen gefüllt. In einem seiner Paläste soll sich der Kalif hundert Löwen gehalten haben.

Aber war das genug? Als junger Mann war Harun zweimal gegen Byzanz zu Felde gezogen. Und auch jetzt ließ ihm der Basileus in Konstantinopel, der Kleinasien und das östliche Mittelmeer beherrschte, keine Ruhe. Weil die aus seiner Sicht fälligen Tributzahlungen ausblieben, kommandierte Harun seine Soldaten nach Kleinasien und besetzte Zypern. Entscheidende Schläge waren das nicht.

Auch das Bündnis mit dem Feind des Feindes suchte der Kalif. Das war, im fernen Reich der Franken, Karl der Große. Zweimal tauschten die beiden Mächtigen Gesandtschaften aus. Es blieb bei diesen diplomatischen Gesten ohne reale Folgen.

Aufsehen erregten aber die Geschenke des Orientalen an den westlichen Kaiser. Berühmt wurde ein Elefant namens Abu al-Abbas, der im Juli 802 in Karls Aachener Residenz eintraf. Auch eine höchst geistreich ersonnene Wasseruhr verblüffte die Franken.

Als Harun al-Raschid Mitte vierzig war, wurde er schwer krank, vermutlich ein Magenleiden. Er starb am 24. März 809.

Ekstase im Tanz

Seit der Frühzeit gehört zum Islam auch eine asketisch-mystische Strömung. Sie inspirierte große Dichter und führte zu einflussreichen Sufi-Bruderschaften.

Von Claudia Stodte

Wie ein Blitz traf es ihn in einer Karawanserei der anatolischen Stadt Konya: In mystischer Liebe entbrannte der 37-jährige Dschalaluddin Rumi zu dem wesentlich älteren Schamsuddin aus Täbris. Der war ein wandernder Asket, ein Derwisch.

Die innige Freundschaft, die der ersten Begegnung im Oktober 1244 folgte, wurde zur entscheidenden Wende im Leben Rumis, der einer der größten Dichter des Orients werden sollte. Als Kind war er mit seiner Familie vor den Mongolen aus Balch (heute Nordafghanistan) geflohen. Seit mehr als zehn Jahren predigte der verheiratete Vater an einer theologischen Hochschule in Konya, er erstellte Rechtsgutachten und trug den Beinamen Rumi (»Römer«), weil Konya einst zum oströmischen Reich gehört hatte. Daneben hatte er sich mit meditativen Praktiken für mystische Erfahrungen geöffnet.

Doch erst die Begegnung mit dem charismatischen Schamsuddin löste eine Art spirituellen Taumel bei ihm aus: »Tag und Nacht saß er gemeinsam mit seinem Freund, ohne Essen, ohne Trinken, ohne irgendwelche menschliche Bedürfnisse«, schreibt sein Biograf und Schüler Faridun Sepahsalar. Über Monate zog sich Rumi von seiner Familie zurück und vernachlässigte seine Pflichten als Lehrer, wie er selbst dichtete:

Seit ins Herz der Liebe Funke sprang,
Alles andre ihre Glut verschlang.
Legt' ich Bücher und Verstand beiseite,
Lernt' Gedichte, Lieder und Gesang.

Um 1248 verschwand Schamsuddin spurlos. Vermutlich wurde er ermordet – so manchem Bewohner Konyas ging das ekstatische Treiben zu weit. Trost fand Rumi allein im wirbelnden Tanz und in der mystischen Vereinigung mit dem Freund:

Ich sehe in deinem Auge mein eigenes
Bild und sage mir: nun hab ich endlich
mich gefunden.

Die Begegnung mit dem Derwisch machte Rumi zum Dichter, und mit dem »Diwan des Schamsuddin-e Täbrisi« schuf er eines der schönsten und berühmtesten Werke persischer Sprache. Noch zweimal pflegte er eine ähnlich innige Freundschaft. Seinem dritten Musenfreund diktierte er während eines ganzen Jahrzehnts sein poetisches Hauptwerk, das rund 26 000 Verse umfassende »Mathnawi«. In der Moschee, im Badehaus, bei Rumis mystisch inspiriertem Wirbeltanz – überall notierte der Jünger die Worte seines Meisters. Auch diese Dichtung kreist ganz um das Eine: »Nur Liebe, nur Liebe – wir haben sonst kein Werk!« Die irdische Liebe ist dabei als Vorstufe oder Allegorie der himmlischen Liebe zu verstehen: Die Liebe als Ursache und Ziel der Schöpfung birgt das Geheimnis der steten Verwandlung alles Seienden. Ohne liebende Selbstentäußerung, ohne Selbstopfer ist diese Verwandlung nicht möglich:

Siehe, ich starb als Stein
und ging als Pflanze auf,
Starb als Pflanz'
und nahm drauf als Tier den Lauf.
Starb als Tier und ward ein Mensch.
Was fürcht' ich dann,
Da durch Sterben ich nie minder werden kann!
Wieder, wann ich wird' als Mensch gestorben sein,
Wird ein Engelsfittich mir erworben sein,
Und als Engel muss ich sein geopfert auch,
Werden, was ich nicht begreif': ein Gotteshauch!
(übersetzt von Friedrich Rückert)

Die Suche nach spiritueller Gottesbegegnung oder sogar Gottesvereinigung ist das Ziel der islamischen Mystik, die auch Sufismus genannt wird. Es handelt sich um eine überaus heterogene Bewegung, in der sich Anklänge an christliches, altpersisches, indisches und buddhistisches Gedankengut ebenso finden wie neuplatonische oder gnostische Ideen. Hauptbezugspunkt aber ist der Koran, das heilige Buch der Muslime.

Eine Wurzel des Sufismus reicht in die Zeit des Propheten Mohammed zurück, als sich einige seiner Gefährten einer asketischen Lebensweise verschrieben: Sie beteten und fasteten häufiger als vorgeschrieben und befolgten streng die Gebote Gottes. Diese Askese war – ähnlich wie in Judentum und Christentum – ursprünglich inspiriert durch die Furcht vor dem gerechten Gott und seinem Jüngsten Gericht. Ihre spirituellen Stichworte fanden die Gläubigen im Koran; immer wieder warnt der vor »unmäßiger Liebe für den Besitz« (Sure 89, Vers 20), denn: »Was bei euch ist, vergeht, was bei Gott ist, besteht« (Sure 16, Vers 96). Wer ein gottloses und oberflächliches Leben führe, den erwarte am Ende »nur das Höllenfeuer« (Sure 11, Vers 16).

Derwische beim Tanz (osmanische Miniatur aus dem 16. Jahrhundert)

Auch die Demut und Barmherzigkeit Jesu, der im Islam als wichtiger Prophet gilt, wirkten als Vorbild. Wie christliche Mönche trugen muslimische Gottsucher ein grobes wollenes Gewand. Von arabisch »Suf« (Wolle) wird meist der Begriff Sufismus abgeleitet; einige Sufis führen ihn dagegen auf das Wort »Safa« (Reinheit) zurück. Die materielle Bedürfnislosigkeit wurde bald zum Inbegriff sufischer Lebenshaltung; die eingedeutschten Wörter Fakir (arabisch) und Derwisch (persisch) bedeuten so viel wie »arm /Armer«.

Die rasanten islamischen Eroberungen im 7. und 8. Jahrhundert brachten jedoch Verweltlichung und Luxus mit sich – sowie für nicht wenige Gläubige eine quälende Gewissensnot. Asketische Prediger wie Hassan al-Basri (gestorben 728) riefen zur Abkehr von Besitz und Machtstreben auf. Auch Rabia al-Adawija (gestorben 801), eine der ersten Mystikerinnen, verschrieb sich der Askese. Als Kind war sie entführt und in die Sklaverei verkauft, später jedoch freigelassen worden. Ihre Lehre stellt die reine Liebe zu Gott in den Mittelpunkt. Der persische Sufi Bajasid Bistami (gestorben etwa 875) beschrieb die Gottesliebe als gnadenvolles Geschenk: »Im Anfang bildete ich mir ein, dass ich es war, der an Gott dachte, der Ihn kannte und liebte. Als ich zum Ende kam, sah ich, dass Er an mich gedacht hatte, ehe ich an Ihn dachte, dass Er mich gekannt hatte, ehe ich Ihn kannte, dass Seine Liebe zu mir meiner Liebe zu Ihm vorausging.«

Im 9. Jahrhundert entwickelten die Sufis die Vorstellung von einem geistigen Pfad (arabisch Tarika), der über verschiedene Stufen zur Vereinigung mit Gott führt. Meditative Praktiken wie die beständige Nennung des göttlichen Namens (arabisch Dhikr), Musik, Gesang oder Tanz sowie das Hören solcher Darbietungen (arabisch Sama) sollten den Suchenden helfen, sich ganz auf Gott zu konzentrieren – bis hin zur vollkommenen »Entwerdung« (arabisch Fana). Die Praktiken dienten auch der Zähmung und Erziehung der »Triebseele« (arabisch Nafs), die

Rumi in seiner Dichtung mit Drachen oder störrischen Pferden vergleicht. Auch im Gewand religiösen Hochmuts könne sie sich verbergen, warnt der Dichter:

Die Nafs hat einen Rosenkranz und einen
Koran in der Rechten,
und ein Schwert und einen Dolch im Ärmel.

Neben diesem gemäßigten oder »nüchternen« Sufismus, der sich noch überwiegend auf dem Boden des islamischen Rechts (Scharia) bewegte, entstanden mystische Lehren, die als ketzerisch verpönt wurden. Man nannte ihre Anhänger »Übertreiber« oder »Trunkene« und unterstellte ihnen – oft zu Recht –, dass sie gezielt die Schranken der Scharia und der gesellschaftlichen Konventionen überschreiten wollten.

Diese »Trunkenen« wurden zunehmend von Vertretern der islamischen Orthodoxie angefeindet. Tragischer Höhepunkt war die Hinrichtung von Halladsch, dem vielleicht größten muslimischen Mystiker. Geboren 857 in der persischen Provinz Fars, ließ er sich nach mehreren Pilgerreisen in Bagdad nieder. Sein berühmter Ausspruch »Ich bin die Absolute Wahrheit«, der wohl das mystische Ideal der Einswerdung mit Gott beschwor, erregte den Zorn der Rechtsgelehrten. Selbst gemäßigte Mystiker bezichtigten Halladsch der Blasphemie. Auf Kritik und Empörung stieß auch seine Überzeugung, die wahre Pilgerfahrt sei die nach innen, jeder Sufi könne sie in seinem Zimmer antreten – einer Reise nach Mekka bedürfe es dafür nicht.

Wegen solcher provokanter Äußerungen und des Verdachts politischer Quertreiberei wurde Halladsch 922 nach einem langen Prozess hingerichtet; die Sufismus-Forscherin Annemarie Schimmel nennt ihn den »ersten mystischen Märtyrer des Islam«. Auch in den folgenden Jahrhunderten nährte die Mystik das Misstrauen der Rechtsgelehrten. Vielleicht aus Vorsicht bildeten manche Sufis nun esoterische Zirkel und gaben ihre Lehre nur noch an Eingeweihte weiter.

Zur Versöhnung von islamischer Orthodoxie und gemäßigtem Sufismus trug Abu Hamid al-Ghasali (1058 bis 1111) bei. Dieser Jurist und Theologe, der als einer der herausragenden Geister des Islam in die Geschichte einging, wurde in Europa als Algazel bekannt. Eine Lebenskrise brachte ihn dazu, sein Amt an der angesehensten Bagdader Hochschule aufzugeben und sich über ein Jahrzehnt der Meditation und Askese zu widmen. Erst die mystische Erfahrung – das »Licht, das Gott mir in der Brust entzündet hat« – half dem Intellektuellen, seine Krise zu überwinden. Dennoch blieb das Gesetz für Ghasali der unabdingbare Anfang jeden Glaubens: »Frömmigkeit bedeutet, die Gebote Gottes auszuführen.«

Seit dem 11. Jahrhundert entstanden zahlreiche sufische Orden und Bruderschaften – der Individualismus der Sufis wurde nun gemeinschaftsbildend. Jeder Orden zeichnet sich durch eigene meditative Praktiken aus. Zentrales Charakteristikum der sunnitischen wie schiitischen Orden ist absoluter Gehorsam des Schülers gegenüber dem Meister. Zuweilen wurde ein Meister – oder auch eine Meisterin – sogar als »Heilige(r)« beziehungsweise »Freund(in) Gottes« verehrt, die Gräber entwickelten sich in solchen Fällen zu viel besuchten Pilgerorten.

Manche Bruderschaften gewannen im Lauf der Zeit enormen sozialen und politischen Einfluss. So bildete im Osmanischen Reich die Bektaşiye mächtige Netzwerke; in Iran übernahm die Safawije im Jahr 1501 sogar die Regierungsmacht – und verordnete den Bewohnern die schiitische Glaubensrichtung. Sufi-Orden trugen den Glauben auch in die Randgebiete der islamischen Welt. Ihr Erfolgsgeheimnis war die Offenheit für nichtislamische Traditionen, wenn diese den eigenen mystischen Ideen nahe kamen. Damit erreichten sie Kreise, die der Orthodoxie verschlossen blieben.

Auf Dschalaluddin Rumi beruft sich die türkische Mevlevi-Bruderschaft, deren Name so viel wie »unser Meister« bedeutet. Ihr Haus in Konya ziert ein Vers, aus dem Rumis Freigeist spricht: »Komm, komm wieder, komm. Seist du auch ein Ungläubiger oder Götzenverehrer, ein Zoroastrier oder Christ.«

Zu dieser Sufi-Vereinigung gehören die berühmten »tanzenden Derwische«, die sich mit weiten Gewändern und hohen Kappen zum Klang der Rohrflöte um die eigene Achse drehen. Für Rumi durchziehen Musik und Tanz die ganze Schöpfung. Wie Staubkörner in der Sonne oder die Sterne am Firmament reiht sich der tanzende Sufi in den kreisenden Kosmos ein: »Ein Zweig vom Himmelstanze ist / nur aller Reigen auf Erden.«

Die Mevlevi-Bruderschaft wurde allerdings im Jahr 1925 verboten wie alle anderen islamischen Orden in der Türkei. Staatsgründer Kemal Atatürk sah sie als Hindernisse seiner rabiaten Säkularisierung des Landes und beargwöhnte sie als »Hort der Reaktion«. Das berühmte Sufi-Ritual der tanzenden Derwische kann heute in Konya nur noch wie ein museales Relikt besichtigt werden – der Wirbeltanz gilt nun offiziell als »Folklore« und »Touristenattraktion«.

Der Poesie Rumis aber konnte das türkische Ordensverbot nichts anhaben: Der Dichter ist heute, mehr als 700 Jahre nach seinem Tod im Jahr 1273, einer der meistgelesenen Lyriker der Welt. Auch in Europa und den USA sind seine Werke beliebt, sogar Popstars wie Madonna rezitieren seine Verse. Und Rumi ist nicht der einzige Sufi, dessen Ekstasen die Dichtung beflügelten. In Anatolien und ganz Zentralasien trug der Sufismus wesentlich zur Entwicklung der turksprachigen Literaturen bei. Auch in Arabisch, Urdu und Paschtu entstand eine umfangreiche Sufi-Literatur.

Zur sprachlichen Heimat der Sufis wurde vor allem das Persische, dessen Bilderreichtum schon in der Antike die manichäische Religion von Licht und Finsternis allegorisch genährt hatte.

Die Mehrdeutigkeit und Rätselhaftigkeit dieser Sprache wurde zum Erkennungszeichen persischer Poesie; sie schuf einen dichterischen Raum geistiger Freiheit.

Jahrhunderte später fand die orientalische Poetik der Sufis in Europa ihren Nachhall. Johann Wolfgang von Goethe fühlte sich angespornt, Verse für das eigentlich Unaussprechliche zu finden: die mystische Vereinigung mit dem Göttlichen. In seinem Gedicht »Selige Sehnsucht« aus dem »West-östlichen Divan« heißt es:

Sagt es niemand, nur den Weisen,
Weil die Menge gleich verhöhnet,
Das Lebend'ge will ich preisen,
Das nach Flammentod sich sehnet.
… *Und zuletzt, des Lichts begierig,*
Bist du Schmetterling verbrannt.
Und solang du das nicht hast,
Dieses: Stirb und werde!
Bist du nur ein trüber Gast
Auf der dunklen Erde.

Das Motiv vom Falter, der sich sehnsuchtsvoll in die Flamme stürzt, spielt der Forschung zufolge auf den Mystiker Halladsch an. So klingt beim wohl größten deutschen Dichter die Erinnerung an den Sufi nach, der auf dem Weg zur Hinrichtung in seinen Fesseln getanzt haben soll.

Ein Traum von Atlantis

Die weltberühmte Baukunst von Córdoba und Granada erinnert an eine der glanzvollsten Epochen des Islam, die Ära von al-Andalus. Wie aber der neue Glaube nach Iberien kam, darüber streiten die Historiker.

Von Annette Bruhns

Die größte Moschee Europas dient seit Jahrhunderten dem katholischen Kult. 1523 ließen christliche Fürsten in das Herz der »Mezquita Catedral« (Moschee-Kathedrale) von Córdoba ein Kirchenschiff bauen. Die Genehmigung hatte Kaiser Karl V. aus der Ferne erteilt. Doch der Habsburger war entgeistert, als er das Ergebnis in Augenschein nahm: »Ihr habt etwas erbaut, was es andernorts schon gibt, und dafür etwas zerstört, was einmalig in der Welt war.«

Die Authentizität des Zitats ist umstritten. Wahr ist es allemal. Der Besucher des einzigartigen Bauwerks gerät in eine Art Sog, wenn er aus dem gleißenden Sonnenlicht ins Innere tritt. Der riesige Tempelbau, 179 Meter lang, 134 Meter breit, errichtet vor der ersten Jahrtausendwende, hypnotisiert durch Wiederholung.

Ziegelroter Stein wechselt mit muschelweißem, Hufeisenbogen türmt sich auf Hufeisenbogen, die endlose Folge der Bögen erscheint wie ein Wellenmeer. Nicht in erhabene Höhe zieht es das Auge, nicht auf die Knie zwingt es den Betrachter. Der Blick geht in die Horizontale, verliert sich in den immer tiefer werdenden Schatten wie im eigenen Dunkel der Seele. Gott – oder Allah – ist hier auf unausgesprochene Weise präsent. Ohne Abbild. Auf Augenhöhe.

Und dann das: Mitten im Säulenhain der 856 Pfeiler scheint Disneyland Einzug gehalten zu haben. Die Halle öffnet sich in blendend weiße, schwindelerregende Höhe; am Hochaltar räkeln sich goldene Putten und bunte Heilige. Es ist, als schrien Losverkäufer gegen die andächtige Stille ringsherum an.

Damals, vor Jahrhunderten, aber beschimpften die christlichen Eroberer die Mauren als »mohammedanische Sektierer« und »Barbaren«. Welche Hybris! Noch Generationen nach ihrem Sieg jagten die neuen Herren die Nachfahren der Muslime – obschon längst zum Christentum zwangskonvertiert – aus dem Land. Fast 300 000 Menschen mussten Anfang des 17. Jahrhunderts fliehen.

Die Christen hatten es nicht geschafft, mit den untergebenen Muslimen so friedlich zusammenzuleben wie diese einst immer wieder mit ihren bibeltreuen Untertanen. Auch für die Juden bedeutete der Sieg der katholischen Könige das Ende einer besonderen Ära; jüdische Gelehrte waren in al-Andalus in höchste Ämter gelangt.

Was war das für eine Kultur, die architektonische Weltwunder hinterließ wie die Moschee von Córdoba oder die Alhambra von Granada? Waren die vermeintlich »barbarischen« Herrscher von al-Andalus tatsächlich frühe Vorbilder religiöser Toleranz?

Der Zeitraum, um den es hier geht, lässt kein allgemeingültiges Urteil zu: Rund 800 Jahre lang war die Kultur Iberiens arabisch geprägt. Dabei wechselten die Dynastien häufig; die Almohaden etwa, die im 12. Jahrhundert die Almoraviden verdrängten, wähnten sich sogar im »Heiligen Krieg« gegen ihre muslimischen Glaubensbrüder, im »Dschihad«. Ein Terminus, der erstaunlich selten im ständigen Grenzkrieg mit den Christen im Norden fiel. Auch wechselten Phasen zentralisierter Machtausübung mit »Fitna«, Bürgerkrieg, der immer wieder zwischen Bevölkerungsgruppen oder in der multi-ethnischen Armee aufflackerte.

Ob die Eroberer aus dem Orient Teil der spanischen Identität wurden oder ewig Fremde blieben, darüber entbrannte schon vor 60 Jahren ein Historikerstreit. Vor Kurzem wurde die Debatte wieder kräftig angeheizt: 2006 forderte Emilio Ferrín, Professor für Arabistik in Sevilla, in seiner monumentalen »Historia general de Al Ándalus« dazu auf, die Epoche keinesfalls als Sonderfall in der europäischen Geschichte abzustempeln. Al-Andalus sei, im Gegenteil, die Fortsetzung von Griechenland und Rom. »Al-Andalus war eine einzige Kultur mit drei Religionen: Islam, Judentum und Christentum. Als nur noch eine Religion herrschte, hörte al-Andalus auf«, sagt Ferrín.

Der 45-Jährige mit den blitzblauen Augen und der Löwenmähne macht es den Kollegen nicht leicht. Ferrín stellt die gesamte spanische Geschichtsschreibung infrage. Jedes Schulkind lernt, dass nordafrikanische Reiter 711 einmarschierten und in nur fünf Jahren die Iberische Halbinsel von Tarifa im Süden bis zu den Pyrenäen eroberten. Erst der Franke Karl Martell konnte 732 an der Loire die arabischen Horden aufhalten.

Der Professor aus Sevilla hält das alles für Humbug: »Eine arabisch-muslimische Eroberung hat es im 8. Jahrhundert nie gegeben.« Die muslimische Einnahme Iberiens sei Jahrhunderte später erfunden worden, um damalige Invasionen zu legitimieren. »Eine echte Eroberung war die Machtübernahme in al-Andalus durch die Almoraviden um 1100. Mit der Erfindung der Islamisierung Spaniens drei Jahrhunderte zuvor konnte die Devise ausgegeben werden: ›Dies ist kein Staatsstreich. Wir Muslime waren längst da.‹«

Als einen Beweis für seine Theorie führt Ferrín an, dass die nachgeborenen arabischen Chronisten in die angebliche Eroberung viele gängige Mythen des Mittelmeerraums einflochten: »Etwa die Vergewaltigung einer Königstochter wie im Krieg um Troja.« Hungersnot und Bürgerkrieg hätten im 8. Jahrhundert in Spanien geherrscht – keine Spur von stolzen Arabern. Frauen und Kinder seien unter den Eindringlingen gewesen, die von Karl Martells Truppen gestoppt wurden, berichteten fränkische Chroniken. »Von wegen Eroberer«, höhnt Ferrín, »das waren Hungerflüchtlinge!«

Wie aber entstand nun die große Moschee von Córdoba? Im Innenhof spenden herrliche Orangenbäume Schatten, auch sie Mitbringsel aus dem Orient. Ferrín hat auch dafür eine Erklärung. Die Moschee sei ein Zeugnis der Zentralmacht, die um 850 fast die gesamte Iberische Halbinsel fest in der Hand hielt: das Emirat von Córdoba. Allerdings sei die neue Elite nicht marodierend eingefallen.

»Das Mittelmeer war die Autobahn des Mittelalters«, erklärt Ferrín. »Über das nordafrikanische Karthago gelangten Waren, Menschen und Ideen nach Neukarthago in Südostspanien. Der Orient kam nicht über das unwirtliche Atlasgebirge und die Straße von Gibraltar nach Spanien, sondern auf direktem Weg, über das Mittelmeer.«

Über die Handelsrouten seien Einwanderer, sei das Arabische und schließlich der Islam nach Andalusien gekommen. »Der Schlüssel zum Verständnis von al-Andalus ist nicht das Rätsel der Eroberung«, glaubt Ferrín. »Sondern die Frage: Wieso wurde Arabisch Verkehrssprache im Mittelmeerraum?«

Auch wenn der Professor nicht auf alle Fragen eine Antwort parat hat, er kennt die Quellen. Im Jahr 822 erkundigte sich der junge cordobesische Priester Eulogius: »Wer ist dieser Mohammed?« Seine Ahnungslosigkeit belegt aus Ferríns Sicht eindrucksvoll, wie wenig islamisiert Córdoba bis dato war. Eulogius hört den Namen des Propheten erstmals in dem Jahr, in dem Abd al-Rahman II. Emir von Córdoba wird. Mit ihm beginnt die erste unstrittige Orientalisierung Iberiens.

Der Emir ließ die Biografie seines Großvaters, Abd al-Rahman I., schreiben. Die Vita ist ein Heldenepos auf den letzten Überlebenden einer großen arabischen Dynastie: die der Umajjaden. Gleichzeitig war dank dieser Vita auch der Enkel Erbe des Dar-al-Islam, »Haus des Islam«. Und das war viel wert. »Das Dar al-Islam war das, was heute ›Der Westen‹ ist«, erläutert Ferrín: die ökonomisch-technische Leitkultur.

Die schicke Hauptstadt des Dar al-Islam war Bagdad. Abd al-Rahman II. rief einen der größten Musiker aus Bagdad an den Hof in Córdoba, den Lebemann Ziryab (»die Amsel«). Ziryab führte die Cordobesen in die Moden des Orients ein. Er hielt sie an, den Bart zu stutzen, die Fingernägel zu säubern und sich einzucremen, er zeigte ihnen, welche Delikatesse wild wachsender grüner Spargel ist, er lehrte sie das Schachspiel und das Weintrinken aus Kristallgläsern.

Unter den Umajjaden durfte jeder nach seiner Façon glücklich werden – Hauptsache, er zahlte Steuern. Nichtmuslime hießen »Dhimmis« (Geschützte) und mussten höhere Abgaben entrichten. Dies führte zu so vielen Übertritten zum Islam, dass sukzessive der Steuervorteil der Muslime abgebaut wurde.

Wie wenig man den Streit mit Andersgläubigen suchte, zeigt die Posse um die »Märtyrer von Córdoba«. Rund 30 Jahre nach Eulogius' erstaunter Frage war »dieser Mohammed« in aller Munde und Arabisch die Sprache der Jugend. »Ach! Alle jungen Christen kennen nur noch die arabische Schrift und die arabische Literatur!«, klagte um 850 Eulogius' Freund Alvarus. Eulogius selbst stachelte seine Schäfchen zu Schmähungen des Propheten auf, um dadurch die eigene Hinrichtung zu provozieren. Das selbstmörderische Treiben des Priesters wurde dem Emir aber bald zu bunt: Er ließ die Bischöfe von al-Andalus einberufen. Auftragsgemäß verurteilte das Konzil den Märtyrertod als »unchristlich«. Doch die Vorfälle endeten erst, als Eulogius schließlich doch hingerichtet wurde, wie er es sich gewünscht hatte.

Achter Emir von Córdoba war einige Jahrzehnte später Abd al-Rahman III., geboren 889. Von ihm heißt es, er habe sein rotblondes Haar schwarz gefärbt, aber seine blauen Augen hätten jedem die Herkunft seiner Mutter und Großmutter aus dem Norden verraten. 929 ließ sich der kurzbeinige Mann, der aber hoch zu Ross stattlich wirkte, wie die Chronisten beteuern, zum Kalifen ausrufen, zum »Amir al-Muminin« (Beherrscher der Gläubigen).

Der Titel war eine Unabhängigkeitserklärung an die Fatimiden in Nordafrika und ihren Kalifen in Kairuan (heute Tunesien). Acht Kilometer westlich von Córdoba zeugen Ruinen von der Machtfülle des selbsternannten Kalifen: Die Palaststadt Madinat al-Sahra war nichts weniger als der Versuch, die größte Stadt der Welt zu bauen.

Busfuhre um Busfuhre werden Besucher zur Ausgrabungsstätte gekarrt. Ein älterer Herr steht am oberen Eingang der am Hang gelegenen einstigen Stadt. Der Alte macht eine weite Handbewegung nach unten: Das gut ein Quadratkilometer große Areal umfasse höchstens zehn Prozent der alten Palaststadt, den Rest bedecke noch Erde.

»Córdoba selbst«, so schwärmt der Cordobese, »war damals mit einer Million Einwohner die größte Stadt der Welt. Nachts beleuchteten Laternen die Straßen.« Tatsächlich wurden bei einer Volkszählung gegen Ende des 1. Jahrtausends in Córdoba 213 007 Häuser registriert, 60 300 Villen, 600 öffentliche Bäder und 80 455 Geschäfte. Archäologen glauben aber, dass die Angaben übertrieben sind und schätzen die Einwohnerzahl auf höchstens eine halbe Million.

Es sind eher unscheinbare Details, die einen Eindruck vom einstigen Luxus vermitteln, runde Löcher etwa in den Ecksteinen am Boden. Sie zeugen von den Scharnieren riesiger Türen, die geräuschlos Einlass boten in ein Paradies aus Gärten, Villen, Moscheen und natürlich luxuriösen Badehäusern.

Es war das »Siglo de Oro«, das goldene Jahrhundert von al-Andalus. Den Reichtum bescherten dem Kalifen staatliche Monopole für Seide, Sklaven, Gold, Gewürze und, vor allem,

Papier. Sein Reich dehnte sich von Lissabon bis Valencia, von Malaga bis Saragossa.

Außenpolitisch pflegte der Kalif enge Beziehungen zu Byzanz. Mit dem Herrscher von Konstantinopel einte ihn die Feindschaft zu den Fatimiden im Maghreb und den Abbasiden in Bagdad. Der Basileus, Herrscher von Konstantinopel, schenkte 140 der mehr als 4000 Säulen in der neuen Stadt. Griechische Kunsthandwerker reisten an, um die Innenräume von Madinat al-Sahra zu dekorieren.

Auch die Beziehungen zu den christlichen Nachbarn gestalteten sich auf Augenhöhe. 958 bat Königin Toda von Navarra, eine entfernte Verwandte, Abd al-Rahman III. in einer delikaten Angelegenheit um Hilfe: Ihr Enkel Sancho I., König von Leon, war von seinen Untertanen vom Thron gestoßen worden. Grund: Er war zu fett, um auch nur sein Pferd zu besteigen. Der Kalif sandte eine Koryphäe, seinen jüdischen Leibarzt Hasdaj

Maurisches Granada

ibn Shaprut. Shaprut bat Sancho und seine Großmutter zur Audienz nach Córdoba – solche Gäste konnten den Ruhm des Kalifen nur steigern.

Das Unterfangen gelang. Sancho verlor sein Gewicht bei Dauerläufen um die Palaststadt, konnte wieder auf seinen Thron klettern und revanchierte sich mit der Abtretung mehrerer Grenzfestungen an seinen Gönner in Córdoba.

Der Bau der Madinat al-Sahra dauerte 40 Jahre. Nur 40 Jahre später, 1010, wurde sie von einem wütenden Mob zerstört. Der Niedergang des Kalifats hatte sich schon früh durch Dekadenz angekündigt. So sollen allabendlich Hunderte Frauen am Herrscher vorbeiflaniert sein, damit er sich eine von ihnen zur Nacht aussuche. Bewacht wurden die Schönen von einer Heerschar Eunuchen. Letztere waren kostbar; al-Andalus exportierte sie in sämtliche Harems des Orients. In der Hafenstadt Almeria kastrierten jüdische Chirurgen Gefangene aus aller Welt. Obwohl sie als Spitzenärzte galten, starben sechs von zehn Operierten.

Im Jahr 987 wurde die Mezquita von Córdoba ein letztes Mal vergrößert. Gut ein Drittel des Gesamtbaus geht auf das Konto des neuen Herrschers von al-Andalus, genannt al-Mansur. Man erkennt seine Erweiterung noch heute: Mansurs Säulen sind stumpfgrau, die Kapitelle klobig. Die Handschrift des Bauherrn ist militärisch.

Mansur war ein Usurpator; den rechtmäßigen Herrscher, den minderjährigen Kalifen Hischam, verbannte der höfische Emporkömmling hinter Palastmauern. Bei den Christen im Norden sowie den Berbern in Nordafrika löste sein Name bald Schrecken aus. Allein in Nordspanien gewann Mansur 57 Feldzüge. Er erbeutete Kirchenglocken – darunter die aus dem Mekka der Christen, Santiago de Compostela, und ließ sie zu Lampen für die Mezquita umschmelzen. Al-Mansur starb 1002 bei Medinaceli. Die gedemütigten christlichen Chronisten dichteten ihm postum an, der Muslim habe in der »Schlacht von Calatañazor«

die Niederlage und den Tod gefunden. Dass die ganze Schlacht eine Erfindung war, darin sind sich die Historiker heute einig.

Dabei war Mansur kein religiöser Eiferer, sondern Machtpolitiker. Um Revolten zu vermeiden, sorgte er dafür, dass das Heer weniger aus Arabern und mehr aus christlichen und berberischen Söldnern bestand. Mit seiner blutrünstigen Außenpolitik sicherte er sich innenpolitische Gefolgschaft. Die Raubzüge deckten außerdem seine immensen Ausgaben: Als Gegenstück zur Madinat al-Sahra ließ sich der Tyrann ein ebenso prachtvolles Domizil im Osten Córdobas bauen, Madinat al-Sahira.

»Mit al-Mansur endet das Zeitalter des reichen al-Andalus«, erklärt Professor Ferrín. »Bis dahin gab es keinen Heiligen Krieg; Mansur beschwört ihn herauf. Er eint die christlichen Fürsten in ihrem Hass auf al-Andalus.«

Mit dem neuen Jahrtausend begann die Reconquista, die »Rückeroberung«, wie die Christen ihren Kreuzzug gegen Andalusien tauften. Und es begann das wechselvolle Zeitalter der »Reinos de Taifas«, der Taifa-Reiche. Das Kalifat zerfiel in über 30 Kleinstaaten. Größe und Anzahl der Taifas änderten sich laufend: Christliche Heere bedrängten sie von Norden her, die Berber, die sie zur Hilfe riefen, machten von Süden aus Druck. Zwei Berber-Dynastien gelang es noch, für kurze Intervalle eine Art Zentralmacht zu etablieren – die Almoraviden (ab 1090) und die Almohaden (1147 bis 1230). In der übrigen Zeit befehdeten sich Taifa-Könige mit Christen, mit Berbern und untereinander.

Diese Zeit zeichnete sich nicht durch religiöse Toleranz aus. Ein muslimischer Rechtsgelehrter aus Sevilla verfasste um 1100 ein Gutachten, das die Stellung der Glaubensgemeinschaften zueinander definierte. Danach durfte ein Muslim Andersgläubige weder massieren noch deren Müll beseitigen: »Es ist angemessener, dass Juden und Christen dieses Gewerbe ausüben, denn es ist das der am meisten Verachteten.«

Trotzdem war die späte Maurenherrschaft durchaus glanzvoll. Der Wettkampf der Taifas um die besten Köpfe bescherte Wissenschaft und Kunst einen enormen Aufschwung. Ferríns kühne These: »Die Stadtstaaten von al-Andalus waren Wegbereiter der Renaissance.«

Averroës (1126 bis 1198) war der wohl einflussreichste Denker von al-Andalus. Wie sein berühmter Córdobeser Zeitgenosse, der jüdische Philosoph Maimonides, behauptete Averroës die Gleichberechtigung von Philosophie und Religion. Auf seine strenge Trennung zwischen wissenschaftlicher und religiöser Erkenntnis beriefen sich noch Jahrhunderte lang die »Averroisten«, europäische Freidenker.

Weniger bekannt ist ein Büchlein, das der Jurist und Arzt hinterließ mit den »Dingen, die erfunden werden müssen«. Darunter ein Skalpell, mit dem der Chirurg zugleich schneiden und brennen können müsste – fast ein Jahrtausend vor der Erfindung des Lasers. Ein anderer Wissenschaftler aus Córdoba erfand Automaten mit hydraulischer Energie und zerbrach sich den Kopf über Fluggeräte.

Auch die Literatur blühte. Die Wendung zum anthropozentrischen Weltbild der Renaissance, bei dem der Mensch – und nicht Gott – im Mittelpunkt steht, manifestiert sich hier deutlich. Den wohl ersten Roman mit einem rein fiktiven Helden verdankt die Nachwelt einem Mann aus al-Andalus, Ibn Tufail. In »Der Philosoph als Autodidakt: Hayy ibn Yaqzan« (um 1160) schafft er einen frühen Robinson Crusoe: Hayy wächst einsam auf einer Südseeinsel auf und entwirft dabei sein eigenes Weltbild – samt kugelförmiger Erde. Er ringt mit der Frage, ob die größte Weisheit von Gott oder dem Menschen käme. Während der Aufklärung verbreitete sich der Roman in ganz Europa.

Sogar Frauen dichteten am córdobesischen Hof. Die Kalifentochter Wallada scharte einen intellektuellen Salon um sich. Berühmt sind ihre Schmähreim-Scharmützel mit einem Ex-

Geliebten. Als dieser sie als Nutte bezeichnete, da sie mit halb Córdoba im Bett sei, konterte sie kühl, daher wisse sie auch, dass er den kleinsten Penis von allen habe. Mit geradezu feministischem Selbstbewusstsein formuliert die Dame: »Ich bin, bei Gott, des höchsten Ranges wert/ Ich gehe meinen Gang erhobnen Hauptes/ Und wer mich liebt, dem biete ich die Wange/ Dem schenk ich meinen Kuss, der mich begehrt.«

Zur letzten muslimische Bastion auf der Iberischen Halbinsel wurde das Emirat von Granada (1232 bis 1492). Jeden Morgen um sechs beginnt in Granada heute der Run auf die limitierten Tickets. Europäer, Amerikaner und Asiaten keuchen den steilen Hügel von der Altstadt aus hoch. Oben, vor der majestätischen Kulisse der Sierra Nevada, thront ihr Ziel: die Alhambra, die märchenhafte Palaststadt der Nasriden.

Die Alhambra besticht durch ihre filigrane Leichtigkeit. Nichts drängelt sich vor; die Abwesenheit von Bildern oder Statuen schafft Leere trotz der Fülle des Dekors. Die Innenwände des Königspalasts wirken wie geklöppelt mit ihren Stalaktiten aus Gips und den eingemeißelten Korankalligrafien.

Draußen sind die Gärten wiederum geometrisch gestaltet, ohne dass deshalb die Pflanzen winkeltreu beschnitten wirkten. Auch zahllose Teiche stiften Harmonie: In den Höfen und zwischen den Beeten spiegeln Wasserflächen Blumen, Architektur und Himmel und schaffen immer neue Korrespondenzen.

Dieser Ort ist ein beeindruckendes Zeugnis des islamischen Baukunstideals, dem zufolge der Mensch durch die Ruhe der äußeren Umgebung in seine eigenen inneren Räume finden soll. Dazu trägt auch ein leichtes Schwindelgefühl bei: Es entsteht dadurch, dass der Besucher rasch die Orientierung verliert. Große runde Säle wechseln sich mit rechteckigen kleinen ab und umgekehrt. Die Türen sind so unauffällig in die Wände eingelassen, dass man meint, von einem in den anderen Raum zu fließen.

»Ich liege hier wie eine Krone und meine Tür ist eine Gabelung«, raunt eine arabische Inschrift im Fries über dem Portal, das den vergoldeten Empfangssaal des Sultans von den Privatgemächern trennt, »der Westen glaubt in mir den Osten«.

Liegt im unvergänglichen Zauber der Alhambra ein später Trost? Über den Fall von al-Andalus dichtete ein unbekannter Poet: »Vergessen spendet Trost in Schicksalsschlägen, doch mildert nichts das Unglück des Islam. So rettungslos ist Spaniens Katastrophe, dass Mekkas Berge einzustürzen drohen. Der böse Blick hat den Islam befallen und seiner fast das ganze Land beraubt.«

Heute wissen die Gelehrten nicht einmal, was der Name al-Andalus bedeutet. Er sei auf die Vandalen zurückzuführen, die drei Jahrhunderte vor den ersten Arabern durch Spanien streiften. Gotisch sei er, sagen andere, vorindogermanisch-baskisch, die dritten.

Der Orientalist Emilio Ferrín folgt der poetischsten Erklärung. Danach hätten die Araber das neue Land als Platons versunkenes Atlantis (spanisch Atlántida, arabisiert al-Andalus) identifiziert, die traumhafte Insel, die dort liegen solle, wo die Meere zusammenfließen. »Die Nostalgie«, glaubt Ferrin, »wurde im westlichen Mittelmeerraum geboren.«

Koran gegen Kreuz

Die Muslime nahmen die christlichen Kreuzzügler erst einmal nicht ernst.

Von Georg Bönisch

Es war ein seltsamer Haufen, der sich im Sommer 1096 durch den Osten Anatoliens Richtung Süden quälte. Menschen in ärmlicher Kleidung, erschöpft, ab und an auch Reiter, die die Späher des Seldschuken-Sultans Kiliç Arslan I. freilich nur entfernt an Krieger erinnerten. Fast alle Eindringlinge hatten eines gemeinsam – auf der Kleidung ein rotes Abzeichen in Kreuzesform.

Kiliç Arslans Soldaten bekamen alsbald mit, dass sich diese Menschen »Franken« nannten, Christen aus Mitteleuropa. Und zwei Ziele hatten: Muslime zu töten, Ungläubige, und Jerusalem, die Hauptstadt des Glaubens, von diesen zu befreien. Aber das war kein wirklicher Gegner, sondern ein Haufen fanatischer Tölpel; sie niederzumachen oder einfach zurückzujagen sei für den Sultan »so einfach« gewesen, urteilt der afghanisch-amerikanische Autor Tamim Ansary, »dass er keinen weiteren Gedanken an sie verschwendete«.

Als im Jahr drauf gemeldet wurde, wieder seien Franken im Anmarsch, lehnte sich Kiliç Arslan zurück: kein Problem. Doch diesmal traf er auf richtige Krieger, gut geübt im Bogenschießen, kampferprobt und taktisch geschult. Jetzt rollte die erste Welle der Kreuzzügler, vom Papst eingeschworen – und entsprechend aggressiv. Kiliç Arslan musste fliehen, und bald gelang es den Invasoren, in Palästina und Syrien vier eigene Staaten zu installieren, einschließlich eines Königreichs Jerusalem: »Outremer« hieß dieses außergewöhnliche Ländergebilde.

Was im Abendland als weltpolitisch bedeutsames Ereignis gefeiert wurde, sorgte im Morgenland erstaunlicherweise viele Dekaden lang kaum für Aufregung. Der Grund dafür lag sicherlich nicht in der weitverbreiteten Neigung islamischer Historiografen, Niederlagen einfach kleinzuschreiben. Der Grund ist ein anderer, und er ist simpel genug: Die Franken, »al-Frandsch«, wie sie auf Arabisch hießen, wurden einfach nicht ernst genommen – schon »aus dem Gefühl kultureller und religiöser Überlegenheit heraus«, sagt der in Saarbrücken lehrende Mediävist Peter Thorau.

Schließlich galten die Europäer als unzivilisiert, schmutzig, geistig langsam und schon deshalb verachtenswert, weil sie Schweinefleisch aßen. Schweinefleisch galt als unrein, Exkrementen gleich. Arabische Wissenschaftler glaubten gar, Menschen, die aus Gebieten näher bei Süd- oder Nordpol stammten, seien der dort herrschenden Klimaverhältnisse wegen so eine Art geistig-körperliche Mangelwesen, und der syrische Ritter und Literat Osama Bin Munkadih (1095 bis 1188) wunderte sich, warum Gott Menschen erschaffen habe, die sich »kaum über animalisches Niveau«, so der Historiker Lutz Richter-Bernburg, erheben würden.

Ein scharfer Ton, der schon deshalb verwundert, weil die Christen, die seit Menschengedenken ins Heilige Land gepilgert waren, ursprünglich herzliche Gastlichkeit genießen durften. Doch gegen Ende des 11. Jahrhunderts zog eine andere Stimmung auf. Türkische Seldschuken hatten das Regiment übernommen, frisch konvertiert zum islamischen Glauben, Eiferer, die keinen Hehl aus ihrer Verachtung für andere Religionen machten. Plötzlich wurden Christen schikaniert, vor allem durften sie die heiligen Stätten nicht mehr ohne Genehmigung besuchen.

Die Klagen der Pilger fielen zusammen mit einem Hilferuf des griechisch-christlichen Kaisers Alexios I. an den Papst. Dieser glaubte und wollte glauben machen, die gesamte orientalische

Christenheit sei bedroht, und forderte zum Kampf auf – Krieg den Muslimen, Eroberung Jerusalems. Als Urban II. seine Strategie im November 1095 verkündet hatte, schrien sich die Zuhörer warm: »Deus lo vult!«, Gott will es!

Dem Fall Jerusalems, fast vier Jahre nach der päpstlichen Tirade, folgte ein Blutbad, wohl 80 000 muslimische und jüdische Bürger wurden weggemordet. Und immer noch kam es den Menschen im Morgenland nicht wirklich in den Sinn, dass auf ihrem Boden eine »epochale Auseinandersetzung zwischen Christentum und Islam« stattfand (Ansary). Für die Muslime sei es überdies nicht der »Kampf zwischen zwei Zivilisationen« gewesen, sondern eine »Bedrohung der Zivilisation«: ihrer nämlich, die sie für die einzig wahre erachteten.

Auch wenn einige muslimische Experten bald erkannten, dass Kreuzfahrer tatsächlich aus religiöser Überzeugung handelten, sei dies »Beobachtern in Kairo, Damaskus oder Bagdad anfangs vielfach nicht bewusst« gewesen, urteilt der Geschichtswissenschaftler Nikolas Jaspert. Obschon das Kreuz als Zeichen dort seit Langem deutlich sichtbar war, hatte es kaum Animositäten ausgelöst. Jetzt aber sei es, mit erheblicher Verzögerung, als »Siegeszeichen und Symbol der weltlichen Herrschaft der Kreuzfahrer interpretiert« worden.

1144 fiel der erste Kreuzfahrerstaat, die Grafschaft Edessa im Nordosten; ein muslimischer Etappensieg nur, aber er machte all jenen, die zögerlich oder desinteressiert waren, eines klar: Die Besatzer konnten geschlagen – und vertrieben werden. Und dieser Erfolg legte den Grundstein für eine Politik, die vor allem ein Ziel hatte: Endlich eine bis dahin zerstrittene islamische Welt zu einigen, also ein fragiles Gebilde zu verschweißen, die Auseinandersetzung mit Christen als »Kohäsionselement« gewissermaßen (Jaspert).

Und dafür stand ein Begriff, der jahrhundertelang nicht mehr in Gebrauch war – Dschihad, heiliger Kampf, heiliger Krieg.

Alfredo Dagli/BPK

Saladin, Held der Muslime
(Uffizien, Florenz)

Eine landläufige Übersetzung und Überhöhung, denn eigentlich steckt in der arabischen Wortwurzel Dsch-h-d die Begrifflichkeit, »sich um etwas bemühen«, der Koran erweiterte sie: »sich bemühen auf dem Wege Gottes«. Und beschrieb damit auch den Kampf, den physischen, gegen Ungläubige.

Dass der Dschihad fast vergessen war, hatte auch zu tun mit der Überzeugung, so gut wie unverwundbar zu sein. »Das Gefühl der frühen Muslime, sie müssten gegen die ganze Welt antreten«, analysiert Ansary, »war längst dem Gefühl gewichen, dass der Islam die ganze Welt war.« Ein immenses Anspruchsdenken.

Der Eroberer Edessas, Imaduddin Sengi, erkannte zwar den innenpolitischen Nutzen der Dschihad-Idee – war jedoch, als unflätiger, streitsüchtiger Säufer kaum die geeignete Figur für diese Herkulesaufgabe. Sein Sohn Nuraddin hingegen, obschon ein Krieger durch und durch wie der Vater, besaß die Gabe der Diplomatie, überdies war er fromm und ein Mann guter Manieren. Die vom Vater geschmiedete Anti-Frandsch-Koalition machte er stark – und schaffte es, bei den Muslimen für den heiligen Krieg eine Begeisterung auszulösen, die ein anderer dann in einen großen politischen Erfolg verwandeln konnte: Salahuddin, »Redlichkeit der Religion«, besser bekannt als Saladin.

Ein zierlicher Mann, der stets nachdenklich wirkte, wohltätig war bis zur Selbstaufgabe, bescheiden gegenüber den Mitmenschen, selbstbewusst gegenüber den Mächtigen, einer, den niemand einschüchtern konnte. Zwei misslungene Mordanschläge nährten das Gerücht, Saladin sei unverwundbar.

Saladin, geboren im heutigen Irak, hatte Ägypten erobert und, als Nuraddin gestorben war, sich zum König von Syrien erklärt; der Kampf seines Lebens jedoch war der Kampf gegen Outremer. Und den führte er mit solcher Konsequenz und Intelligenz, dass er der Held der Muslime schlechthin wurde. Kein tumber Haudrauf, nein, Saladin belagerte die Festungen der Franken, übte wirtschaftlichen Druck aus und setzte vor allem auf eines: Verhandlungen.

Natürlich wurde auch gekämpft, und die Schlacht zwischen seinen Truppen und einem angeblich 60 000 Mann starken Heer der Kreuzfahrer nahe dem Dorf Hittin endete mit deren größter Niederlage. »Furcht und Schrecken ergriffen die Herzen der Christen«, heißt es in einer arabischen Chronik. »Und sie flehten um Gnade. Saladdin schenkte den Franken das Leben und die Freiheit.« Hittin, das zwischen Akko und dem See Genezareth lag, war der Anfang vom Ende der Kreuzzugsidee.

Drei Monate später dann nahm Saladin Jerusalem – ein gewaltiger Schock fürs Abendland. Alle weiteren Versuche der Christen, dort wieder Tritt zu fassen, schlugen fehl. Nach zwei Jahrhunderten war Outremer untergegangen.

TEIL III
AM SCHEIDEWEG DER MODERNE

Griff nach dem Goldenen Apfel

Sie belagerten Wien, pflegten aber auch die hohe Diplomatie mit Europa. Wie keine andere Dynastie der islamischen Welt prägten die Osmanen das Bild des Westens vom Islam.

Von Dieter Bednarz

Wer heute noch einen Sultan sucht, der sollte Ilber Ortayli, 63, treffen. Wenn der stattliche Mann mit dem kurzgetrimmten Vollbart den Raum betritt, beherrscht er ihn. Mit der Höflichkeit des Souveräns bittet er zur Audienz. Aber nicht auf die Stühle mit den blassgrünen Polstern setzen. Sie sind alter osmanischer Besitz.

Ortayli hat das Sagen im Topkapi-Serail, dem berühmtesten aller prächtigen Paläste, die einst von den Sultanen in den 600 Jahren ihrer Herrschaft errichtet wurden. Ihm zu Füßen liegt Istanbul, die schillernde türkische Metropole am Bosporus. Als Mehmed II. die Stadt Mitte des 15. Jahrhunderts eroberte, hieß sie noch Konstantinopel und war nahezu alles, was zwischen Euphrat und Donau noch übrig geblieben war vom Byzantinischen Reich.

Unter Ortaylis strengem Blick strömen an manchen Tagen weit über 10000 Besucher durch die vier Höfe des Palastes. Die Touristen bewundern die Kioske (auf die das deutsche Lehnwort zurückgeht) – jene Pavillons, die Mehmed II. und seine Nachfolger nach ihren Siegen zum eigenen Ruhm bauen ließen. Sie spazieren durch die weitläufigen Flügel des Harems, in denen die Herrscher ihren Lieblingsfrauen zu besonderen Anlässen Goldstücke zuwarfen. Sie bewundern die unermesslichen Schätze, vor allem den Kaşikçi-Diamanten, mit 86 Karat noch immer einer der wertvollsten Edelsteine der Welt, eingefasst von 49 Brillanten.

Und sie drängeln sich vor dem legendären Dolch, dessen Griff mit drei grünen Smaragden verziert ist, groß wie Taubeneier, und in dessen Kopf sich eine Uhr versteckt. Das einzigartige Schmuckstück wollte Sultan Mahmud I. dem persischen Herrscher Nadir Schah schenken. Und im Hollywood-Klassiker »Topkapi« wollten es – wie auf der Tafel nebenan vermerkt ist – Melina Mercouri, Maximilian Schell und Peter Ustinov stehlen.

Über all diese Pracht, die zum Pflichtprogramm jedes besseren Reiseveranstalters gehört, gebietet Ortayli. Als Direktor des Topkapi-Palasts ist er gleichsam der Gralshüter der Osmanen, deren Historie wohl keiner so gut kennt wie er. Und kein namhafter Experte für die Geschichte der Dynastie, der nicht Ortayli kennt. »In der Türkei ist er ein Medienstar«, sagt sein Kieler Kollege Lutz Berger. Nach Gastprofessuren rund um den Globus ist Ortayli so etwas wie der Sultan unter den Osmanisten.

Wenn Ortayli die Geschichte des Herrscherhauses erzählt, mischt sich der Stolz des Türken auf die Ahnen mit dem Respekt des Muslim vor dem Glauben des Propheten. Ohne die Osmanen wäre die Türkei heute keine so respektierte Vormacht in der Region. Auch um den Islam wäre es schlechter bestellt. Für dessen Siegeszug waren die Osmanen so wichtig wie wenige andere muslimische Herrschergeschlechter. »Durch sie ist der Islam zu einer selbständigen und modernen Macht geworden«, sagt Ortayli. »Ohne die Osmanen wäre die islamische Welt heute kleiner und weniger liberal.« Ihr Reich zählte zeitweilig Dutzende Völker. Noch Anfang des 20. Jahrhunderts kontrollierten sie große Gebiete in Europa, Vorderasien und Nordafrika.

So unbestritten der Einfluss des Herrscherhauses auf die Religion Mohammeds ist – ob Stammvater Osman selbst ein gläubiger Muslim war, sorgte lange für Streit unter den Gelehrten.

Dessen Heimat Bithynien, um 1300 einen Zwei-Tages-Ritt von Konstantinopel entfernt auf der asiatischen Seite des Bosporus, war ein Flickenteppich aus christlichen und muslimischen Glaubensgemeinschaften. Auch Schamanen und Wanderprediger, die Derwische, prägten den Glauben der Bevölkerung. Ortayli hält es »nach Stand der Forschung« für erwiesen, dass Osman Muslim war. Nach ersten Eroberungen habe er sich jedenfalls mit dem Ehrentitel »Gazi«, Kämpfer für Allah, geschmückt.

Wichtiger als der Glaube war für die Anfangserfolge aber, dass die aus Zentralasien eingewanderten Halbnomaden, die der Herrscher befehligte, hervorragende Reiter waren. Das verlieh den Angriffen der Türken jene Schnelligkeit, die ihren Eroberungszügen im Westen wie im Osten die Siege über die Fußsoldaten ihrer Feinde sicherte. War das Reich, das Osman bei seinem Tod hinterließ, noch knapp halb so groß wie die Schweiz, so war es beim Tod von dessen Sohn Orhan 1359 auf das Dreifache angewachsen.

Die eigentliche Legende von den Osmanen als überlegenen Feldherren geht jedoch auf den 29. Mai 1453 zurück. An jenem Tag erstürmte Mehmed II. nach 54 Tagen Belagerung Konstantinopel. Die Stadt galt den Osmanen schon lange als »Goldener Apfel«, als Traumziel allen Strebens und Glücks. Mehmed II. nannte sich stolz Fatih, der Eroberer.

Die Einnahme der Stadt gilt als Meisterleistung der Kriegskunst, war sie doch schwer gesichert. Um feindliche Schiffe fernzuhalten, sperrte eine schwere Kette die Zufahrt ins Goldene Horn. Die Sicherung befahl der Sultan seinen Kapitänen zu umgehen – im Wortsinne: Wo die Kette die Passage verhinderte, zogen seine Soldaten die Schiffe auf Baumstämmen über Land und segelten danach auf die überrumpelten Byzantiner zu.

Konstantinopel selbst war durch drei gewaltige Mauern geschützt, die innerste zwölf Meter hoch. Der Sultan jedoch ließ die Mauern, ein Novum bei den Osmanen, durch Kanonen sturmreif schießen. Die Geschütze lieferte ein Kanonengießer, der seine Dienste zuvor den Byzantinern angeboten hatte. Denen fehlte das Geld, Mehmed II. hingegen zahlte sofort.

Jene Stelle, an der die Kanonen damals das größte Loch in die Mauern schossen und an der Mehmed II. in die Stadt einzog, trägt heute denselben Namen wie der berühmte Palast: Topkapi, Kanonentor. Statt in altehrwürdigen Mauern wird hier in einem modernen Rundbau die Erinnerung wachgehalten. Das »Panorama 1453« hatte Premierminister Recep Tayyip Erdogan in Auftrag gegeben, als er noch Bürgermeister von Istanbul war. Das Museum ist allein dieser Schlacht gewidmet – und in die wird der Besucher mitten hineingeführt.

In einer gigantischen Kuppelmalerei haben acht Künstler den Sturm auf Konstantinopel auf 3000 Quadratmetern in fast 10 000 Einzelfiguren festgehalten. Schier endlos kann der Blick über das Panorama schweifen, während der Schlachtenlärm über den Betrachter hereinbricht: Kanonen donnern, ihre schweren Kugeln lassen gewaltige Mauern bersten, Festungstürme einstürzen. Reiterscharen preschen vor, Truppen marschieren auf. Schwerter klirren, anstürmende Krieger schreien, Verwundete stöhnen. Seit der Eröffnung im Jahr 2009 stürzen sich täglich Tausende – vor allem türkische – Besucher fasziniert ins Getümmel.

Zwei Etagen des Museums dokumentieren das, was Direktor Nevzat Bayhan emphatisch »die Befreiung« nennt. In Bayhans Interpretation hat Mehmed II. gleichsam auch die kulturellen Mauern gesprengt, »die Stadt geöffnet, liberalisiert«. Zum Beleg zeigt er stolz das Dekret, das der Sultan nach der Einnahme Konstantinopels erlassen hat. Darin garantiert der Triumphator den Andersgläubigen Religionsfreiheit.

Mehmed II. hat aber auch andere Zeichen gesetzt. Die Sophienkirche, das letzte große Bauwerk der Spätantike und seit 641 Krönungskirche der byzantinischen Kaiser, widmet er

Alamy/Mauritius Images

Die Hagia Sophia (vorn) und der Topkapi-Palast (ganz hinten) liegen auf einer Halbinsel zwischen Goldenem Horn und Bosporus.

zur Moschee um. Vier Minarette lässt er um die Hagia Sophia errichten. Heute ist sie ein Museum.

Die Osmanen handeln eher als Realpolitiker denn als Missionare, wenn sie den inneren Zusammenhalt ihres Regimes durch den regen Bau von Moscheen und vor allem von religiösen Schulen festigen. In jenen Medresen werden angehende Rechts- und Religionsgelehrte ausgebildet. Gebetshäuser und Religionsschulen bilden mit Gästehäusern, die zum Beispiel reisenden Derwischen Unterkunft geben, Armenküchen und Volksschulen religiös-kulturelle Zentren des Hochislam. »Nirgendwo wurde anderen der Glaube durch ein Blutbad aufgezwungen«, sagt Ortayli.

Politisch geschickt nutzen die Osmanen den Islam, um ihren Eroberungen Legitimation zu geben. »Ähnlich wie bei den christlichen Kreuzrittern«, so die Münchner Professorin für Osmanistik, Suraiya Faroqhi, »ließ sich auch bei den islamischen Glaubenskriegern der Wunsch, die wahre Religion zu verbreiten, leicht mit der Hoffnung auf Land und Beute vereinbaren.«

Unter dem Banner des Propheten kämpft ein Heer, das zu den modernsten der damaligen Welt gehört. Das Militär der Osmanen ist berühmt für seine Loyalität und Disziplin. Die Truppen hören, anders als die aus vielen Kleinreichen rekrutierten Bundesheere der Europäer, nur auf eine Stimme – die des Sultans.

Ihre Feldzüge bereiten die Herrscher umsichtig vor. Ihre berühmteste Kriegslist: Durch die inszenierte Flucht kleinerer Einheiten verleiten des Sultans Truppen ihre Feinde zum Nachsetzen – um sie dann an einem strategisch günstigen Ort mit dem Hauptheer abzupassen und aufzureiben. Neben den überlegenen Reitern sind vor allem die Janitscharen gefürchtet. Sie werden anfangs aus Kriegsgefangenen rekrutiert, später durch die sogenannte Knabenlese aus zwangsweise rekrutierten Bauernsöhnen. Als Teil des Machtapparates zählen die Janitscharen, wie Faroqhi in ihrer konzisen »Geschichte des Osmanischen

Reiches« schreibt, »besonders in den Provinzstädten oftmals zu den angesehenen Leuten«.

Als habe die endgültige Zerstörung des Byzantinischen Reiches den Eroberungswillen der Osmanen erst richtig entfacht, beginnt ein zwei Jahrhunderte währender Siegeszug. Mehmed II. selbst dringt nach Westanatolien und, wichtiger noch, auf den Balkan vor. Damit begründen die Osmanen ihre Jahrhunderte währende Vormachtstellung im Osten Europas.

Erst unter Selim I. (1512 bis 1520) wird der Osmanen-Staat zu einem Reich mit überwiegend muslimischen Bürgern. Er dehnt sein Territorium in den Nahen Osten aus, erobert Aleppo, Damaskus, Kairo und dringt bis Mekka und Medina vor. Als Hüter der Heiligen Stätten übernimmt er 1517 die Schutzherrschaft über alle Muslime. Zum Titel des Sultans kommt nun regelmäßig auch der des Kalifen, des Nachfolgers des Propheten.

Zum Höhepunkt ihrer Herrschaft führt die Osmanen Selims Nachfolger Süleyman, genannt der Prächtige. Er erobert den heutigen Irak, stößt bis ins (heute iranische) Täbris vor. Vor allem aber zieht es ihn wie einst Mehmed II. nach Westen, gen Wien. Die Hauptstadt der Habsburger Erblande ist zum zweiten Goldenen Apfel der Osmanen geworden – und Süleyman will ihn pflücken.

Tatsächlich schlägt der Sultan in der Schlacht von Mohacz die Ungarn und rückt 1529 auf Wien vor. In der osmanisch-türkischen Hagiografie ist es vor allem das unerwartet schlechte Septemberwetter, das den Sultan zum Abzug zwingt. Historiker wie der Kieler Islamwissenschaftler Berger verweisen auf die »logistischen Probleme eines Großreiches«, seine Armeen so weit vorzubewegen und bis zum Wintereinbruch wieder heimzuführen. So markiert die Umkehr vor Wien den ersten Fall eines neuzeitlichen Großreichs, das an der Überdehnung seiner Grenzen scheitert.

Zurück bleiben jedoch die Ängste in Europa vor den »Muselmanen«, wie sie damals genannt werden. Kein Geringerer als der Reformator Martin Luther hat sie heftigst geschürt – aus eigennützigen religionspolitischen Motiven. Dem Wittenberger Theologen kommen die Eroberer gerade recht, um die ohne Furcht und Ordnung lebende Christenheit Europas zum Gehorsam gegenüber dem christlichen Gott zu zwingen. Also wird der Osmane bei Luther zum Schreckgespenst für die »verdampten unchristen« unter seinen Zeitgenossen. Er »steckt dir haus und hoff an, nympt dir vihe und futter, gellt und gut, sticht dich zu tod (wo dirs noch so gut wird) schendet oder würget dir dein weib und töchter für deinen augen, zuhacket deine kinder und spiesset sie auff deine zaunstecken«. So hetzt der Reformator in seiner »Heerpredigt wider den Türken«.

Richtig ist zumindest, dass die Osmanen den Goldenen Apfel an der Donau nicht aus den Augen verlieren. 1672, knapp 150 Jahre nach dem ersten Sturm auf Wien, erreicht das Reich unter Mehmed IV. seine größte Ausdehnung. Im Jahr 1683 riskiert dieser Sultan einen neuen Vorstoß, der zum Desaster wird. Denn nach der vergeblichen Belagerung Wiens verfolgen die Habsburger das osmanische Heer bis nach Ungarn. Sultan Mehmed IV. muss Gebiete in Osteuropa räumen. Es beginnt der außenpolitische Niedergang der Osmanen.

Innenpolitisch hat sich der Zerfall schon ein Jahrhundert früher angekündigt. Bewaffnete Banden, die vorübergehend sogar große Städte wie Bursa oder Urfa besetzt halten, sorgen für Unruhe unter der Bevölkerung. Die Janitscharen beginnen, politische Forderungen zu stellen. Und die Sultane überbieten einander in Unfähigkeit. Weil in der ersten Hälfte des 17. Jahrhunderts mancher Herrscher als Kind am Rocksaum der Mutter an die Macht kommt, wird von der Zeit der »Weiberherrschaft« gesprochen.

1789, im Jahr des Pariser Bastille-Sturms, gelangt Sultan Selim III. an die Spitze. Er unternimmt erste Reformen, um dem

Niedergang entgegenzuwirken – Napoleons demütigender Ägyptenfeldzug von 1798 fällt in seine Amtszeit. Finanz-, Justiz- und Militärwesen werden reformiert. Auch der Nachfolger Mahmud II. versucht, mit einer Militärreform den Zerfall der einst stolzen Armee aufzuhalten. Es ist schon zu spät dafür.

»Wir haben es mit einem kranken Mann zu tun«, urteilte 1853 Zar Nikolai I. in einem Gespräch mit dem britischen Botschafter in St. Petersburg über das Osmanische Reich. Das altersschwache Imperium wird immer mehr zum Spielball von Frankreich, Großbritannien und vor allem von Russland.

Der einstige Schrecken der Europäer ist nun auf fremde Berater angewiesen. Der Preuße Helmuth von Moltke zählt zu den bekanntesten. »Es ist lange die Aufgabe abendländischer Heere gewesen, der osmanischen Macht Schranken zu setzen«, befindet der Generalfeldmarschall, »heute scheint es die Sorge der europäischen Politik zu sein, ihr das Dasein zu fristen.« Die Hilfe bei der Modernisierung des Militärs ist das Vorspiel zu einem verhängnisvollen Bündnis, das die Osmanen an Deutschlands Seite in den Weltkrieg ziehen wird.

Als letzter »wirklicher Sultan« (Ortayli) versucht Abdülhamid II. um die Wende zum 20. Jahrhundert, die Macht noch einmal im Palast zu konzentrieren. Misstrauisch gegenüber hohen Beamten und Militärs, schafft er einen Spitzelstaat und wird, so die Expertin Faroqhi, zu »einer der umstrittensten Persönlichkeiten, die je die Sultanswürde innegehabt haben«.

Endgültig dem Untergang geweiht ist das Reich, als nahezu zeitgleich mit dem Ausbruch des Ersten Weltkriegs in Ostanatolien Kämpfe mit den Armeniern aufflackern, die nach Unabhängigkeit streben. Das dunkelste Kapitel in der Geschichte der Dynastie beginnt: Im Kampf um das politische Überleben begehen die osmanischen Truppen und mit ihnen verbündete kurdische Milizen Gräueltaten an den sich aufbäumenden Armeniern. Es kommt zu Massakern und Zwangsumsiedlungen. Dabei kommen mindestens 800 000 Armenier um; manche Schätzungen gehen von eineinhalb Millionen Toten aus. Doch von Genozid wagt in der Türkei, dem Rechtsnachfolger des untergegangenen Reiches, noch immer kaum jemand zu sprechen. »Ein tragisches Kapitel der Geschichte« sei die »Zeit der Revolte und Säuberung« gewesen, windet sich der Osmanologe Ortayli.

An der Seite der Deutschen verlieren die Osmanen den Weltkrieg. Und sie haben bereits vorher an der Heimatfront gegen die aufbegehrenden »Jungtürken« aus dem machtbewussten Offizierskorps verloren. 1923 ruft Mustafa Kemal, später genannt Atatürk (Vater der Türken), die Republik aus. Die Hohe Pforte, einst Sitz des Großwesirs direkt neben dem Sultanspalast Topkapi und über Jahrhunderte der Inbegriff von Regierungskunst und hoher Diplomatie, wird für immer geschlossen. Heute schiebt sich der Istanbuler Straßenverkehr an jenem Tor vorbei, durch das einst Botschafter aller großen Länder schritten, wenn sie zu Konsultationen gerufen wurden.

Auf dem Weg der Türkei nach Europa waren Sultanat und Kalifat nur Ballast. Republikgründer Atatürk verbannte den Islam in die Moscheen. Nach vorne sollten seine Landsleute schauen, nicht zurück. Und vorne war für ihn der Westen, nicht der Osten. Die Sultane wurden ins kollektive Vergessen gestoßen. Zur Ideologie der neuen Republik Türkei, besonders in ihrer frühen Phase, gehörte auch »die Behauptung eines radikalen Bruchs mit der Vergangenheit«, sagt die Expertin Faroqhi.

Osman Ertugrul Osmanoglu, der letzte im Land geborene Spross der Osmanen, hatte denn auch nicht gedacht, dass er noch einmal ein Comeback seiner Dynastie erleben würde. Geboren 1912 im Yildiz-Palast von Istanbul, hätte er, wäre die Geschichte in seinem Geburtsjahr stehengeblieben, als Sultan Osman V. über annähernd hundert Millionen Menschen gebieten können. Doch dann jagten die Kemalisten Osmanoglus Familie aus der Republik. Er wurde zum staatenlosen Fürsten ohne Land und lebte jahrzehntelang zurückgezogen in Amerika, seiner zweiten Heimat. Zuletzt bewohnte er ein eher bescheidenes Appartement im New Yorker Stadtteil Manhattan.

Er stand in hohem Alter, als die Republik ihm die Rückkehr nach Istanbul erlaubte. Mit 92 Jahren erhielt er 2004 seinen türkischen Pass aus den Händen von Premier Erdogan. Seine Beerdigung im September 2009 geriet zum Staatsakt. Zur Trauerfeier in seiner Geburtsstadt erwiesen dem Toten Minister, Staatssekretäre und etliche Abgeordnete die letzte Ehre. Denn für Premier Erdogan und seine religiös-nationalen Mitstreiter symbolisieren die Osmanen eine Größe, nach der Ankara heute wieder streben sollte.

Die Rückbesinnung ist auch ein Reflex auf die Gängelei des Beitrittskandidaten Türkei durch die Europäische Union mit ihrer ewigen Nörgelei über Ankaras mangelnde Reformbereitschaft. Viele Türken sehen in der EU längst einen christlichen Club, der zwar einen kriselnden Balkanstaat wie Bulgarien aufnimmt, der boomenden, aber muslimischen Türkei den Zutritt jedoch versagt. Deshalb solle sich ihr Land wieder als moderne Ordnungsmacht in jener islamisch-asiatischen Region etablieren, die es jahrhundertelang dominierte. So verkündete Außenminister Ahmet Davutoglu auf einer Klausurtagung der Regierungspartei AKP nicht ohne Stolz: »Natürlich sind wir Neu-Osmanen.«

Und oben im Topkapi-Palast zeigt sich Ilber Ortayli, der Nachlassverwalter der Dynastie, höchst zufrieden; er sieht seine These von der Gegenwart der Vergangenheit bestätigt. »Der Osmane«, sagt er beim letzten Schlückchen Tee, »lebt als Türke in der Republik weiter.« Und Ortayli sorgt dafür, dass sich die Welt dessen bewusst wird.

CHRONIK 1206 BIS 1947
AUFSTIEG UND NIEDERGANG

1206
Dschingis Khan wird Oberherr der Mongolen.

ab 1218
Mongolische Invasion nach Turkestan und weiter Richtung Iran

1225
Die Almohaden ziehen sich von der Iberischen Halbinsel nach Nordafrika zurück; das islamische Spanien wird auf das kleine Reich der Nasriden (1230 bis 1492) in Granada reduziert.

1237 bis 1241
Die Mongolen unterwerfen große Teile Russlands.

1256 bis 1259
Dschingis Khans Enkel Hülegü erobert das heutige Gebiet Irans und des Irak.

1257 bis 1266
Hülegüs Bruder Berke tritt zum Islam über und verbündet sich mit den ägyptischen Mamluken, einer aus türkischen Sklaven erwachsenen Dynastie.

1258
Hülegü zerstört Bagdad und beendet die 500-jährige Ära der Abbasiden.

1301
Osman, Anführer eines Stammes turkmenischer Halbnomaden, besiegt ein byzantinisches Heer.

um 1326
Nach Osmans Tod baut dessen Sohn Orhan das väterliche Fürstentum zum Staat aus und beginnt die osmanische Expansion.

1402
In der Schlacht von Ankara schlägt der mongolische Erobe-

rer Timur die osmanischen Truppen vernichtend – und verschafft dem schon von den Osmanen bedrohten Konstantinopel so eine letzte Frist.

1453
Mit der Eroberung Konstantinopels durch die Osmanen geht das Byzantinische Reich zugrunde. Istanbul wird zum politischen Mittelpunkt der islamischen Welt.

1520 bis 1566
Sultan Süleyman der Prächtige herrscht über das Osmanische Reich auf dem Höhepunkt von dessen imperialer Entfaltung.

1529
Europa zittert vor dem Islam – doch vor Wien weichen die Osmanen zurück.

1571
In der Seeschlacht von Lepanto besiegt die spanisch-venezianische »Heilige Liga« die Osmanen.

1683
Zweite vergebliche Belagerung Wiens durch osmanische Truppen

1699
Im Vertrag von Karlowitz stecken die Osmanen die erste große diplomatische Niederlage ein – sie verlieren weite Teile Mittelosteuropas an Habsburg.

1746
Mohammed Bin Abd al-Wahhab (1703 bis 1791), Gründer der fundamentalistischen Bewegung Wahhabija, verbreitet seine puritanische Lehre auf der Arabischen Halbinsel.

1798 bis 1801
Napoleons Ägyptenfeldzug konfrontiert den islamischen Nahen Osten mit der Moderne.

1804 bis 1806
Die Wahhabiten erobern Medina und Mekka.

1811 bis 1818
In mehreren ägyptischen Feldzügen werden die Wahhabiten

auf der Arabischen Halbinsel gestürzt.

1839 bis 1861
Der osmanische Sultan Abdülmedschid versucht angesichts des dramatischen Entwicklungsrückstands gegenüber dem Westen Reformen durchzuführen.

1849
Die Wahhabiten unter Faisal vertreiben den letzten Gouverneur Ägyptens von der Arabischen Halbinsel.

1890/92
»Tabakrevolte« in Iran: Schiitische Geistliche und Basaris stoppen das britische Tabakmonopol.

1916 bis 1918
Revolte gegen die Osmanen auf der Arabischen Halbinsel. Das Osmanische Reich gehört zu den Verlierern des Weltkriegs.

1923
Mustafa Kemal wird Präsident der neuen Republik Türkei.

1924
Ibn Saud gründet ein wahhabitisches Königreich.

1928
Abschaffung des Islam als Staatsreligion der Türkei

1947
Gründung Pakistans durch muslimische Nationalisten (seit 1973 Staatsreligion Islam).

Sturz in den Schatten

Der Islam erlebte sein Goldenes Zeitalter, während Europa im Mittelalter stagnierte. In der Neuzeit aber fiel das Morgenland weit hinter das Abendland zurück – eine schlüssige Erklärung dafür steht noch aus.

Von Rainer Traub

Der rapide weltgeschichtliche Aufstieg des Islam war nicht nur ein militärischer, sondern auch ein kultureller Siegeszug. Als Mohammed um das Jahr 610 prophetisch zu wirken begann, waren Roms Glanz und Gloria längst dahin, die Tiberstadt fast zum Provinznest herabgesunken.

Mit dem allmählichen Niedergang des Imperium Romanum geriet auch das geistige Erbe der griechischen Welt weitgehend in Vergessenheit. Deren große Denker hatten Roms Zivilisation mitgeprägt und Philosophie, Naturwissenschaften und Medizin erst begründet.

Aber es war schon mehrere Jahrhunderte her, dass jeder gebildete Römer Griechisch als Zweitsprache beherrschte. Im Jahr 529 hatte Kaiser Justinian sogar die einst von Platon gegründete Akademie in Athen schließen lassen. Im Namen des Seelenheils verpönte die christliche Spätantike die Quellen griechischer Kultur als heidnisch. Konstantinopel, die bevölkerungsreiche Hauptstadt des byzantinischen Reichs, genoss zwar anders als Rom einigen Wohlstand. Aber ihr intellektueller Horizont war christlich-orthodox beschränkt.

Viele der originellsten Geister griechischer Sprache lebten im frühen 7. Jahrhundert in Alexandria. Und diese Mittelmeerstadt kapitulierte schon 642 vor dem Ansturm der Muslime, nachdem die dem christlich-koptischen Patriarchen die freie Ausübung des angestammten Glaubens zugesichert hatten.

Die intellektuelle Neugier der Sieger wandte sich dem Werk des griechischen Philosophen Plotin zu; der hatte im 3. Jahrhundert n. Chr. in Alexandria studiert und wurde dort immer noch als großer Weltdeuter geschätzt. Sein Denken kreiste um das allumfassende Eine (»Hen«), dem als unkörperlicher Ursache alles Seienden das ganze Universum entströmt sei. »In dieser Vorstellung des Einen«, so schreibt der Autor Tamim Ansary in seiner »Globalgeschichte aus islamischer Sicht«, »fanden die Muslime eine faszinierende Parallele zu der apokalyptischen Vision Mohammeds und der Einheit Allahs.« Vom Neuplatoniker Plotin ausgehend, entdeckten die Eroberer dessen Lehrer Platon und den Universalphilosophen Aristoteles.

Gerade der radikale Monotheismus der jungen Religion ermöglichte ihr also paradoxerweise den Anschluss an die sehr diesseitige Sozial- und Naturphilosophie der griechischen Antike. Die »bedingungslose Toleranz und Aufgeschlossenheit« dieser frühen muslimischen Philosophie war, wie der deutsch-britische Altphilologe und Orientalist Richard Walzer schrieb, die wichtigste Voraussetzung für den kulturellen Aufstieg des Islam. Bald begann der, den christlichen Kulturkreis zu überstrahlen.

Nachdem in der Mitte des 8. Jahrhunderts die erste muslimische Erobererdynastie der Umajjaden von den Abbasiden gestürzt worden war, avancierte deren Hauptstadt Bagdad zum geistigen Zentrum der damaligen Welt. Von überallher strömten Übersetzer nach Bagdad, um Werke aus dem Griechischen, aber auch aus anderen Sprachen wie Persisch, Sanskrit und Chinesisch ins Arabische zu übersetzen. Die kosmopolitische Attraktivität Bagdads gründete nicht zuletzt darauf, dass auch Christen und Juden in der islamischen Metropole ihre Religionen ungehindert ausüben konnten. Die waren als Vorläufer des aus islamischer Sicht endgültigen Monotheismus der Muslime akzeptiert.

Seite aus dem »Kanon der Medizin« von Avicenna (1632)

Hatten die Griechen die Geometrie und die Inder die Null als Zahl erfunden, so systematisierten und verschmolzen die Araber ihre Ideen und entwickelten neue. Mit der Algebra bereiteten sie den Grund für die moderne Mathematik, Physik und Astronomie. Sie verglichen die persische und chinesische Kosmologie, sammelten medizinische Erkenntnisse verschiedener Kulturen und errichteten die besten Krankenhäuser der damaligen Welt. Allein Bagdad, für einige Historiker die erste Millionenstadt der Geschichte, soll rund hundert Kliniken besessen haben. Und während die allmächtige römische Kirche im europäischen Mittelalter die Erbsünde lehrte und Höllenangst vor Sinnesfreuden schürte, war dem Islam der Blütezeit solches Denken gänzlich fremd. Leibeslust galt ihm, wie alle anderen Genüsse des Diesseits, als Gabe des allmächtigen Gottes: Dessen Geschöpfe ehrten ihr Geschenk am besten durch Gebrauch und sorgsame Pflege.

Neben Schulen, Kliniken und Bibliotheken errichteten die Eroberer zahlreiche öffentliche Bäder und Schwitzräume. Andalusiens islamische Hauptstadt Córdoba war um 1000 noch vor Konstantinopel die größte Stadt Europas und konnte sich in Bezug auf die kulturelle Ausstrahlung mit Bagdad messen.

Noch mehr Glanz als die genannten Städte verbreitete nach der Jahrtausendwende vielleicht nur Kairo. Die schiitische Fatimidendynastie hatte die Stadt 969 n. Chr. gegründet. Strategisch günstig zwischen Mittelmeer und Indischem Ozean gelegen, erlebte Kairo binnen weniger Jahrzehnte einen phantastischen Aufschwung, genährt von der Kornkammer des Nildeltas und den Rohstoffen Nordafrikas. Nicht zufällig entstand hier lang vor Europas frühesten Hochschulen die bis heute bestehende al-Azhar-Universität.

Die abendländische Christenheit und der Islam stellten also nicht nur zwei verschiedene Religionssysteme dar, wie der Oxforder Historiker Richard W. Southern seinerzeit betont hat: »Ihre

Gesellschaften waren sich in fast jeder Hinsicht außerordentlich unähnlich. Die längste Zeit des Mittelalters hindurch und fast auf seinem gesamten Territorium brachte das Abendland eine in erster Linie agrarische, feudale und monastische Gesellschaft hervor, und zwar zu einer Zeit, als die Stärke des Islam gerade in seinen großen Städten, reichen Höfen und langen Verbindungswegen ins Hinterland lag. Den abendländischen Idealen, die im Wesentlichen auf Zölibat, Priestertum und Hierarchie ausgerichtet waren, setzte der Islam die Weltanschauung eines Laienstandes entgegen, der dem Wohlleben und der Sinnenfreude zugetan und im Prinzip egalitär war und sich einer beachtlichen Freiheit der Spekulation erfreute.«

Die islamische Welt samt ihren geistig-zivilisatorischen Leistungen war im christlichen Kulturkreis bis ins 12. Jahrhundert weitgehend unbekannt. Die erste Koranübersetzung ins Lateinische erschien im Jahr 1143. Und um die gleiche Zeit schockierte die scholastischen Gelehrten die Einsicht in den enormen Wissensvorsprung der Muslime. Den Orientalen dagegen galt das christliche Europa als ein recht uninteressantes Reich ahnungsloser Barbaren.

Doch just im 12. Jahrhundert begann sich das europäische Bild grundlegend zu wandeln. Der Aufschwung des Fernhandels, die Anfänge von Kapitalwirtschaft und modernen Banken in den italienischen Stadtstaaten und die Herausbildung eines kaufmännischen Bürgertums lösten einen Entwicklungsschub aus; im 15. Jahrhundert kam die Erfindung der Druckerpresse, die Entdeckung Amerikas und des Seewegs nach Indien hinzu. Die muslimischen Reiche im Nahen und Fernen Osten konnten europäische Seefahrer und Händler nun umschiffen – und sich selbst überlassen. Feudale Stagnation wich merkantiler und kapitalistischer Dynamik.

Unmerklich, aber unaufhaltsam verschob sich das Kräfteverhältnis zwischen Orient und Okzident. Die Aufklärung, die industrielle und die Französische Revolution beschleunigten den Auftrieb des Westens, während der Orient sich weiter im trügerischen Gefühl der Dominanz wiegte. Gegen Ende des 18. Jahrhunderts wurde immer deutlicher, dass die zivilisatorische Überlegenheit definitiv die Seiten gewechselt hatte.

Vor allem Napoleons Ägypten-Feldzug von 1798 trug dazu bei. Es waren ja nicht etwa muslimische Armeen, die die »ungläubigen« Invasoren schließlich besiegten, sondern eine britische Armada unter Admiral Horatio Nelson. Dem heraufziehenden europäischen Kolonialismus des 19. Jahrhunderts hatte die islamische Welt militärisch, ökonomisch, technisch und wissenschaftlich nichts mehr entgegenzusetzen.

Die Frage, wie dieser Absturz möglich war, rührt bis heute an den Nerv muslimischer Identität. Der britische Islamwissenschaftler Bernard Lewis hat dem Problem ein Buch gewidmet, dessen deutsche Ausgabe ihre Pointe schon im Titel setzt: »Der Untergang des Morgenlandes«. Mit einer Fülle historischer Details illustriert Lewis den zunehmenden Entwicklungsabstand zwischen Ost und West in der Neuzeit. Eine triftige Erklärung, die der Buchuntertitel zu verheißen scheint (»Warum die islamische Welt ihre Vormacht verlor«), findet sich aber nicht. Angesichts der vertrackten Vielschichtigkeit der Frage kann es einfache und eindeutige Antworten auch nicht geben.

Die Religion allein ist für den Niedergang jedenfalls nicht verantwortlich zu machen. Schließlich blühte in ihrem Zeichen ein Goldenes Zeitalter. Das bekräftigt auch Lewis: »Der Islam hatte im Hinblick auf die Künste und Wissenschaften das höchste kulturelle Niveau in der Geschichte der Menschheit erreicht.« Und doch scheint es, als wären im historischen Umbruch, der den Übergang in die Neuzeit markiert, gerade jene Eigenarten, die den frühen und klassischen Islam beflügelt hatten, zum Ballast geworden.

Hierzu gehört vor allem der Umstand, dass der militärisch-politische Blitzaufstieg der Muslime eine Trennung von Kirche und Staat, Religion und Welt erst gar nicht hatte entstehen lassen. Während das Christentum zunächst eine jahrhundertelange Untergrundexistenz führen musste, bildete die islamische Gesellschaft von Anfang an eine schlagkräftige Einheit von Religion und Staat, Herrscher und Untertanen. Eine überlieferte islamische Selbstbeschreibung fasst dies in einem einprägsamen Bild: »Der Islam, der Herrscher und die Menschen sind wie das Zelt, der Mast, die Stricke und die Pflöcke. Das Zelt ist der Islam, der Mast ist der Herrscher, die Stricke und Pflöcke sind die Menschen.«

Der Islam der Blütezeit war sich seiner Geschlossenheit, seines Zusammenhalts und seiner Überlegenheit so sicher, dass er Berührung und Austausch mit anderen Gedanken und Glaubensrichtungen nicht als Risiko fürchtete, sondern als Chance suchte; noch in der kulturell-religiösen Pluralität im Osmanischen Reich spiegelte sich etwas davon.

Dann aber schlug die innere Stabilität der islamischen Gesellschaft in selbstzufriedene Immobilität um, während die westliche Welt infolge von Reformation und Säkularisierung, Industrialisierung und Welthandel, Kapitalismus und Individualisierung die Oberhand gewann. Autor Ansary führt ein verblüffendes Beispiel an: Lange vor der Konstruktion der ersten Dampfturbine in Europa gab es eine solche im Osmanischen Reich. Sie sei erfunden worden, »um beim Festbankett eines reichen Mannes einen Drehspieß anzutreiben und ein Schaf von allen Seiten knusprig braun zu grillen ... Nach dem Fest fiel niemandem eine weitere Verwendungsmöglichkeit für den Apparat ein, und er wurde wieder vergessen.«

Alle gesellschaftlichen Voraussetzungen für eine Nutzung im Sinn der industriellen Revolution fehlten, wie Ansary darlegt. »Im Osmanischen Reich beispielsweise lag die Produktion in der Hand der Zünfte, die mit den Sufi-Orden verwoben waren, die wiederum eng mit dem Netzwerk des osmanischen Staates und der Gesellschaft verflochten waren. Die Gesellschaft zeichnete sich durch zahlreiche Stammes- und Gruppenzugehörigkeiten jedes Einzelnen aus und basierte auf der allgemein akzeptierten Aufteilung in einen öffentlichen Bereich, der allein den Männern vorbehalten war, und einen privaten Bereich, in dem die Frauen lebten und nicht mit Politik und Produktion in Berührung kamen.«

Es half nichts, dass muslimische Gelehrte auch in anderen Fällen westlichen Erfindungen und Entdeckungen zuvorkamen, die zum Kernbestand der Neuzeit gezählt werden. So nimmt der syrische Astronom Ibn al-Schatir mit einem Modell des Mondumlaufs um die Erde aus dem Jahr 1375 jenes von Kopernikus exakt vorweg. Der in New York lehrende Wissenschaftshistoriker George Saliba hat es in seiner 2007 publizierten Studie »Islamic Science and the making of the European Renaissance« abgebildet. Nur eine Handvoll Forscher, so schreibt er, wüssten bislang, dass es eine direkte Verbindung zwischen Kopernikus und älteren arabischen Modellen gibt. Er folgert, die Wissensexplosion der Renaissance sei keineswegs eine Art abendländische Schöpfung aus dem Nichts gewesen.

Aber in den islamischen Gesellschaften fehlte es an den Bedingungen für die Anwendung des Wissens. Oder eine bornierte Obrigkeit würgte die Entwicklung ab – wie jener Sultan Murad III., der auf Rat seines Obermuftis 1580 das Istanbuler Observatorium des Universalgelehrten Takj al-Din von einer Reiterschwadron dem Erdboden gleichmachen ließ.

»Die Krankheit des Islam« heißt ein Buch, in dem der aus Tunesien gebürtige Autor Abdelwahab Meddeb nach den Anschlägen vom September 2001 der Frage nachgeht, »was vom einstigen Glanz zum heutigen Elend geführt hat«. Meddeb, ein Kenner der gegenwärtigen islamischen Welt, unterzieht die eigene Kultur einer schonungslosen Analyse. Warum hat der Hass die Toleranz verdrängt? Wieso ist es nicht gelungen,

Islam und Demokratie zu verbinden? Weshalb ist die islamische Gesellschaft von einer lebensfrohen, hedonistischen Tradition zu einer schamhaften Lebensweise voller Aggression gegen die Sinnlichkeit übergegangen? Wie ist das Versiegen der Kreativität zu erklären?

Der kluge Autor steckt seinen Lesern manches Licht auf. Und doch bleibt auch für Meddeb die Frage, warum dem historischen Aufstieg des Islam ein epochaler Abstieg folgte, ein ungelöstes Rätsel.

Philosophie und Wissenschaft

Universaldenker des Islam

Von Rainer Traub

Im Abend- wie im Morgenland stützten sich Ärzte bei der Behandlung von Kranken ein halbes Jahrtausend lang auf den »Kanon der Medizin«. Autor des Standardwerks war Ibn Sina, latinisiert *Avicenna* (980 bis 1037). Geboren in Zentralasien, in der Nähe von Buchara, überflügelte der Sohn eines Hofbeamten der Samanidendynastie, Muttersprache Persisch, seine Lehrer mit 14 Jahren – so jedenfalls überliefern es die Quellen. Zwei Jahre später soll der Junge schon Ärzte bei der Arbeit angeleitet haben, mit 18, heißt es, beherrschte das Universalgenie alle damals bekannten Wissenschaften. In der Tradition der Griechen vereinte er Philosophie und Naturwissenschaften, stets auf praktische Nutzanwendung bedacht. Obwohl zeitweise verfolgt und eingekerkert, war Avicenna als Arzt und Staatsdiener meist so gefragt, dass er sein immenses Werk offenbar großenteils bei Nacht oder auf Reisen schrieb – auch auf dem Rücken von Pferden. Sein unstillbarer Erkenntnisdurst erstreckte sich auf Musiktheorie ebenso wie auf die Entstehung von Gebirgen; dabei war ihm stets daran gelegen, die Erkenntnisse der Naturwissenschaft und den Schöpfungsglauben des Koran zu vereinen.

Ähnlich wie Avicenna wollte schon der früheste Philosoph und Universalgelehrte des Islam, der aus Kufa (im heutigen Irak) stammende *al-Kindi* (etwa 801 bis 866), den Offenbarungsglauben mit der Vernunft verbinden (»die Wahrheit muss aus jeder möglichen Quelle geschöpft werden«). Von allen Geistern des frühen Islam stand al-Kindi dem griechischen Universaldenker

Aristoteles wohl am nächsten; weil er religiösen Dogmatikern aber verdächtig blieb, fiel er zeitweise in Ungnade, und man entzog ihm seine Bibliothek. Als praktisch denkender Mensch behandelte al-Kindi nicht nur wissenschaftliche und philosophische Fragen; er schrieb auch über die Herstellung von Glas, Juwelen oder Parfum.

Ein anderer Großer des klassischen Islam ist Ibn Ruschd, latinisiert *Averroes* (1126 bis 1198). Zwischen der Wahrheit der Wissenschaft und jener des Glaubens besteht auch für ihn kein Gegensatz. Noch schärfer als die beiden früheren Denker wurde er von orthodoxen Feinden zeitweise verfolgt und verfemt. Geboren in Córdoba als Spross einer andalusischen Juristenfamilie, studierte Averroes islamisches Recht, Philosophie und Medizin, befasste sich bald auch mit Astronomie. Zeitweise war er Oberkadi und Leibarzt eines muslimischen Herrschers in Marrakesch, wurde dann aber verfolgt und musste erleben, dass seine Bücher als »unislamisch« verbrannt wurden. Die Kritik an seinem Werk im Namen einer religiösen Orthodoxie hat der Denker eingehend und scharf zurückgewiesen, doch drang er nicht mehr durch – das Goldene Zeitalter des Islam neigte sich seinem Ende zu. So widerfuhr Averroes das paradoxe Schicksal, dass ihn das Abendland bis heute als einen der großen Wegbereiter der Vernunft schätzt, während die islamische Welt ihn kaum zur Kenntnis nahm.

Die frommen Ahnen

Muss der Koran buchstabengetreu befolgt werden – oder verlangt der Islam aufgeklärte Vernunft und zeitgemäße Reformen? Radikale Eiferer streiten seit Jahrhunderten mit Erneuerern um den wahren Glauben.

Von Rainer Traub

IBN TAIMIJA (1263 BIS 1328)

Der Mongolensturm, der über die islamische Welt im 7. Jahrhundert ihrer Zeitrechnung hereinbrach – nach christlicher Zählweise im 13. Jahrhundert – war mit nichts vergleichbar, was Koranglaubigen seit den ersten Offenbarungen ihres Propheten widerfahren war. Die Reiterhorden des Dschingis Khan und seiner Nachfahren unterwarfen China, Mittelasien und Russland und drangen bis ans Mittelmeer vor. Mit unerhörter Grausamkeit verwüsteten die Eroberer im Jahr 1258 n. Chr. das stolze Bagdad, das unter der Abbassiden-Dynastie ein halbes Jahrtausend das Zentrum islamischer Kultur gewesen war – islamische Quellen sprechen von 800 000 Opfern.

Wie sollten sich Gläubige, die in der Ausbreitung ihrer Religion Gottes Werk und im universalen Triumph des Islam den Sinn der Geschichte sahen, diese Heimsuchung erklären, neben der die christlichen Kreuzzüge fast verblassten? Der syrische Jurist und Theologe Ibn Taimija, dessen Familie auf der Flucht vor den Mongolen wenigstens ihre Bücher nach Damaskus hatte retten können, fand darauf seine eigene Antwort: Gott hatte die Muslime gestraft, weil sie nicht mehr den wahren Islam praktizierten.

Sie konnten sich und ihre Welt nur retten, wenn sie erstens zur ursprünglichen Lebensweise Mohammeds und seiner Gefährten zurückkehrten – und zweitens mit dem Schwert in den Heiligen Krieg gegen Ungläubige zogen. Zu denen rechnete der kriegerische Gelehrte, der an die 4000 Pamphlete und 500 Bücher verfasst haben soll, nicht nur Mongolen und Christen. Auch jene Muslime, die den Koran anders als buchstäblich verstanden und den Islam wie auch immer an die Gegenwart anpassen wollten, waren für ihn Gottesfeinde – also nur mit Feuer und Schwert zu bekämpfen.

Mit der Unerbittlichkeit des frommen Eiferers fand Ibn Taimija zwar bei seinen Zeitgenossen wenig Anklang, und die Obrigkeit warf den Unbeugsamen, der das Heil im Mythos suchte, sogar ins Gefängnis. Und doch legte Ibn Taimija, wie der Islamhistoriker Tamim Ansary schreibt (»Die unbekannte Mitte der Welt«), eine geistige Saat. Unter der Oberfläche des Islam, so Ansary, habe sie bereitgelegen, bis »sich die richtigen Umstände einstellten, um aufzugehen«.

MOHAMMED BIN ABD AL-WAHHAB (1703 BIS 1792)

Im 18. Jahrhundert war es so weit: Mohammed Bin Abd al-Wahhab, Kind der arabischen Wüste und Sohn eines Richters, stieß als junger Koranschüler auf die Schriften des Ibn Taimija, der als Erster die frommen Ahnen zum Maß aller Dinge gemacht hatte. Die Erklärung für die vielen wettstreitenden Auslegungen seiner Religion und für die Schwächung des Islam glaubte er in der Abkehr vom Buchstaben des Koran zu finden. Er gewann Anhänger unter den Beduinenstämmen, die in versprengten Oasen ein armseliges Leben führten, und wurde Richter in seinem Heimatort. Aus diesem musste er aber hastig fliehen, nachdem er eine Ehebrecherin hatte steinigen lassen, was den Volkszorn weckte.

Bin Abd al-Wahhab suchte Zuflucht in der Oase Dirija, wo ein Beduinenfürst namens Mohammed Bin Saud herrschte. Der wollte die ganze Arabische Halbinsel unter sein Kommando bringen. Im rigorosen Prediger Bin Abd al-Wahhab fand er den idealen Komplizen für dieses Projekt: Der radikale Eiferer sollte die oberste Autorität der muslimischen Gemeinschaft werden – und im Gegenzug seine Anhänger auf den Herrscher Bin Saud einschwören.

Der Pakt von weltlicher und religiöser Macht funktionierte so gut, dass weite Teile der Arabischen Halbinsel binnen weniger Jahrzehnte unter wahhabitisch-saudischem Befehl vereint wurden. Muslimische Beduinen, die sich dem Alleinvertretungsanspruch des Fanatikers und seines Herrn widersetzten, wurden niedergemetzelt: In der Logik der neuen Herrscher erwiesen sie sich durch ihre Verweigerung als »Ungläubige«, die zu töten gottgefällig war.

Wenngleich im Jahr 1815 eine Armee des ägyptischen Vizekönigs Mohammed Ali die saudisch-wahhabitische Streitmacht zerschlug und die heiligen Stätten in Mekka und Medina wieder allen Muslimen zugänglich machte, überlebte Bin Abd al-Wahhabs atavistisches Bündnis von Schwert und Koran – und brachte es bis zur Staatsreligion des heutigen Saudi-Arabien. Nicht zufällig wuchs in diesem Land, in dem der Koran offiziell als Verfassung dient, Osama Bin Laden auf.

Wollten Ibn Taimija und Bin Abd al-Wahhab den Islam durch die Rückkehr zum mythologisierten Ursprung der Religion reinigen, so erstrebten andere Denker eine umfassende soziale Erneuerung und Modernisierung – mit demselben Anspruch auf religiöse Orthodoxie.

SAYYID AHMED KHAN (1817 BIS 1898)

Einer der berühmtesten von ihnen war der aus Delhi gebürtige Sayyid Ahmed Khan, der unter britischer Kolonialherrschaft die westlich geprägte Moderne kennenlernte. Deren wissenschaftliche, pädagogische, technische und juristische Früchte vermittelte der umfassend gebildete Mann seinen muslimischen Landsleuten.

In Großbritannien geadelt, machte er sich daran, in der nordindischen Stadt Aligarh ein »islamisches Cambridge« zu gründen. Die Universität von Aligarh wurde zur Keimzelle einer laizistischen Bewegung, die im 20. Jahrhundert die Loslösung der Muslime von Indien und die Gründung eines eigenen Staates propagierte. Daraus entstand 1947 Pakistan. Dass dieser Staat sich in den vergangenen Jahrzehnten unter verschiedenen Diktaturen teilweise islamistisch radikalisierte, steht allerdings in klarem Widerspruch zur weltoffenen Haltung seines geistigen Vaters Sayyid Ahmed Khan.

SAJJID DSCHAMALADDIN AL-AFGHANI (1838 BIS 1897)

Als einer der bedeutendsten Islamreformer des 19. Jahrhunderts, der zahlreiche muslimische Denker des 20. Jahrhunderts inspirierte, gilt Sajjid Dschamaladdin al-Afghani. Sein Geburtsort ist umstritten, denn mehrere Länder reklamieren ihn postum als ihren großen Sohn für sich – zu Lebzeiten dagegen war er den Herrschenden als »Unruhestifter« umso verdächtiger, je beliebter er beim Volk war.

Weil er in mehreren Staaten der islamischen Welt immer wieder ausgewiesen wurde, zog der Vordenker einer islamischen Moderne und politische Aktivist als polyglotter Wander-Reformer herum – Indien, Afghanistan, das Osmanische Reich, Ägypten und Iran gehörten zu seinen Stationen. Eine Zeit lang war er am afghanischen Königshof als Berater des Prinzen Azam Khan angestellt.

Nach Afghanis Überzeugung war Modernisierung keineswegs mit Verwestlichung identisch, sondern gerade unter islamischen Vorzeichen geboten. Denn alle Grundlagen für eine umfassende politische, soziale, ökonomische und geistige Reform seien in der eigenen Religion gegeben. Afghani setzte ebenso bei den geheiligten religiösen Ursprüngen an wie die rückwärtsgewandten Reformer Ibn Taimija und Bin Abd al-Wahhab. Aber er interpretierte das Erbe der Ahnen entgegengesetzt: Das freie Forschen und selbständige Urteilen (»Idschtihad«), die stete Erweiterung und Anwendung menschlichen Wissens und das egalitäre Miteinander waren für ihn Kernelemente der religiösen Überlieferung. So argumentierte er etwa, direkte Demokratie sei ein zentrales Glaubenserbe: Schließlich hätten schon die frühen Muslime, als es nach dem Tod des Propheten um dessen Nachfolge gegangen sei, in einer Ratsversammlung (»Schura«) demokratisch entschieden.

Mit solchen Thesen wurde Afghani bei den kleinen Leuten populär, nicht aber bei den einheimischen und ausländischen Herren. Als entschiedener Anwalt einer islamischen Moderne legte er sich – in ausdrücklichem Gegensatz zum probritischen Sir Sayyid Ahmed Khan – auch mit den Kolonialisten an. Manche der von Afghani propagierten politischen Mittel, etwa der gewaltlose Boykott gegen das britische Tabakmonopol in Iran, wurden dem Freiheitskämpfer Mahatma Gandhi zum Vorbild.

»Der Einfluss dieser eindrucksvollen, schwer zu fassenden Gestalt«, so betont Tamim Ansary, »ist in jedem Winkel der muslimischen Welt zu spüren, die er so unermüdlich durchstreifte.« Kaum je bekleidete der charismatische Wander-Reformer Afghani ein offizielles Amt, nie gründete er eine Partei. Doch viele seiner Schüler gaben dem Islam im 20. Jahrhundert wesentliche Impulse.

Mit Schwert und Koran

Der Ägypter Hassan al-Banna gründete 1928 aus Zorn gegen britische Kolonialherren und westliche Dekadenz die »Muslimbruderschaft«. Sie wurde die erste islamistische Massenbewegung der Moderne.

Von Daniel Steinvorth

Im September 1927 taucht ein ernster junger Mann in Ismailija auf, einer beschaulichen Kleinstadt am Ufer des Suezkanals. Die üppigen Mangogärten und Dattelpalmen kann der Neuankömmling aus der ägyptischen Hauptstadt nicht genießen, seine Freude über die Schönheit der Natur hält sich in Grenzen.

Der fast 21-jährige Hassan al-Banna wäre lieber in Kairo geblieben, wo er gerade eine Ausbildung am ehrwürdigen Lehrerseminar »Dar al-Ulum« absolviert und das passende intellektuelle Milieu für sein Interesse an islamischer Religion und Politik gefunden hat. Doch jetzt soll er seinen ersten Posten als Volksschullehrer ausgerechnet in Ismailija antreten: in jener Stadt, die der Suezkanalerbauer Ferdinand de Lesseps errichtet hat und die für Muslime in den zwanziger Jahren ein Symbol imperialistischer Fremdbestimmung ist. Hier leben Franzosen, Italiener und vor allem Briten, die sich ihre wirtschaftlichen und militärischen Rechte auf den Suezkanal gesichert haben.

Obwohl das Königreich Ägypten im Februar 1922 formell seine Unabhängigkeit von Großbritannien erhält, nehmen sich die Engländer etliche Vorrechte heraus. Und der scharfe Kontrast zwischen den Europäern in ihren Luxusvillen und den einheimischen Arbeitern in den Slums ist unübersehbar.

Banna kennt keinen Luxus, er ist in kleinbürgerlichen Verhältnissen aufgewachsen. Sein strenggläubiger Vater, ein Uhrmacher und Imam aus dem Nildelta, hat den Sohn zu Genügsamkeit und Strenggläubigkeit erzogen – ganz im Sinn des um die Jahrhundertwende populär gewordenen Salafismus: Im Mittelpunkt dieser islamischen Strömung stehen »die frommen Altvordern« (al-Salaf al-Salih).

Ein Leben im Sinn der glorifizierten, rechtschaffenen Urmuslime soll der Glaubensgemeinschaft wieder zu jener Größe und Stärke verhelfen, die sie im klassischen Islam einmal besessen habe. Minderwertigkeitsgefühle gegenüber den technologisch überlegenen Europäern – so die vielleicht wichtigste Lektion des Salafismus, die der junge Hassan schnell verinnerlicht – seien völlig fehl am Platz.

Als Student in Kairo hat er zudem den aufflammenden Patriotismus seiner jungen Nation in sich aufgenommen. Wie viele Landsleute treibt ihn die Frage um, was aus den Muslimen werden soll, nachdem Mustafa Kemal, der Gründer der türkischen Nation, 1924 das Kalifat abgeschafft hat. Wie kann die muslimische Weltgemeinschaft (Umma) ohne die Nachfolger des Propheten existieren?

Das Beispiel der Türkei, die sogar die arabische Schrift, also das Medium des Koran verbietet, stößt Banna ab. Würde Atatürks säkulare Revolution womöglich die arabische Welt anstecken? Mussten die Gläubigen nicht endlich der Ausbreitung des Unglaubens eine originär islamische Gesellschaftsform entgegensetzen? Eine gottgefällige Sozialordnung und einen Staat auf Basis der Scharia – nach dem tausend Jahre alten Vorbild der Altvordern?

Gerade in Ismailija, wo die Fremdherrschaft greifbar ist, sieht Banna seine Chance. In den Kaffeehäusern der Einheimischen steigt der junge Lehrer auf einen Stuhl und hält Vorträge über den Islam. Anfangs erntet er viel Spott und Skepsis. Aber als im März 1928 sechs junge Arbeiter der Suezkanal-Gesellschaft an seine

Tür klopfen, so Banna, um ihn zu ihrem politischen und geistigen Führer zu ernennen, ist der Grund einer Organisation gelegt.

In seinen Memoiren zitiert Banna den Schwur, den die Gruppe abgelegt habe: »Wir kennen nicht den praktischen Weg zum Ruhm des Islam oder um dem Wohlergehen der Muslime zu dienen. Aber wir sind dieses Leben voll Demütigung und Beschränkungen leid. Wir sehen, dass die Araber und Muslime in diesem Land weder einen Platz einnehmen noch Würde besitzen.« Die Befreiung vom Joch der Engländer ist das eine Ziel, die Schaffung eines gottgefälligen Gemeinwesens das andere.

Nach kurzem Disput, ob die Gruppe ein politischer Club, ein Sufi-Orden oder eine Gewerkschaft sein will, entscheidet Banna, sie seien nur »Brüder im Dienste des Islam«. Die Gemeinschaft müsse folglich »Muslimbruderschaft« (al-Ichwan al-Muslimun). heißen. Ihr Motto ist grimmig: »Gott ist unser Ziel. Der Pro-

AFP

Hassan al-Banna,
der Gründer der Muslimbruderschaft

phet ist unser Führer. Der Koran ist unser Gesetz. Dschihad ist unser Weg. Auf dem Wege Gottes zu sterben, ist unsere größte Hoffnung.« Noch heute, 82 Jahre später, weht ihr Symbol auf Parteifahnen: Ein Koran, zwei sich kreuzende Schwerter und die arabische Botschaft: »Bereitet euch vor« (Waaidu). So beginnt die erste Massenbewegung der Moderne, die den politischen Islam auf ihre Fahne schreibt. Es ist die Geburt des Islamismus.

Rasch gewinnen die frommen Politaktivisten neue Anhänger. Was mit Religionsunterricht für Bannas erste Weggefährten beginnt, weitet sich zum Netz von Gesundheitszentren, Moscheen, Schulen und sogar Banken aus. Nicht der Staat führt die erste flächendeckende Alphabetisierungskampagne in Ägypten durch, sondern die Muslimbrüder. Ihr karitatives Engagement zahlt sich aus: Mit über einer Million Anhängern und vielen Filialen in Palästina, Syrien, Jordanien, Saudi-Arabien und dem Irak stellt die Bruderschaft Anfang der vierziger Jahre eine Kraft dar, mit der zu rechnen ist.

Banna will mehr als nur Wohlfahrt. Er will Macht. Seine geheime Miliz, die ihre Anschläge zunächst auf britische Ziele beschränkt, lässt die Regierung von König Faruk I. im Dezember 1948 verbieten – kurz darauf fällt der ägyptische Premierminister selbst einem Anschlag zum Opfer. Die Obrigkeit reagiert mit Massenverhaftungen, am 12. Februar 1949 wird Banna in einem Taxi auf offener Straße erschossen.

Doch sein Geist wirkt weiter. Längst hat ein anderer die Gedanken Bannas aufgegriffen und weiterentwickelt, der dasselbe Kairoer Lehrerseminar absolviert hat wie der Gründer. Es ist der Journalist und Theoretiker Sajjid Kutb (1906 bis 1966), der die Muslime zum Kampf gegen alle verwestlichten und verweltlichten Herrscher auffordert. Nur mit Gewalt lasse sich jener unerträgliche Zustand überwinden, in dem die echten Anhänger des Propheten zur Sklaverei gezwungen seien, während ihre Peiniger die Geschicke der Welt bestimmten.

Emblem der Muslimbruderschaft mit dem Motto:
»Bereitet euch vor«

Das Musterbeispiel eines ungerechten »Pharao«, der sich vom Islam abgewandt habe, erblickt Kutb in Ägyptens Staatspräsidenten Gamal Abd al-Nasser. Der wiederum betrachtet die Muslimbrüder als politisch gefährliche Widersacher. Er lässt Tausende von ihnen verhaften und foltern und den Chefideologen Kutb 1966 aufhängen. Mit der Gloriole des Märtyrers wird dieser erst recht zum Idol des modernen islamistischen Terrorismus – sein Buch »Wegmarken« ist heute eine Fibel der Selbstmordattentäter.

Und doch mehren sich nach Kutbs Hinrichtung unter den Muslimbrüdern die Stimmen, die mit der selbstzerstörerischen Radikalität hadern. Im Umfeld der Bruderschaft ist eine Art »fromme Bourgeoisie« erwachsen: Kaufleute und Professoren, denen es am rechten revolutionärem Eifer fehlt, und die sich nicht selten mit den herrschenden Verhältnissen arrangieren.

Der politische Islam ist nun kein auf Terror eingeschworener Einheitsblock mehr – er hat viele Fraktionen. 1973 kündigt Omar al-Talmassani, der neue Führer der Muslimbrüder, an, seine Organisation auf den gewaltlosen Kampf einzuschwören. Er reagiert damit auf die veränderte Politik des Nasser-Nachfolgers Anwar al-Sadat, der die Bruderschaft wieder toleriert und als Gegenwicht zu den Kommunisten aufbauen will.

Doch am 6. Oktober 1981 wird Sadat während einer Militärparade von vier Männern ermordet. Die Attentäter gehören zu einer radikalen Abspaltung der Muslimbrüder, dem »Islamischen Dschihad«. Die Bruderschaft verurteilt den Anschlag, doch es hilft ihr wenig. Sadats Nachfolger Husni Mubarak verhängt den Ausnahmezustand und erstickt jede Opposition im Land, wovon besonders die Muslimbrüder betroffen sind. Für Mubarak wie für die regierungsnahe Presse sind die Islamisten nichts weiter als ein »Tumor im Volkskörper«.

Dass sich die Bruderschaft trotz – oder gerade wegen – Mubaraks Politik der eisernen Faust als angeblich stärkste Oppositionsbewegung in Ägypten behaupten kann, sichert dem autoritären Präsidenten über drei Jahrzehnte den Rückhalt des Westens. Denn bis zu dessen Sturz im Februar 2011 gilt Mubarak als »Garant von Stabilität«. Misstrauisch beäugen Amerikaner und Europäer die Muslimbrüder auch nach der Revolution von Kairo: Wie glaubwürdig sind die Demokratieversprechen der Bewegung? Und welche Rolle will sie im künftigen Ägypten spielen?

Von den historischen Aufständen in Nordafrika werden die Bruderschaft und ihr Ableger in Tunesien, die Ennahda-Partei, überrascht. Denn es sind keine Islamisten, es sind junge säkulare Araber, die die verhassten Autokraten aus dem Amt jagen. Ob die Erben von Hassan al-Banna die Politik der neuen Zeit mitbestimmen, hängt wohl auch davon ab, wie sehr sie bereit sind, von ihren fundamentalistischen Wurzeln Abstand zu nehmen.

»Pilger wie ertrinkende Männer«

Die Steinigung des Satans – ein Bericht aus Mekka von 1853

Von Richard Francis Burton

Vom heiligen Hügel ging ich hinunter, um mir das Pilgerlager anzuschauen. Die Hauptstraße bestand aus Zelten und Marktbuden, Hütten und Geschäften, und zwar von Laternen erleuchtet, dieser Basar war voller Menschen und mit allen möglichen orientalischen Delikatessen bevorratet. Merkwürdige Vorkommnisse boten sich dem Betrachter dar. Viele Pilger, insbesondere die Soldaten, waren in Laientracht gewandet. Ein halbbetrunkener Albaner ging steifbeinig die Straße hinunter, rempelte friedliche Passanten an und runzelte grimmig die Stirn in der Hoffnung, einen Streit vom Zaun brechen zu können. In einem Zelt, riesig, kaum beleuchtet, erfüllt von beißendem Gestank und mit Bambusstühlen eingerichtet, hatten sich nicht wenige Ägypter mit roten Tarbuschen, weißen Turbanen und schwarzen Zaabuts zusammengefunden und berauschten sich lauthals an verbotenem Hanf. (...)

Der Schaitan al-Kabir – arabisch: der große Satan – ist ein kleiner Pfeiler aus unbehauenen Steinen, etwa acht Fuß hoch und zweieinhalb Fuß breit, der gegenüber einer rauen Mauer am Eingang nach Mina, wenn man aus Mekka kommt, positioniert ist. Da die Zeremonie der Steinigung am ersten Tag von allen Pilgern zwischen Sonnenaufgang und Sonnenuntergang ausgeführt werden muss und da Satan aus Bosheit in einem zerklüfteten Pass erschienen ist, geht an diesem Ort einige Gefahr von der Menschenmenge aus. Auf einer Seite der Straße, welche keine vierzig Fuß breit ist, befand sich eine Reihe von Läden, die meisten von ihnen Barbiere. Auf der anderen Seite steht besagte Mauer, und vor ihr der mit einem chevaux de frise aus Beduinen und nackten Jungen geschmückte Pfeiler. Auf engstem Raum kämpften die Pilger wie ertrinkende Männer darum, dem Teufel so nahe wie nur möglich zu kommen: Es wäre ein leichtes gewesen, über die Köpfe der Menschen zu laufen. In der Menge waren auch Reiter, deren Rösser sich wild aufbäumten. Beduinen auf wilden Kamelen und Granden auf Maultieren und Eseln verließen sich auf junge Männer, die ihnen mit Hieben und Tritten einen Weg durch die Masse bahnten. Ich hatte gelesen, wie Ali Bey sich selbst beglückwünschte, diesem Ort mit »nur zwei Wunden am linken Bein« entkommen zu sein, und mich dementsprechend mit einem versteckten Dolch ausgestattet. Diese Vorkehrung erwies sich als nicht gänzlich nutzlos. Kaum befand sich mein Esel inmitten der Menschenmenge, wurde er von einem Dromedar niedergerissen, und ich befand mich unterhalb des Bauches des auskeilenden und brüllenden Tieres. Nachdem ich mich durch umsichtigen Einsatz des Messers vor der Gefahr, zertrampelt zu werden, gerettet hatte, verlor ich keine Zeit, diesem so unglaublich gefährlichen Ort zu entfliehen. Manche muslimische Reisende beteuern – als Beweis für die Heiligkeit des Ortes – , dass hier noch nie ein Muslim getötet worden sei, doch die Bewohner Mekkas versicherten mir, dass Unfälle keineswegs selten sind.

Alsbald bahnte sich Mohammed (*Burtons Diener* – Red.) mit blutender Nase seinen Weg aus der Menge. Wir setzten uns auf eine Bank vor der Bude eines Barbiers und warteten, durch unser Missgeschick weise geworden, geduldig auf eine günstige Gelegenheit. Als sich eine Lücke auftat, näherten wir uns der Stätte bis auf etwa fünf Ellen. Jeder Stein wurde zwischen Daumen und Zeigefinger der rechten Hand gehalten und dann in Richtung des Pfeilers geworfen, wobei wir ausriefen: »Im Namen Gottes, und Gott ist allmächtig!« Worauf eine Lobpreisung Gottes folgte. Nachdem wir die sieben Steine vorschriftsmäßig geworfen hatten, zogen wir uns zurück und nahmen in der Bude des Barbiers auf einer der Lehmbänke Platz. Dies war der Moment, den Ihram – das Pilgergewand – abzulegen, und zu Ihlal, dem normalen Zustand im Islam, zurückzukehren.

Der Barbier rasierte unsere Köpfe, und nachdem er unsere Bärte gestutzt und unsere Nägel geschnitten hatte, hieß er uns folgende Worte wiederholen: »Ich beabsichtige, meinen Ihram gemäß dem Vorbild des Propheten abzulegen, den Gott segnen und beschützen möge! O Gott, gib, dass in jedem Haar Licht, Reinheit und großzügige Belohnung ist! Im Namen Gottes, und Gott ist allmächtig!« Am Schluss verabschiedete uns der Barbier mit einem höflichen »Naiman – Möge es euch wohltun!« Worauf wir förmlich erwiderten: »Gott schenke dir Freude!« Wir hatten keine andere Kleidung bei uns, aber wir konnten unsere Köpfe mit den Ihram-Stoffen bedecken, und die leichten Schuhe schützten unsere Füße vor der gleißenden Sonne; nun konnten wir unsere Schnurrbärte sorglos zwirbeln und unsere Bärte glatt streichen, schlichte Freuden, die uns durch die Regeln der Hadsch vorenthalten worden waren.

Der Engländer Richard Francis Burton (1821 bis 1890) war Offizier, Forschungsreisender und Orientalist. Auf seine Pilgerfahrt nach Mekka hatte er sich gründlich vorbereitet; vor der Reise ließ er sich beschneiden.

Des Kaisers Dschihadisten

Von Philosophen bewundert, von Nationalisten benutzt: Die Geschichte der Muslime in Deutschland ist überaus wechselvoll.

Von Uwe Klußmann

Der neue König in Preußen ist mit 28 Jahren seiner Zeit weit voraus. Kaum auf den Thron gelangt, schreibt Friedrich II. im Juni 1740: »Alle Religionen sind gleich und gut, wenn nur die Leute, die sich zu ihnen bekennen, ehrliche Leute sind. Und wenn Türken und Heiden kämen und wollten das Land bevölkern, dann würden wir ihnen Moscheen und Kirchen bauen.« Der von der Aufklärung inspirierte König erweist sich als Vorkämpfer einer modernen Migrationspolitik. Nicht Herkunft oder Religion sind für ihn maßgeblich, sondern berufliche Qualifikation und Loyalität gegenüber dem Staat.

1741 nimmt der König eine Truppe von mehreren Hundert Tataren, die in Polen leben, in ein Regiment der preußischen Armee auf. Vier Jahre später treten etwa 70 bosnische Muslime in die königliche Streitmacht ein, und bald entsteht das königlich-preußische »Bosniakenkorps«. Insgesamt dienten damals etwa tausend in der preußischen Armee.

Friedrichs Aufgeschlossenheit gegenüber den Muslimen hat außenpolitische Gründe, aber sie ist auch ein Zeichen der Toleranz und der intellektuellen Neugier. Der Islam fasziniert zahlreiche deutsche Denker und Schriftsteller. Der Philosoph Georg Wilhelm Friedrich Hegel charakterisiert ihn als die »Religion der Erhabenheit«. Johann Wolfgang von Goethe verfasst, inspiriert von Versen des persischen Dichters Hafis, den »West-östlichen Divan«, eine große Gedichtsammlung. Darin richtet er seinen Blick in eine hoffnungsvolle Zukunft: »Wer sich selbst und andere kennt, / Wird auch hier erkennen: / Orient und Okzident / Sind nicht mehr zu trennen.«

Zwar ist Goethes 1819 erstmals erschienenes Werk kein Beitrag zur Orientalistik, doch fördern seine kunstreichen Verse das Interesse an der neuen Wissenschaft. 1845 wird in Leipzig die Deutsche Morgenländische Gesellschaft gegründet, die sich dem Studium der muslimischen Kulturen und Länder widmet.

Wer über Muslime mehr wissen will, kann ab 1860 die »Geschichte des Qorans« lesen, ab 1863 eine Biografie »Das Leben Muhammed's«. Beide Bücher sind Werke des Orientalisten Theodor Nöldeke. Wie auch andere seiner deutschen Kollegen gehört Nöldeke zu den international führenden Vertretern der jungen Wissenschaft.

In der Ära des Imperialismus, in der das Deutsche Reich sich für den Bau der Bagdad-Bahn interessiert, wächst das Bedürfnis an Kenntnissen über den Orient weiter. So wird 1887 ein Seminar für Orientalische Sprachen an der Friedrich-Wilhelms-Universität in Berlin gegründet.

1898 entsteht in Berlin die Deutsche Orient Gesellschaft. Im selben Jahr macht Kaiser Wilhelm II. bei einem Besuch am Grabe Saladins in Damaskus dem osmanischen Herrscher Abdülhamid II. wortgewaltige Avancen: »Mögen Seine Majestät der Sultan und die dreihundert Millionen Mohammedaner, welche auf der Erde verstreut leben und in ihm ihren Kalifen verehren, dessen versichert sein, dass zu allen Zeiten der Deutsche Kaiser ihr Freund sein wird.«

Des Kaisers Versprechen gewinnt im Ersten Weltkrieg neue Bedeutung. Das Deutsche Reich kämpft ab August 1914 an der Seite des Osmanischen Reiches gegen Frankreich und Großbritannien. Die Kolonialmacht Frankreich setzt mehrere Hunderttausend muslimische Soldaten ein, vor allem aus Nord- und Westafrika.

Im November 1914 gründen das deutsche Auswärtige Amt und der Große Generalstab die »Nachrichtenstelle für den Orient« (NfO), die Analysen erstellt und Propaganda verbreitet. Initiator ist der Orientkenner Max von Oppenheim. »Max-Baron«, wie ihn Freunde nennen, zeigt sich schon mal mit Vollbart und Turban und hat mehr politische Phantasie als bei kaiserlichen Diplomaten üblich.

Mit einer Denkschrift über die »Revolutionierung der islamischen Gebiete unserer Feinde« macht er ab Oktober 1914 in Berlin Furore. Oppenheim empfiehlt in dem »streng geheimen« Dokument eine »Propaganda unter allen Mohammedanern« und »der Psyche des Orientalen angepasste wahrheitsgetreue Kriegsberichte«. Ziel sei es, Tunesier, Algerier, Marokkaner und Ägypter zum »Heiligen Krieg« aufzurufen. Besonders viel verspricht sich Oppenheim von den Bewohnern Afghanistans. Die seien »kriegerisch und stolz«, es gelte daher, die »fanatisch mohammedanischen Afghanen« und ihre Armee gegen die Briten aufzuwiegeln. Im Kampf gegen England, so Oppenheim, werde »der Islam eine unserer wichtigsten Waffen werden«.

Während Oppenheims Denkschrift wilhelminische und orientalische Prahlerei virtuos vereint, sind die praktischen Ergebnisse seiner Strategie eher bescheiden. Der Versuch, in Ägypten ein Propagandanetz zu schaffen, schlägt fehl. Oppenheims britischem Gegenspieler Thomas Edward Lawrence, berühmt geworden als Lawrence von Arabien, gelingt es, Ägypter gegen die Türken zu mobilisieren.

Die Nachrichtenstelle für den Orient, die im ersten Kriegsjahr 15 deutsche und 20 orientalische Mitarbeiter beschäftigt, erzielt mit ihren Aufrufen an muslimische Soldaten, zu den Deutschen überzulaufen, kaum Resonanz. Nur wenige Hundert Männer wechseln die Fronten.

So widmen sich des Kaisers scheinheilige Krieger vor allem der Propaganda unter den muslimischen Kriegsgefangenen der Entente. Die sammelt das deutsche Militär zentral in zwei Sonderlagern südlich von Berlin. Bei Wünsdorf entsteht das »Halbmondlager«, das vor allem Muslime aus den britischen und französischen Kolonien sowie Afghanen beherbergt, insgesamt rund 4000 Mann. Das »Weinberglager« bei Zossen nimmt überwiegend Muslime aus der russischen Armee auf, zeitweise bis zu 12 000 Gefangene.

Auf Wunsch des obersten osmanischen Mufti in Istanbul planen die Deutschen im »Halbmondlager« eine Moschee, die erste in Deutschland. Wilhelm II. genehmigt den Bau, den das Auswärtige Amt in einer Eingabe an den Kaiser damit begrün-

Ullstein Bild

Moschee im »Halbmondlager« in Wünsdorf für muslimische Kriegsgefangene 1916

det, »die Kunde von der Errichtung eines derartigen Gebäudes« werde »unter den Mohammedanern aller Länder freudigen Widerhall« finden.

Innerhalb von fünf Wochen errichtet eine Firma aus Berlin-Charlottenburg das islamische Gebetshaus, einen Holzbau mit beiderseitiger Bretterverschalung und einem 25 Meter hohen Minarett. Am 13. Juli 1915 wird die rot, grau und elfenbeinfarbig gestrichene Moschee eingeweiht. Sie erhält Koranexemplare und fließendes Wasser für religiöse Waschungen. Die Gefangenen haben das Recht, dort islamische Feiertage zu begehen.

An die in Baracken untergebrachten Muslime verteilen die Kommandanten in beiden Lagern von der NfO erstellte Propagandaschriften, darunter die Zeitschrift »al-Dschihad« in sechs verschiedenen Sprachen. Das Blatt verspricht den Kriegsgefangenen: »Der Sieg Deutschlands garantiert Eure Freiheit.«

In seinem Nachwort zur deutschsprachigen Broschüre »Die Wahrheit über den Glaubenskrieg« begründet Karl Schabinger von Schowingen, zeitweilig Leiter der NfO, die deutsche Dschihad-Strategie: Der »Heilige Krieg« sei der »alle mohammedanischen Volksgenossen umfassende Krieg, in dem es gilt, das den Muslimen Heilige, nämlich Freiheit und ureigene Kultur, gegen fremde nicht mohammedanische Feinde zu verteidigen«.

Diese Propaganda soll »Dschihadisten« gewinnen, bereit, an der Seite der Deutschen und Türken zu kämpfen. Etwa 2100 Insassen beider Lager lassen sich anwerben, nach Konstantinopel bringen und ins osmanische Heer eingliedern. Doch die Masse der Gefangenen, unter denen die Tuberkulose grassiert, ist kriegsmüde und lässt sich nicht wieder auf die Schlachtfelder treiben.

Nach Kriegsende verfällt die hölzerne Moschee; 1930 wird sie abgerissen. Die Muslime, die in der Weimarer Republik nach Deutschland kommen, sind vor allem Studenten, Exilanten und nach dem Krieg Verbliebene. In Berlin gründen Gläubige aus 41 Nationen 1922 die »Islamische Gemeinde Berlin«. Die

Ahmadiyya-Gemeinde errichtet in der Brienner Straße im Stadtteil Wilmersdorf bis 1925 die erste aus Stein gebaute deutsche Moschee.

Denn ein 1909 in Dresden fertiggestelltes Gebäude, einer Moschee täuschend ähnlich, diente nie religiösen Zwecken. Der im Volksmund bis heute Tabakmoschee genannte Bau, die Yenidze, war eine Zigarettenfabrik und wird heute für Veranstaltungen genutzt. Architekt der »Tabakmoschee« war Martin Hammitzsch. Bekannter ist dessen späterer Schwager: Adolf Hitler.

Unter dessen Regime können die etwa 1000 Muslime in Deutschland zunächst relativ ungestört ihre Religion ausüben. Gebürtigen Juden allerdings, die zum Islam übergetreten sind, bietet der muslimische Glaube keinen Schutz vor rassischer Verfolgung. Der jüdische Schriftsteller Lew Nussimbaum, der 1922 in Berlin zum Islam konvertiert und unter dem Pseudonym Essad Bey zum Erfolgsautor wird, verlässt Deutschland bereits Ende 1932.

Nach Kriegsbeginn nutzen die Nationalsozialisten die Wilmersdorfer Moschee für Auftritte des seit 1941 in Deutschland lebenden »Großmufti von Jerusalem« Mohammed Amin al-Husseini. Der werde, tönt die »Deutsche Wochenschau«, von den Briten »wegen seiner nationalen Haltung« verfolgt. Hitler gewährt dem Palästinenserführer am 28. November 1941 in Berlin eine Audienz.

Der »Führer« verspricht dem Großmufti vertraulich, wenn die deutsche Wehrmacht erst den Kaukasus überquert habe, werde die »Stunde der Befreiung« für die Araber schlagen. Sein Ziel, so Hitler, sei die »Vernichtung des im arabischen Raum unter der Protektion der britischen Macht lebenden Judentums«. Husseini widerspricht nicht. Im Gegenteil. In einem Aufruf, den der deutsche Kurzwellensender »Berlin auf Arabisch« am 4. März 1944 sendet, fordert er die Muslime auf: »Tötet die Juden, wo immer ihr sie findet. Das gefällt Gott, der Geschichte und der Religion.«

Husseini inspiziert mehrmals muslimische Freiwilligeneinheiten der Waffen-SS. Aber seine Hetztiraden finden wenig Resonanz: Nur 6300 Männer aus arabischen Ländern schließen sich den Deutschen an.

»Hitlers Dschihad«, wie der US-Historiker Jeffrey Herf den Versuch der Nazis nennt, Araber für sich zu gewinnen, scheitert. Zwar gewinnen die Deutschen mit ihren arabischsprachigen Kurzwellensendungen zeitweilig die ideologische Lufthoheit in ägyptischen Kaffeehäusern. Zu den begeisterten Hörern gehören in Ägypten vor allem Offiziere und Studenten. Doch weil es Rommels Afrikakorps nicht gelingt, die Briten aus Ägypten zu vertreiben, bleibt der machtpolitische Erfolg der Allianz aus.

Für ein bizarres Echo auf den braunen Dschihadismus sorgt nach dem Krieg der NS-Propagandist Johann von Leers. Der Autor antisemitischer Broschüren wie »Juden sehen Dich an« und des Machwerks »Die Verbrechernatur der Juden« siedelt 1956 nach Kairo über und konvertiert zum Islam. Als Omar Amin von Leers dient er sich dem Regime des Präsidenten Gamal Abd al-Nasser an, doch er bleibt ohne Einfluss. Leers stirbt im März 1965 in Kairo, zwei Wochen nachdem Nasser einen deutschen Politiker empfangen hat, der spät seine Zuneigung zur muslimischen Welt entdeckt: den DDR-Partei- und Staatschef Walter Ulbricht.

DDR-Orientalisten würdigen in den späten Sechzigern Ägyptens »Sozialismus ›nationalen Typs‹« als »nichtkapitalistischen Entwicklungsweg« und bescheinigen dem Islam eine »positive Tradition im Kampf der arabischen Völker gegen den Kolonialismus«.

Unbeabsichtigt sorgt Ulbricht dafür, dass der Islam langfristig zum innergesellschaftlichen Faktor in Deutschland wird. Am 13. August 1961 schließt die DDR die Grenze zu West-Berlin und beginnt mit dem Bau der Mauer. In der Folge wirbt die prosperierende Bundesrepublik Arbeitskräfte im Ausland an, darunter auch in der Türkei. Nach der jahrzehntelangen Einwanderung leben jetzt rund vier Millionen Muslime in Deutschland, etwa 2,6 Millionen von ihnen haben türkische Wurzeln.

Gut 900 Moscheen in Deutschland zählen zu der vom türkischen Staat gelenkten »Türkisch-Islamischen Union der Anstalt für Religion« (DITIB). Deren Imame werden meist nach wenigen Jahren ausgetauscht, die wenigsten Vorbeter haben gute Deutschkenntnisse.

Die größte und aktivste staatsunabhängige Muslimorganisation in Deutschland ist die »Islamische Gemeinschaft Milli Görus«. Die ursprüngliche Filiale einer Islamistenpartei, die vom Verfassungsschutz beobachtete wird, bekommt zunehmend ein neues Gesicht durch in Deutschland aufgewachsene Nachwuchsfunktionäre.

Einer von ihnen ist Ahmet Yazici, stellvertretender Vorsitzender des Bündnisses der Islamischen Gemeinden in Norddeutschland. Im hellblauen Polohemd und Jeans sitzt der 45-jährige Wirtschaftsinformatiker in seinem Büro in der Centrum-Moschee in Hamburg und bedient lässig seinen Blackberry.

In St. Georg, dem Viertel rund um das größte islamische Gebetshaus der Hansestadt, geben türkische Muslime den Ton an. Gegenüber der Moschee, mit dem grün-weißen Minarett weithin das höchste Gebäude, verkauft ein türkischer Bäcker Fladenbrot und Sesamkringel. An der nächsten Straßenecke erinnert ein »Sultan-Bazar« an osmanische Glanzzeiten, und ein Tourismusunternehmen bietet Reisen für Muslime an. Das Moschee-Umfeld vermittelt glaubhaft den Eindruck, »dass die von manchen Politikern in der Türkei geschürte Parole von der Rückkehr aus Deutschland eine Illusion war«, wie Yazici sagt.

»Postislamistische Denker« nennt Werner Schiffauer, Professor für Kultur- und Sozialanthropologie an der Viadrina-Universität Frankfurt an der Oder, Männer wie Yazici. Eine »positive Schulerfahrung« in Deutschland habe ihnen »neue Denkhorizonte« eröffnet.

»Demokratie ist der Weg, Gewaltenteilung ist wichtig«, sagt Yazici. Seit 17 Jahren ist er deutscher Staatsbürger.

TEIL IV

ISLAM UND POLITIK HEUTE

Als Gottes Schatten flüchtete

Seit der Kulturrevolution, die Staatsgründer Mustafa Kemal Atatürk durchgesetzt hat, ist die Türkei die modernste aller islamischen Gesellschaften. Noch immer aber ist das Land tief gespalten.

Von Daniel Steinvorth

Tansel Çölaşan war sechs Jahre alt, als sie Gott entdeckte. Sie befand sich gerade auf dem Heimweg von ihrer Schule, da hörte sie den Muezzin, den islamischen Gebetsrufer. »Tanri uludur!«, rief der Mann auf Türkisch, »Gott ist groß!«

Çölaşan mochte die Stimme. Sie wollte wissen, wer dieser Gott ist. Sie ging in die Moschee und fragte einen Imam. Wer weiß, sagt sie heute, vielleicht wäre sie eines Tages sogar ein spiritueller Mensch geworden. Wenn nicht wenige Wochen nach ihrem Moscheebesuch, am 14. Mai 1950, ein neuer Ministerpräsident gewählt worden wäre – einer, den sie bis heute hasst und der später, »Gott sei Dank«, von den Generälen zum Tode verurteilt wurde.

»Wir haben unsere bis jetzt unterdrückte Religion von der Unterdrückung befreit«, verkündete der neue Regierungschef Adnan Menderes seinem Volk. Über Nacht mussten die Muezzine wieder auf Arabisch »Gott ist groß« verkünden, wie sie es über tausend Jahre getan hatten: »Allahu akbar!«

Çölaşan verstand kein Arabisch, sie verlor ihr Interesse an der Religion, aber sie entdeckte etwas anderes, woran sie glauben konnte. Sie entdeckte Mustafa Kemal Atatürk, den »Vater der Türken«, den Gründer der säkularen türkischen Republik. Sie wollte Atatürks Lebenswerk gegen jenen politisierten Islam verteidigen, von dem sie es bedroht sah. Sie studierte Jura. Wurde Staatsanwältin. Und landete im Staatsrat, dem Obersten Verwaltungsgericht der Türkei.

Dass sie dort 2006 miterlebte, wie ein 28-jähriger Mann mit einem Revolver in das Gerichtsgebäude eindrang, »Allahu akbar!« rief, einen Richter tötete und vier weitere verletzte, trug auch nicht gerade zu einer versöhnlicheren Haltung gegenüber dem Islam bei.

Im Juni dieses Jahres wurde Çölaşan zur neuen Vorsitzenden des »Vereins zur Pflege des Gedankenguts von Atatürk« (ADD) gewählt. In einem unauffälligen Bürogebäude im Stadtzentrum von Ankara spricht die Pensionärin – 66, resolut, blondierte Haare – gern über ihre bedingungslose Liebe zum Republikgründer. Und auch über die gegenwärtigen Verfehlungen all jener »reaktionären Kräfte«, die, wie sie glaubt, »nach Atatürks Tod unter dem Teppich hervorgekrochen sind«.

»Ich will Ihnen mein Land erklären«, sagt die ADD-Chefin und blickt sich in ihrem Zimmer um, als wäre es verwanzt. Es ist schließlich noch nicht so lange her, dass ihr Verein von einer Sonderkommission der Polizei durchsucht und Çölaşans Vorgänger – ein General a. D. – verhaftet wurde, weil er einen Putsch gegen die Regierung geplant haben soll. »Es sind gefährliche Zeiten. Das Land brodelt. Wir stehen vor einer entscheidenden Phase unserer Geschichte.«

Man sollte Frau Çölaşan genau zuhören, denn so wie sie denken viele Türken – vor allem jene, die sich zur traditionellen Elite des Landes zählen und gemeinhin als Kemalisten bezeichnet werden. Staatsanwälte, Richter, Offiziere, Akademiker, Lehrer, oft auch einfache Beamte, denen seit Jahren die Furcht vor einer Re-Islamisierung der Türkei, vor allem aber die Furcht vor dem eigenen Machtverlust in den Knochen sitzt. Hatte ihnen das System, in dem sie aufgewachsen waren, nicht die kulturelle Hegemonie über die Türkei versprochen?

Sie sind die selbsterklärten Erben der Lehren von Atatürk, der nur eine Zivilisation kannte – die westliche. Ihnen gruselt es vor den Leuten um Ministerpräsident Recep Tayyip Erdogan, die sie »religiöse Fundamentalisten« und »Anhänger der Scharia« nennen. Dass sich Erdogan, ehemaliger Oberbürgermeister von Istanbul und Ziehsohn des radikalen Islamisten Necmettin Erbakan, gewandelt haben will, nehmen ihm die Kemalisten nicht ab.

Auf Massendemonstrationen protestierten sie vergebens gegen Erdogan und seinen Weggefährten, den frommen Abdullah Gül aus Zentralanatolien, der sich 2007 zum Staatspräsidenten wählen ließ. Auch ihre Hoffnung, dass 2008 ein Verbot des Verfassungsgerichtes Erdogans »Partei für Gerechtigkeit und Entwicklung« (türkisches Kürzel AKP) endlich aus der Welt schaffen könnte, erfüllte sich nicht.

Schließlich erlebten die Kemalisten sogar, wie die türkische Regierung ein gewaltiges Ermittlungsverfahren gegen Mitglieder aus ihren Reihen in Gang setzte: Im sogenannten Ergenekon-Verfahren, das bis heute andauert, soll einem mutmaßlichen Geheimbund von terroristischen Verschwörern gegen die Regierung das Handwerk gelegt werden. Dass zu den Angeklagten neben einigen zwielichtigen Halbweltfiguren auch säkulare Universitätsprofessoren und Journalisten zählen, verunsichert das kemalistische Milieu zutiefst. Selbst vor hochrangigen Militärs machen die Ermittler längst nicht mehr halt.

Will die Regierung von Premier Erdogan mit ihrem Ergenekon-Prozess wirklich nur ein Jahrzehnte altes kriminelles Netzwerk aus Politik und Mafia – den in der Türkei berüchtigten »tiefen Staat« – zerstören? Oder will sie, wie die Kemalisten argwöhnen, die Gelegenheit zur Entmachtung der Armee und zur Ausschaltung der säkularen Opposition nutzen, um die Türkei in die dunkle Vergangenheit zu stoßen? Soll Atatürks 87 Jahre alte laizistische Kulturrevolution damit endgültig rückgängig gemacht werden?

Ullstein Bild

Revolutionäre »Jungtürken«
1908

»Unsinn«, sagt die AKP-Abgeordnete Nursuna Memecan. Die 53-jährige Ingenieurin ohne Kopftuch gehört zu den Vorzeigefrauen Erdogans. Sie ist weltgewandt, modern, hat mehrere Jahre in den USA gelebt. Sie findet: »Die AKP ist keine religiöse Partei. Sie ist die modernste Partei, die es in der Türkei je gegeben hat. Sie hat das Bruttoinlandsprodukt seit 2002 um über 40 Prozent gesteigert, sie führt Beitrittsverhandlungen mit der Europäischen Union, sie setzt sich für die Minderheiten ein, sie will eine demokratische Verfassung für unser Land.«

»Unsinn«, nennt auch Ufuk Uras, 51, die Vorwürfe der Kemalisten. Uras ist Wirtschaftswissenschaftler und Abgeordneter der prokurdischen Linkspartei BDP. Er sagt: »Die AKP ist eine rechte, aber keine islamistische Partei. Sie ist eine Partei des ungezügelten Neoliberalismus, eine Partei des Raubbaus an der Natur. Wir müssen ihre Sozialpolitik kritisieren, nicht ihr angebliches Eintreten für die Scharia.«

Und Erdogan? Er nehme, »anders als die vorangegangenen Regierungen«, Atatürk beim Wort, sagte der Regierungschef im Interview mit dem SPIEGEL. Sein Ziel sei es, die Türkei »auf den Stand der zeitgenössischen Zivilisation« zu bringen.

Er hat auch keine Wahl. Das Bekenntnis zu Atatürk ist für türkische Politiker unvermeidlich. »Ob Demokrat oder Putschist, ob rechts oder links«, so der Türkei-Experte Ömer Erzeren, »der ideologischen Hegemonie des Übervaters zu entrinnen, ist unmöglich.«

Fast genauso unmöglich ist es aber auch, dessen Lehren klar zu deuten. Harun Yahya, der sich dem Kampf gegen den Darwinismus verschrieben hat, ist überzeugt, Atatürk sei tief gläubig gewesen und habe den Koran als Leitfaden für sein Handeln verwendet. »Ein Genie, das Religion und Verstand miteinander verbunden hat«, so lautet auch das Urteil des berühmtesten Predigers der Türkei, des im US-Exil lebenden Fethullah Gülen. Und selbst Abdullah Öcalan, der inhaftierte Führer der verbotenen Kurdischen Arbeiterpartei PKK, lobt Atatürk als antiimperialistische Lichtgestalt, die sich zwischen 1916 und 1919 mit kurdischen Freiheitskämpfern zu umgeben wusste (»Erst die Kurden haben Mustafa Kemal zu Mustafa Kemal gemacht!«).

Aber war Atatürk nicht zutiefst skeptisch gegenüber dem Islam, den er als »absurde Gotteslehre eines unmoralischen Beduinen« bezeichnet haben soll? Und hasste er den kurdischen Separatismus nicht ebenso wie jeden Widerspruch ethnischer Minderheiten gegen sein kompromissloses Konzept einer türkischen Nation aus einem Guss? Wer war der Mann, auf den sich heute gleichermaßen überzeugte Europäer, eifernde Nationalisten, Juntaanhänger, Liberale, Muslime und Atheisten berufen?

Geboren 1881 im osmanischen Selanik, dem heutigen Thessaloniki, erlebt Mustafa, der ehrgeizige Sohn eines Zöllners und einer Bauerntochter, wie das bankrotte osmanische Riesenreich seinem Niedergang entgegensteuert. Als Schulkind lernt er zwar noch den Sultan und Kalifen Abdülhamid II. in alle Gebete einzuschließen. Doch die Zukunft gehört schon den sogenannten Jungtürken – einer Bewegung modernistisch gesinnter Militärs.

Mustafa, der sich durch gute Noten an einer militärischen Vorbereitungsschule den Beinamen Kemal (»Vollkommenheit«, »Perfektion«) erworben hat, schließt sich ihnen an, bleibt aber auf Distanz. Denn nicht die Reformierung des osmanischen Imperiums schwebt ihm vor und erst recht nicht die Vereinigung sämtlicher Turkvölker Asiens zu einem neuen Reich (»Turanismus«), von der die jungtürkischen Führer Enver, Talat und Cemal Pascha schwärmen.

Mustafa Kemal hat eine andere, noch viel ehrgeizigere Vision: Er will einen ethnisch homogenen, europäisch ausgerichteten Nationalstaat, einen Staat »auf der Höhe der Zeit« – befreit von allem orientalischen Ballast, der die Türken daran hindere, ein Teil des Westens zu werden. Seine Richtgrößen findet er in der Philosophie, nicht im Koran. Sie heißen Rousseau, Montesquieu, Comte, aber auch Freiherr von der Goltz (»Das Volk in Waffen«).

1915 schlägt seine große Stunde. Mit der Abwehr eines alliierten Expeditionskorps auf der Halbinsel Gallipoli gelingt ihm der einzige nennenswerte osmanische Erfolg im Ersten Weltkrieg. Die desaströse Niederlage des Osmanischen Reiches und dessen Demütigung durch die Siegermächte ist aber nicht aufzuhalten. Im Friedensvertrag von Sèvres 1920 soll sich der letzte osmanische Herrscher, Sultan Mehmed VI., bereit erklären, weite Teile seines verbliebenen Landes an Griechen, Franzosen, Briten und Italiener abzutreten und sich mit einem kleinen Rumpfstaat in Anatolien begnügen.

Mehmed VI. willigt ein – nicht aber Mustafa Kemal Pascha, der die Reste der geschlagenen Osmanenarmee um sich sammelt und einen Befreiungskampf organisiert. Mustafas Problem: Sein Kampf gegen die griechischen Invasoren kann sich nicht auf einen türkischen Patriotismus stützen, den es noch gar nicht gibt (die türkische Nation muss erst von ihm erfunden werden). Ersatzweise mobilisiert er ein letztes Mal die eingewurzelten religiösen Reflexe und trommelt zum Kampf zwischen Muslimen und Nichtmuslimen, die das Land besetzt haben. Der Kriegsheld aus Thessaloniki verdient sich einen weiteren Ehrentitel: Gazi (»Glaubenskämpfer«). Er zögert dabei nicht, die Widerstandskraft muslimischer Bruderschaften und Orden zu nutzen, die er später verbieten wird.

Drei Jahre dauert der Befreiungskrieg der Türken, den die Griechen »kleinasiatische Katastrophe« nennen werden, weil rund 1,3 Millionen von ihnen im Anschluss ihre Heimat verlassen müssen – während umgekehrt 434 000 Türken aus Griechenland umgesiedelt werden. Das Mitleid des Gazi hält sich in Grenzen. Der Bevölkerungsaustausch schafft schließlich Fakten – und Mustafa Kemals ersehnter Nationalstaat rückt näher: ein Volk, ein Land, eine Sprache.

Mustafas Sieg pulverisiert die Macht des letzten Osmanenherrschers Mehmed VI. Der hatte seinen eigensinnigen General in Abwesenheit zum Tode verurteilen lassen und während des Krieges die Annehmlichkeiten seines Harems genossen. Am 2. November 1922 beschließt die »Große Nationalversammlung der Türkei«, das neue Parlament des Landes, das

Kontrolleure des Glaubens

Die staatliche türkische Religionsbehörde Diyanet

Mustafa Kemal Atatürk misstraute den alten religiösen Kräften des Osmanischen Reiches, er machte sie verantwortlich für die technologische und wirtschaftliche Unterlegenheit seines Landes. So ließ er nicht nur die einflussreichen muslimischen Bruderschaften und Orden (Tarikat) verbieten, sondern schaffte auch das Amt des obersten Mufti (Scheich-ül-Islam) ab, des wichtigsten islamischen Rechtsgelehrten. Das 1924 gegründete »Präsidium für religiöse Angelegenheiten« (Diyanet) zwang den Islam unter staatliche Kontrolle und sollte die Türken zu »modernen Muslimen« erziehen.
Aufgaben des Diyanet sind die Ausbildung von Geistlichen, das Verfassen von Freitagspredigten und die Überwachung religiöser Literatur; in der Türkei hat die Behörde auch das Monopol, Gläubige auf Wallfahrt zu schicken. Seit Mitte der achtziger Jahre werden zudem Prediger nach Deutschland entsandt, um zu gewährleisten, dass auch dort der »richtige« Islam verbreitet wird.
Noch immer sind die meisten Türken überzeugt, dass ihr Land eine Instanz wie das Diyanet benötigt – wenngleich von seinen finanziellen Leistungen nur Angehörige der sunnitischen Mehrheit profitieren (Minderheiten wie Aleviten, Schiiten oder Christen erhalten keinerlei staatliche Unterstützung). Das Budget der

Sultanat abzuschaffen. Mehmed VI., letzter Regent einer Dynastie von 36 Herrschern – Titel »Sultan aller Sultane, Gottes Schatten auf Erden« – flieht an Bord eines britischen Kriegsschiffes.

Der Weg zur türkischen Republik ist jetzt frei, das Osmanische Reich so gut wie Geschichte. Nur das Amt des Kalifen,

Behörde beträgt 1,3 Milliarden Euro – eine Summe, von der andere Ministerien nur träumen können.

Kritiker führen die Vorzugsbehandlung auf die Regierungspraxis der muslimisch-konservativen AKP von Ministerpräsident Recep Tayyip Erdogan zurück, der Absolvent einer Predigerschule ist. Seit Erdogans Amtsantritt hat das Diyanet darüber hinaus seinen Einflussbereich erheblich ausgeweitet: So wurde das Präsidium erst jüngst in den Rang eines Staatssekretariats erhoben. Um allen Aufgaben nachkommen zu können, hat es sein Mitarbeiterheer auf inzwischen fast 90 000 Beschäftigte aufgestockt, die meisten davon Imame.

Der konservativen Imam-Gewerkschaft »Din-Bir-Sen« genügen diese Änderungen jedoch nicht. Ginge es nach der Lobby-Organisation, wären Immunität für Imame, ein frei gewähltes religiöses Oberhaupt und individuell verfasste Freitagspredigten demnächst Alltag in der Türkei. Der Vorstoß in Sachen Islamisierung geht selbst dem Leiter des Diyanet, Professor Ali Bardakoglu, zu weit: Der als moderat geltende Wissenschaftler möchte seine Behörde lieber mit progressiven Ideen in Verbindung bringen. So ruft Bardakoglu die Türken gern mal mit Koranversen zum Wassersparen auf, setzt sich für die Gleichberechtigung von Frauen ein und stellt auf der Internetseite des Diyanet Handy-Apps mit Gebetszeiten und Koranzitaten zur Verfügung.

Daniel Steinvorth

des Nachfolger Mohammeds, wird vorerst neu besetzt, um den islamischen Charakter des Landes zu betonen und den Traditionsbruch weniger spürbar zu machen.

Doch Mustafa Kemal, inzwischen Präsident der Republik, bleibt skeptisch. Ihm missfiel schon, dass der neue Kalif, ein Cousin Mehmeds, zur Amtseinführung einen Turban tragen wollte und sich bei öffentlichen Auftritten in einer Prunkkalesche zeigt. Als ein Parlamentsabgeordneter schließlich fordert, dem Kalifen auch eine weltliche Autorität einzuräumen, holt Mustafa Kemal zum Gegenschlag aus. Am 3. März 1924 verkündet die Nationalversammlung die Abschaffung des Kalifats und damit das Ende einer fast 1300 Jahre alten Tradition. Ein Schock für die islamische Welt. Für Mustafa Kemal aber erst der Anfang.

Er entfesselt eine Kulturrevolution, wie sie die Anhänger des Propheten Mohammed noch nicht gesehen haben. Er ersetzt die Scharia durch europäisches Zivil- und Strafrecht und den islamischen Kalender durch den gregorianischen. Er verbietet, bei drastischer Strafe, die Verwendung der arabischen Schrift, das Tragen geistlicher Gewänder und den Fes – für ihn Symbole der Zurückgebliebenheit. Er verordnet den Türken das lateinische Alphabet, den arbeitsfreien Sonntag und die Gleichstellung der Frau. Er will im Zeitraffer 200 Jahre europäische Aufklärung nachholen, ein Anspruch ohne Gleichen. Doch kann das Volk da mithalten?

Atatürk – so sein letzter Ehrentitel und schließlich offizieller Nachname, »Vater der Türken« – weiß, dass sein Experiment ohne diktatorische Vollmachten nicht gelingen kann. Er misstraut der Demokratie und dem freien Spiel der Kräfte, die sein Werk bedrohen. Die Folge: Pressezensur, Menschenrechtsverletzungen, Revolutionstribunale, gewaltsame Assimilierung der Kurden.

Atatürk gründet ein »Präsidium für Religionsangelegenheiten« (Diyanet Işleri Başkanligi), das fortan bestimmen und überwachen soll, was in den Moscheen gepredigt wird. Nicht der Islam, sondern der Nationalismus soll Identität stiften. Die Armee soll sein Vermächtnis bewachen und seine historische Mission weiterführen, wenn nötig, mit Gewalt. Und sie nimmt ihn beim Wort.

Seit Atatürks Tod (1938) hat das Militär schon dreimal geputscht. Atatürks Erfindung, die moderne Türkei, ist auch 87 Jahre nach Gründung der Republik gespalten: Eine säkulare Elite, die den religiösen Emporkömmlingen im Umfeld der AKP mit Misstrauen begegnet, hat es mit einer muslimischen Gegenelite zu tun, die auf ihre Rechte pocht. Minderheiten, die sich nicht assimilieren lassen wollen, prallen auf Nationalisten, die den Minoritäten jegliche Eigenständigkeit absprechen. Die Zukunft von Atatürks Gesellschaftsvision ist offener denn je.

CHRONIK 1947 BIS 2005
RELIGION, POLITIK, TERROR

1947 bis 1957
»Liberales Jahrzehnt« in der islamischen Welt: Nationalistische, republikanische und sozialistische Ideen werden diskutiert und zum Teil verwirklicht, so etwa in Ägypten, Iran, Pakistan.

1947 bis 1949
Auf Beschluss der Vereinten Nationen wird Palästina geteilt und der Staat Israel ermöglicht – erster arabisch-israelischer Krieg.

1952
Ägyptische Revolution: Der Putsch der »Freien Offiziere« stürzt König Faruk.

1954 bis 1962
Algerien-Krieg: Die algerische Befreiungsfront kämpft für die Unabhängigkeit von Frankreich.

1956
Marokko und Tunesien werden von Frankreich unabhängige Staaten. Ägypten verstaatlicht den Suezkanal, Großbritannien und Frankreich lassen Truppen einmarschieren, Israel beginnt den Suez-Krieg.

1958 bis 1964
Militärdiktaturen im Sudan und (bis 1969) in Pakistan

1959 bis 1965
Achmed Sukarno errichtet in Indonesien eine autoritäre Herrschaft, nachdem er islamistische Regionalisten ausgeschaltet hat.

1960 bis 1971
Unabhängigkeit der meisten islamischen Staaten in Afrika südlich der Sahara

1962
Gelehrte aus 22 Ländern gründen in Mekka die »Islamische Weltliga«. Offiziell handelt es sich um eine Nichtregierungsorganisation, die die religiösen und kulturellen Interessen des Islam vertritt. De facto finanziert und steuert das Saudi-Regime die »Weltliga« auf Basis einer rigiden Islam-Auslegung.

1964
Gründung der »Palestine Liberation Organization« (PLO); ab 1969 ist Jassir Arafat Vorsitzender.

1965
Ägypten verfolgt die islamistische »Muslimbruderschaft«, ihr Ideologe Sajjid Kutb wird 1966 gehenkt.

1967
Der dritte arabisch-israelische Krieg (»Sechs-Tage-Krieg«) endet mit der israelischen Besetzung des Gaza-Streifens, des Westjordanlands, der Golanhöhen und der Sinai-Halbinsel. Ost-Jerusalem wird annektiert.

1969
Gründung der Organisation der Islamischen Konferenz mit dem erklärten Zweck, Jerusalem und besonders die Aksa-Moschee von israelischer Herrschaft zu befreien.

1972 bis 1982
Die Zahl der Muslime in Westeuropa wächst stark, doch ihre Religion ist noch kaum öffentliches Thema.

1979
Ausrufung der Islamischen Republik Iran unter Ajatollah Chomeini

1979 bis 1989
Sowjetische Besetzung Afghanistans – radikalislamischer Widerstand wird munitioniert von Saudi-Arabien und den USA, Afghanistan wird Brutstätte extremistischer Islamisten.

1981
Attentäter ermorden den ägyptischen Präsidenten Sadat, dessen Friedenspolitik gegenüber Israel sie Verrat am Islam nennen.

1981 bis 1988
Irakisch-iranischer Krieg um Territorialansprüche am Persischen Golf

1988
Ausrufung des Staates Palästina in Algier

1989
Gründung der »Islamischen Heilsfront« in Algerien, die sich nach ihrem politischen Verbot 1992 dem Terror zuwendet.

1990 bis 1996
In Balkan-Kriegen verüben Serben Massenmorde an bosnischen Muslimen.

2001
Islamistische Terroristen zerstören die New Yorker Twin Towers und töten dabei Tausende.

2003
Die USA und ihre Alliierten greifen den Irak an und stürzen das Regime Saddam Husseins.

2005
Die dänische Zeitung »Jyllands-Posten« publiziert Karikaturen, die den Propheten Mohammed unter anderem mit versteckter Bombe zeigen. Heftige internationale Proteste und zum Teil blutige Ausschreitungen radikaler Muslime sind die Folge – in Europa wächst die Angst vor dem Islam, während muslimische Migranten sich kollektiv stigmatisiert fühlen.

Heiliges Land, Heiliger Krieg

Islamisten, aber auch fanatische Juden benutzen den Nahost-Konflikt für ihre Zwecke.

Von Christoph Schult

Ende Januar 2010 saß Palästinenserpräsident Mahmud Abbas vor dem großen schwarzen Flügel in der Präsidentensuite des Berliner Hotels Adlon und ließ sich eine Zigarette anzünden. Er habe alles getan, versicherte Abbas im Interview mit dem SPIEGEL, um die Auflagen der internationalen Roadmap zum Frieden zu erfüllen. Er meinte die Bekämpfung des Terrors und ein Ende der Hetzreden gegen Israel.

In derselben Woche sendete das offizielle Fernsehen von Abbas' Autonomiebehörde die Freitagspredigt eines Imam. »Oh, Muslime«, rief der Mann, »dieses Land wird nur befreit, wenn alle Muslime bereit sind, Dschihad-Kämpfer um Allahs willen zu werden. Der Prophet sagt: Du sollst die Juden bekämpfen und sie töten.«

Die israelische Organisation »Palestinian Media Watch« (PMW) durchforstet seit Jahren palästinensische Fernsehsender und Schulbücher nach solch friedensfeindlichen Reden und Texten. Das Argument, der Judenstaat müsse aus religiösen Motiven vernichtet werden, wird dabei längst nicht mehr nur von Islamisten vorgebracht, sagt PMW-Direktor Itamar Marcus. Auch die Rhetorik der säkularen Fatah-Partei von Autonomiepräsident Abbas habe sich religiös eingefärbt. Spätestens der Aufstand gegen Israel zu Anfang des Jahrzehnts, bei dem die Fatah in der zweiten Intifada Dutzende Selbstmordattentäter als »Märtyrer« glorifizierte, habe den Islam zum »Hauptmotor im Kampf gegen Israel« gemacht.

Allerdings werden auch auf israelischer Seite schon lange religiöse Argumente ins Feld geführt. Die Bewegung der jüdischen Siedler im besetzten Westjordanland hat eine Plakatkampagne gestartet, mit der sie die säkularen Israelis überzeugen will. »Judäa und Samaria – die Geschichte eines jeden Juden«, heißt der Slogan mit Bezug auf die biblischen Namen des Westjordanlandes. Auch Itamar Marcus von »Palestinian Media Watch« ist kein neutraler Beobachter des Nahost-Konflikts: Er trägt selbst eine Kippa und lebt in der Siedlung Efrat bei Betlehem.

Ursprünglich war der Zionismus keine religiöse Bewegung. Ihr Begründer Theodor Herzl, ein assimilierter Jude aus Budapest, wollte nicht das biblische Jerusalem, sondern Haifa zur Hauptstadt seines »Judenstaates« machen. Deutsch, nicht etwa Hebräisch, sollte zunächst Amtssprache werden.

Den Widerstand auf arabischer Seite führte nur anfangs der Mufti von Jerusalem, Mohammed Amin al-Husseini, an. Nach der israelischen Staatsgründung 1948 dominierte die säkulare Palästinensische Befreiungsorganisation (PLO) den Kampf gegen Israel. Ihre Nationalcharta kommt ganz ohne Gott aus, vom Islam ist nirgendwo die Rede.

Die Gründung der PLO stand ganz in der Tradition des säkularen Panarabismus, der gegen Ende des Osmanischen Reiches im Widerstand gegen die türkischen Herrscher entstanden war. Die Idee eines gesamtarabischen Nationalstaates (arabisch Watan) wurde dem Konzept des Kalifats entgegengesetzt, das die Gemeinschaft aller Muslime (arabisch Umma) betonte.

Der Panarabismus, im Kern eine antikoloniale Bewegung, erhielt neue Nahrung, als Franzosen und Briten am Ende des Ersten Weltkriegs die Türken als Besatzungsmacht ablösten. In Ägypten putschten die »Freien Offiziere« gegen den von den Briten installierten König und machten ihren Anführer, Gamal Abd al-Nasser, zum Präsidenten.

Nasser verschaffte dem Panarabismus einen enormen Popularitätsschub. Es gelang ihm sogar, gemeinsam mit Syrien die – kurzlebige – »Vereinigte Arabische Republik« zu gründen. Obwohl die Muslimbruderschaft, 1928 ebenfalls in Ägypten gegründet, wie die »Freien Offiziere« von antikolonialen Motiven getrieben wurde, bekämpfte Nasser sie rabiat und ließ ihren Ideologen Sajjid Kutb 1966 hängen. Doch nur ein Jahr später war es mit Nassers panarabischem Höhenflug vorbei. Er hatte dem Judenstaat massiv gedroht und damit einen israelischen Präventivschlag provoziert. Innerhalb einer knappen Woche (»Sechs-Tage-Krieg«) erlitten Ägypten, Syrien und Jordanien eine verheerende Niederlage und verloren den Sinai, die Golanhöhen und das Westjordanland an Israel.

Als Nasser 1970 starb, rief die Muslimbruderschaft ihre Anhänger dazu auf, nicht für den ungläubigen Präsidenten zu beten. In der Rückschau gilt das arabische Trauma der Schlappe vom Juni 1967 als »Ausgangsdatum für das Wiedererwachen islamischen Bewusstseins«, schreibt der Hamburger Nahost-Historiker Helmut Mejcher.

Es sollte noch Jahrzehnte dauern, bis die Hamas der PLO das Monopol für die Vertretung der Palästinenser streitig machen würde. Politisch sozialisiert aber wurden die Islamisten in den Jahren nach der Niederlage von 1967.

Mahmud al-Sahar, 65, sitzt im Hof seines Hauses im Viertel Tel al-Hawa von Gaza-Stadt und erzählt von seiner Zeit als Medizinstudent in Kairo. Dort schloss er sich den Muslimbrüdern an, die unter Nassers Nachfolger Anwar al-Sadat größere Freiheiten genossen. »Zu der Zeit begannen wir, uns Bärte wachsen zu lassen«, berichtet Sahar. Vor 1967 seien viele Araber zwar privat den Regeln des Islam gefolgt, hätten gebetet, gefastet und seien gepilgert. Politisch aber hätten die meisten den Sozialismus Nassers unterstützt, so Sahar. Die Niederlage von 1967 habe ihn und viele andere Araber bewogen, »unsere Geschichte neu zu lesen«.

Nach seiner Rückkehr in den Gaza-Streifen gründete der Palästinenser dort die Islamische Universität und knapp zehn Jahre später, kurz nach Ausbruch der ersten Intifada, die Hamas – zusammen mit Scheich Ahmed Jassin und Abd al-Asis al-Rantissi, die ebenfalls in Ägypten studiert hatten. Beide wurden 2004 von den Israelis durch einen Luftschlag umgebracht. Hamas ist ein Akronym der arabischen Worte »Islamische Widerstandsbewegung«. Die Charta aus dem Jahr 1988 beginnt mit den Worten »Im Namen Allahs« und erwähnt Gott anschließend noch 84-mal.

Wer mit Sahar über den Nahost-Konflikt diskutiert, scheitert schon bei der Wortwahl. »Naher Osten«, sagt Sahar, »ist ein vom Westen erfundener Begriff. Dies ist seit 1400 Jahren arabisch-islamisches Land.« Israel vergleicht der gelernte Chirurg mit einem fremden Organ, das der Region einverpflanzt wurde. »Die schwachen arabischen Regime haben unsere Immunabwehr außer Kraft gesetzt«, meint der Islamist.

Sahar gibt sich als Demokrat. Wenn es wirklich freie Wahlen gäbe, würden in vielen arabischen Staaten islamische Regierungen an die Macht kommen, prophezeit er. Die Hamas hat für die Muslimbrüder den bislang größten Erfolg in einem arabischen Land erzielt: 2006 gewann sie Parlamentswahlen in den palästinensischen Autonomiegebieten.

Doch der »Epochenwechsel von 1967« (Mejcher) läutete nicht nur den Aufstieg des politischen Islam ein. Die Besetzung des Westjordanlandes, des Sinai und des Gaza-Streifens durch Israels Armee weckte auch die Begehrlichkeiten jüdischer Eiferer. Anfangs vom israelischen Staat nur geduldet, später unterstützt, begannen die Mitglieder der politisch-religiösen Bewegung Gusch Emunim (»Block der Getreuen«) mit dem Bau von Siedlungen.

Aber nicht jeder sieht die Macht der Religionen als Hindernis für eine Versöhnung im Nahen Osten. Der Rabbiner Menachem

Fruman, selbst Siedler aus Tekoa bei Betlehem, glaubt vielmehr, dass gerade die Frommen Frieden schließen könnten. »Wir haben den nötigen Respekt füreinander«, sagt Fruman.

Seit Jahren engagiert er sich für einen Dialog mit der Hamas. Auch mit Mahmud al-Sahar verhandelte der Rabbi. Nach der Entführung eines israelischen Soldaten 1994 durch ein Kommando der Hamas gewann er Sahar für einen Plan, der die Freilassung des Soldaten und einen Waffenstillstand zwischen Israel und der Hamas vorsah. Doch die damalige israelische Regierung entschied: keine Verhandlungen mit einer Terrororganisation. Fruman war frustriert, Sahar brach den Kontakt ab.

Zynisch verheizte Menschen

Selbstmordattentäter sind die schrecklichste
Waffe des Dschihadismus – ein wirksames
Gegenmittel wird noch gesucht.

Von Yassin Musharbash

Der Mensch als lebende Bombe – diese fürchterliche Waffe gehört seit Jahren fest zum Arsenal des islamistischen Terrors. Im Koran allerdings, auf den sich die Täter gern berufen, ist Selbsttötung ebenso kategorisch untersagt wie die Ermordung Unschuldiger: »Und tötet euch nicht selber, siehe Gott ist barmherzig gegen euch. Und wer das in Frevelhaftigkeit oder Ungerechtigkeit tut, den werden Wir ins Feuer stoßen«, heißt es in Sure 4. Die übergroße Mehrheit der Muslime zieht daraus den Schluss, dass es sich bei Selbstmordanschlägen schlicht um Verbrechen handelt.

Muslimische Gelehrte versuchen, dies zum Konsens zu erheben. Leider hat das kaum etwas gebracht: Dschihadisten verherrlichen Selbstmordattentate als »unsere Smart Bombs« oder als ultimative Antwort auf die Drohnen der CIA. Die Anschläge vom 11. September 2001 sowie der Afghanistan- und der Irak-Krieg wirkten dabei wie Brandbeschleuniger: Von 1840 Selbstmordattacken seit 1983, so die »Washington Post« 2008, haben über 86 Prozent nach 2001 stattgefunden.

Die Apologeten des Terrors versuchen, Selbstmordanschläge mit verschiedenen argumentativen Tricks zu rechtfertigen. Sie trichtern ihren Rekruten etwa ein, in Israel gebe es wegen der dortigen allgemeinen Wehrpflicht gar keine Zivilisten, sondern nur Besatzer. Oder sie versichern, der Selbstmordattentäter begehe, wenn er den Knopf drückt, gar nicht Suizid, sondern ziehe bloß in eine Schlacht – und zwar ohne Angst, darin umzukommen. Schließlich entscheide allein Gott, ob er sterbe oder nicht. Oft wird eine Art Geschäft mit Gott versprochen: Der Täter erkaufe sich die Heilsgewissheit im Jenseits um den Preis des Lebens im Diesseits.

Weil der Koran Rechtfertigungen partout nicht hergibt, behelfen sich die Ideologen meist mit Überlieferungen aus der Frühzeit des Islam. Mohammed, heißt es dann etwa, habe Kämpfer gelobt, die mit dem Vorsatz in den Kampf zogen, ihr Leben zu lassen.

Mitunter läuft die Argumentation auch einfach darauf hinaus, dass Selbstmordanschläge erlaubt sein müssen, weil sie militärisch funktionieren. In den Worten eines Talibankommandeurs kann das dann so klingen: »Der heilige Koran verbietet Selbstmord, aber nicht die Fedajin«, sagte Qari Bashir Haqqani im Mai 2008 zu einem SPIEGEL-Redakteur, der in Afghanistan recherchierte. Die Fedajin, die Opferbereiten, so der Befehlshaber weiter, strebten nämlich im Gegensatz zum Lebensmüden zum »höchsten Ziel, dem Islam«.

Ähnliche Begründungen finden sich in nahezu allen Abschiedsvideos, die Selbstmordattentäter heute gewöhnlich drehen, bevor sie ihre Autos mit Sprengstoff beladen oder ihren Gürtel anlegen. »Ich habe ein Haus, ein Auto, zwei Frauen und acht Kinder. Ich habe alles«, erklärte etwa Abu Umar al-Kuwaiti in seiner letzten Botschaft. Aber erst der Kampf im Dschihad habe sein Herz mit Freude gefüllt. Sprach's und starb als Selbstmordattentäter im Irak.

Die Taliban in Afghanistan und Pakistan sind besonders aktiv im Rekrutieren von Selbstmordattentätern und verheizen sie mit dem größten Zynismus – zum Beispiel, um Elitekämpfern den Zugang zu einem Gebäude freizubomben.

Auch ein Islamist aus Deutschland ist schon als Selbstmordattentäter in die Annalen des Terrors eingegangen: Cüneyt Çiftçi aus dem fränkischen Ansbach. »Mein Ziel ist es, dass meine Botschaft, so Gott will, bei jungen Gotteskriegern in der Türkei und in Europa ankommt. Durch diese Aktion möchte ich sie dazu bewegen, ... Selbstmordoperationen durchzuführen«, erklärte er in seinem Abschiedsvideo. Vier Menschen riss der 28-Jährige 2008 in der ostafghanischen Provinz Khost mit in den Tod.

Al-Qaida & Co. tun das Ihre, um die Erinnerung an die »Märtyrer« wachzuhalten. Terrorgruppen geben spezielle Onlinemagazine mit Nachrufen heraus. Stets wird darin betont, dass die »Brüder« ihre Existenz im nichtigen Diesseits eingetauscht haben gegen das Leben im Paradies. Gern ergänzen Klischees diese Darstellungen: Der Märtyrer weint vor Freude vor seinem Einsatz, sein Leichnam duftet nach Moschus.

Bisher hat keine Studie nachweisen können, dass Selbstmordattentäter sich in puncto Bildung oder Wohlstand signifikant von jenen Terroristen, die am eigenen Leben hängen, unterscheiden. Manchmal spielt es eine Rolle, dass Terrorgruppen Familien von Suizidbombern finanziell unterstützen.

Die Ursprünge des Selbstmordattentats liegen im Dunkeln. Einige Forscher ziehen Verbindungen zu japanischen Kamikaze-Piloten im Zweiten Weltkrieg oder zur mittelalterlichen muslimischen Mördersekte der Assassinen. Sicher ist: In den letzten knapp 30 Jahren haben neben islamistischen auch marxistische und andere weltliche Gruppen diese menschenverachtende Taktik angewandt. Allein die Tamil Tigers sollen auf Sri Lanka über 250 Selbstmordattentäter eingesetzt haben. Heute geht die Angst aber vor allem von Osama Bin Ladens al-Qaida und ähnlichen Gruppen aus.

Ein Suizidbomber, der Ende 2009 acht Menschen, darunter vier CIA-Mitarbeiter im afghanischen Khost im Alleingang auslöschte, schrieb in der Nacht vor seinem Anschlag eine Art Testament. Darin heißt es: »Es gibt nur ein Problem mit Märtyrer-Operationen, und dafür gibt es keine Lösung. Es besteht darin, dass man es nur einmal machen kann.«

Mein Nachbar, der Feind

Seit dem Terrorangriff vom 11. September 2001 misstrauen viele Europäer den Anhängern des Islam. Die Integration zugewanderter Muslime ist auch deshalb nicht einfach. Aber auf die Dauer dürfte sie gelingen.

Von Michael Sontheimer

In den dunkel getönten Scheiben des Gebetshauses spiegeln sich der eiserne Hochbahn-Viadukt und die von Graffiti überzogenen Fassaden der Mietskasernen. An der Skalitzer Straße in Berlin-Kreuzberg haben die Reste eines ausgebrannten Supermarktes lange vor sich hin gebröckelt. Seit Mai 2010 versammeln sich nun Muslime in der Umar-Ibn-Al-Khattab-Moschee zum Gebet.

Halbmonde krönen die vier Minarette auf dem siebengeschossigen Bau. Drinnen rezitieren Frauen den Koran auf einer Empore des Gebetsraums. Unten im Saal, der mehrere Hundert Menschen fasst, sitzt Birol Uçan. Der 37-Jährige, ein in Berlin geborener Deutscher türkischer Abstammung, ist Sprecher des »Islamischen Vereins für wohltätige Projekte«, der die Moschee gebaut hat und betreibt. »Wir haben keine Probleme mit unseren Nachbarn, die keine Muslime sind«, sagt er.

Viele Jahre hatten Uçan und andere Sunniten – darunter auch Türken, vor allem aber Araber – in der Fabriketage eines nahen Hinterhofs fast versteckt gebetet. Dann begannen sie Geld für die Errichtung einer ordentlichen Moschee zu sammeln. Der grüne Baustadtrat des Bezirks unterstützte das Projekt. Weder von Politikern noch von Nachbarn kamen grundsätzliche Einwände. Anfängliches Misstrauen überwanden die Moschee-Bauer mit offenen Ohren und offenen Türen. Sie zeigten deutlich, dass sie mit extremistischen Glaubensgefährten nichts zu tun haben wollen.

Doch ist das friedliche Bild in Kreuzberg oder anderen Migrantenquartieren wie Hamburg-St. Georg oder Köln-Chorweiler nur eine trügerische Fassade? Ist es lediglich die Ruhe vor dem Sturm, vor dem sogenannte Islamkritiker beständig warnen? Sind Muslime, verglichen mit Einwanderern anderer Religionen, weniger willens und fähig, sich in ihrer neuen Heimat zu integrieren? Können sie die Religionsfreiheit, die Gleichberechtigung der Frauen und andere westliche Werte übernehmen?

Es sind ja nicht nur die einschlägigen Talkshow-Dauergäste, die in Deutschland vor Muslimen warnen und die Unterwanderung des christlichen Abendlands durch den Islam an die Wand malen. Seit den Terroranschlägen vom 11. September 2001 in den USA grassiert in der westlichen Welt die Angst vor den fremden Nachbarn, die Allah anrufen und Mohammed verehren.

Die britische Islamic Education & Research Academy veröffentlichte im Juli 2010 die Ergebnisse einer Studie über die Wahrnehmung der rund 1,6 Millionen Muslime durch Nichtmuslime in Großbritannien. Die Ergebnisse waren eindeutig: 75 Prozent der Befragten meinten, der Islam und die Muslime hätten sich negativ auf die Gesellschaft ausgewirkt. Mehr als zwei Drittel wollten der Aussage »Muslime sind friedlich« nicht zustimmen. »Muslime sind Terroristen.« Dieser Behauptung widersprachen nur 37 Prozent der bei der Studie Befragten. Der aus Indien stammende britische Schriftsteller Tariq Ali spricht angesichts derart starker Ablehnung von »flagranter Islamophobie«, die Europa und Teile Nordamerikas erfasst habe.

Erhebliche Ängste lösen die Anhänger des Islam offenbar auch bei Deutschen aus – obwohl fast zwei Drittel der rund vier Millionen Muslime hierzulande aus der laizistischen Türkei kommen und überwiegend ein moderates Islamverständnis haben. Bei einer Infratest-dimap-Umfrage äußerten 39 Prozent »ein wenig Sorge« und 36 Prozent »große Sorgen«, dass der Islam sich in Deutschland zu stark ausbreite. Nur 22 Prozent der Befragten sahen kein Problem.

Geprägt wird das Bild der Muslime in Europa weniger von diesen selbst als durch ihre Darstellung in den Medien. Journalisten berichten vorzugsweise über die Verhaftung von Islamisten, die Terroranschläge planten, über »Ehrenmorde« an muslimischen Frauen und über bildungsferne Subkulturen, in denen jugendliche Migranten zur Gewalt greifen.

»Vor allem das Fernsehen macht Stimmung«, sagt der Anthropologe Werner Schiffauer von der Viadrina-Universität in Frankfurt (Oder). Für fast alle Probleme mit Migranten werde der Islam verantwortlich gemacht, »und immer werden Frauen mit Kopftuch gezeigt«. Werden Muslime in den Mainstream-Medien nicht fair dargestellt? So denken 72 Prozent der Befragten in Frankreich, Deutschland und Großbritannien im Rahmen einer Studie des Londoner Institute for Strategic Dialogue.

Das Ansehen der Muslime haben 19 islamistische Terroristen an einem einzigen Tag ruiniert. Fast 3000 Menschen kamen am 11. September 2001 zu Tode. Bereits in den Jahren zuvor hatten Fanatiker in Ägypten immer wieder Ausländer ermordet; im November 1997 erschossen sechs Dschihadisten in Luxor 58 Touristen. Doch am 11. September stieß al-Qaida in eine neue Dimension des Terrors vor. Von diesem Tag an wurde Islam mit Massenmord assoziiert, mit einem Schlag war Osama Bin Laden zum bekanntesten Muslim der Welt avanciert.

Wenn Forscher des britischen Institute for Strategic Dialogue erklären, die Anschläge hätten »die Art, in der Muslime in den Medien rund um die Welt gezeigt« würden, »drastisch« verändert, dann ist das feines englisches Understatement. »Früher waren wir ›Scheiß-Türken‹«, klagt Burhan Kesici von der Islamischen Föderation in Berlin, »jetzt sind wir ›Scheiß-Muslime‹.«

Der 11. September, sagt der Anthropologe Schiffauer, habe eine »Muslimisierung von Migranten« eingeleitet. In der Tat sieht es nach einem Paradigmenwechsel aus. Wurden Ausländer bis dahin von vielen abgelehnt, weil sie die Sozialsysteme angeblich übermäßig belasteten und weil »das Boot voll« sei, dann stellten sie nun als Muslime eine Bedrohung der inneren Sicherheit dar.

Für Schiffauer, der seit 35 Jahren über Türken forscht, übernahmen die Muslime und besonders die Islamisten nun die Funktion, die in der bipolaren Welt des Kalten Krieges die Kommunisten ausgefüllt hatten: Sie wurden der Feind im Innern. Das nach der Überwindung des Eisernen Vorhangs 1990 wiedervereinigte Europa habe zudem eine neue Identität gesucht und sie im christlichen Abendland und in der Abgrenzung zum muslimischen Orient gefunden.

Der Graben war mit der Zerstörung des World Trade Center aufgerissen – und dieser Anschlag war der Auftakt für eine ganze Serie von Gewalttaten, die auch Europa heimsuchten: in Istanbul, in Madrid, in London. In Deutschland wurde zwar, glücklicherweise, bisher noch niemandem durch islamistischen Terror ein Haar gekrümmt. Aber viel fehlte nicht: Zwei Libanesen deponierten im Juli 2006 in zwei Regionalzügen Koffer mit Sprengsätzen, die nur wegen ihrer dilettantischen Montage nicht detonierten. Und eine Gruppe türkischstämmiger Männer und junger deutscher Konvertiten ging dem Bundeskriminalamt ins Netz, bevor sie den Bau von Sprengsätzen vollendet hatte. Auch bei ihnen handelte es sich um Amateure, die später umfassend über ihre Mordpläne aussagten.

Als mindestens so beängstigend wie Terrorakte mit Zufallsopfern erwiesen sich gezielte Attentate. Im November 2004 schlitzte ein Niederländer marokkanischer Abstammung dem Filmemacher Theo van Gogh in Amsterdam auf offener Straße die Kehle auf, weil er einen islamkritischen Film gedreht hatte.

Nicht lange danach stand Dänemark im Blickpunkt. Die Zeitung »Jyllands-Posten« veröffentlichte im Herbst 2005 eine Serie von Mohammed-Karikaturen, die Muslime in aller Welt beleidigend fanden. Es kam zu gewalttätigen Demonstrationen, einer der Zeichner sieht sich bis heute mit dem Tode bedroht.

Dass ihre Religion öffentlichem Spott ausgeliefert war, hat wohl auch vielen muslimischen Migranten aus der friedlichen Mehrheit in Europa missfallen und zugesetzt. Zu groß ist noch immer der Unterschied zwischen dem sozialen Stellenwert der Religion in islamischen Ländern und im säkularisierten Westen.

Die große Mehrheit moderater Muslime, die ihre Religion im Durchschnitt ernster nehmen als die meisten Europäer, sitzt zwischen den Stühlen. Europas Konservative beneiden sie insgeheim darum, dass sie die im ehedem christlichen Abendland erodierte Wertschätzung von Keuschheit, Ehe und Familie bewahrt haben.

Die Linken und viele Liberale wiederum nehmen es den Muslimen übel, dass sie die gegen die Kirchen erkämpften Freiheiten nicht würdigen. Sie beargwöhnen Koranglaubige als Widerständler gegen Moderne und Pluralismus, kurzum als Verkörperung kultureller Rückständigkeit.

In der Tradition der Aufklärung sieht sich auch der Kölner Schriftsteller Ralph Giordano. Der säkulare Jude nannte muslimische Frauen, die sich mit einer Burka verhüllen, »menschliche Pinguine«, denen er »auf deutschen Straßen« nicht begegnen wolle. Giordano, 88, wertete zudem den geplanten Bau einer Moschee in Köln als Beweis für einen »Machtanspruch, es ist eine Kriegserklärung, es ist eine Landnahme auf fremdem Territorium«.

Von türkischen Feministinnen wie Seyran Ateş abgesehen, gibt es in Deutschland wenig differenzierte Islamkritik. Ein breites Echo finden dagegen pauschale Rundumschläge wie die des ehemaligen Berliner Finanzsenators und Bundesbankers Thilo

Sarrazin. »70 Prozent der türkischen und 90 Prozent der arabischen Bevölkerung Berlins«, sagte er, sorgten nicht vernünftig für die Ausbildung ihrer Kinder und produzierten »ständig neue kleine Kopftuchmädchen«.

Sarrazin behauptete: »Die Türken erobern Deutschland genauso, wie die Kosovaren das Kosovo erobert haben: durch eine höhere Geburtenrate.« Nach dem ersten Paukenschlag durch ein Interview in der Zeitschrift »Lettre International« breitete Sarrazin seine Thesen im August 2010 in Buchform aus (»Deutschland schafft sich ab«). Daraufhin leiteten seine Kollegen im Bundesbank-Vorstand Schritte zur Amtsenthebung ein, der er durch Rücktritt zuvorkam.

Die Realität jenseits der Polemik sieht so aus: In Deutschland machen die Muslime derzeit mit rund vier Millionen Menschen etwa fünf Prozent der Bevölkerung aus. Es gibt Prognosen, nach denen ihre Zahl bis zum Jahr 2030 auf sieben Millionen steigen wird – knapp zehn Prozent der Bevölkerung. Von Eroberung kann keine Rede sein. Auch in Frankreich, wo vier Millionen Muslime sechs Prozent der Bevölkerung ausmachen, sind sie weit davon entfernt, die Mehrheit zu stellen und andere ihren Gesetzen zu unterwerfen.

Was Muslime in Europa unabhängig von ihrem nationalen Ursprung verbindet, beschreibt der Anthropologe Schiffauer so: »Sie bilden eigene Gemeinden und vermischen sich nicht so schnell mit der übrigen Gesellschaft wie Einwanderer anderer Religionen.« Ihre Integration geschieht zögerlich. Muslime verfügen zumeist über geringe Bildung und niedrige Einkommen. Dementsprechend stehen viele am Rande der Gesellschaft und fühlen sich benachteiligt.

In Deutschland sehen sich von den türkischstämmigen Migranten 72 Prozent wegen ihrer Herkunft diskriminiert. Auch wenn ein Mesut Özil wunderbar für Deutschland Fußball spielt, haben sie es in der Regel schon aufgrund ihrer Namen wesentlich schwerer, einen Job oder eine Wohnung zu finden. Hierzulande scheint die Diskriminierung besonders ausgeprägt zu sein. Jedenfalls fand das Londoner Open Society Institute heraus, dass muslimische Migranten sich in Deutschland deutlich weniger zu Hause fühlen als in Frankreich und Großbritannien.

Der Eindruck, abgelehnt zu werden, hat bei den Türken und den türkischstämmigen Deutschen zu einer Renaissance des Islam beigetragen. Im Jahr 2000 bezeichneten sich 57 Prozent der in Deutschland lebenden Türken als religiös oder sehr religiös. Acht Jahre später waren es schon 72 Prozent, bei den unter 30-Jährigen sogar 75 Prozent.

Dabei gibt es für sie keine vernünftige Alternative zur Integration. Bildungsferne, hohe Arbeitslosigkeit, Gewalt gegen Frauen und Kinder erschweren diesen Weg. Aber die gängige Gleichung »Muslim gleich bildungsferner Schulversager« trifft nur bedingt zu. Iranische und irakische Schüler beispielsweise sind meist sehr motiviert und erfolgreich.

Die positive Rolle des Rückhalts, den der Islam in der Gemeinschaft bieten kann, darf nicht übersehen werden. Muslime, die ihren Glauben aktiv, offen und tolerant verstehen, können für junge Migranten, die auf der Straße herumhängen und in die Kriminalität abzugleiten drohen, eine Alternative vorleben. In Kreuzberger Kindergärten sprechen nicht wenige Mütter mit Kopftuch besser Deutsch als die Alteingesessenen aus der Unterschicht.

Hans-Christian Ströbele, dreimal als Kreuzberger Abgeordneter der Grünen direkt in den Bundestag gewählt, macht in seinem Wahlkreis viele gute Erfahrungen. Der 71-Jährige spricht von einer »angenehmen Normalität im alltäglichen Umgang zwischen Muslimen und atheistischen Kreuzbergern«. Ströbele ist allerdings auch klar, dass die klassische grüne und linke Klientel in Kreuzberg »vom Waldorfschullehrer bis zum Autonomen« tolerant und antirassistisch eingestellt ist.

Ganz andere Reaktionen bekam Ströbele, als er vorschlug, einen islamischen Feiertag in Deutschland einzuführen. »Eine Flut übler Beschimpfungen« sei da in sein Büro gebrandet, sagt er, »eine wilde Mischung aus nationalistischen, rassistischen und christlichen Ressentiments«. »Es gibt noch viele und schwierige Probleme mit den Muslimen«, räumt Ströbele ein. »Aber im Ganzen läuft es doch ziemlich gut mit ihnen.«

»Die Männer stehen über ihnen«

Ist es die Schuld der Religion, wenn muslimische Frauen unterdrückt werden? Zwei unterschiedliche Lebensgeschichten geben aufschlussreiche Antworten.

Von Katrin Elger

Als Hülya Yilmaz aus der Ankunftshalle des Flughafens tritt, ist ihr speiübel. Vor ihr steht ihr Ehemann. Er hat kaum noch Haare auf dem Kopf, sein Bauch wölbt sich über den Gürtel. Er lächelt sie an. An diesem Wintertag im fahlen deutschen Morgenlicht sieht er noch unattraktiver aus, als sie ihn in Erinnerung hatte.

Er ist Mitte 60, sie Anfang 20. Er ist hässlich, sie ist schön. Er wird bald mit ihr schlafen wollen. Sie wird protestieren. Aber das tut nichts zur Sache. Sie gehört ihm. Ihr Vater hat sie von der Südtürkei nach Norddeutschland verheiratet. Sie könne sich glücklich schätzen, dass eine wie sie überhaupt noch einen Mann abbekommt. Das hat er gesagt. »Wahrscheinlich sogar geglaubt«, sagt sie fünf Jahre später. Es war damals ihre zweite Zwangsheirat.

Meltem Dogan war noch nie verheiratet. »Da war bisher keiner dabei, der infrage gekommen wäre«, sagt sie. Die 30-jährige Türkin aus Niedersachsen hatte immer wieder Beziehungen. Im Moment ist sie Single, geht viel aus. Flirtet. Ihre Eltern sähen es ganz gern, wenn sie heiraten würde. »Aber das entscheide immer noch ich«, sagt sie und lacht.

Die beiden sitzen in Meltems Büro, einem hellen Raum mit Blick zum Hinterhof, zwei Kaffeetassen vor sich. Beide tragen Jeans und Turnschuhe, die langen schwarzen Haare offen. Sie haben sich über eine Telefonnummer kennengelernt: 0800-0667-888.

Wer dort anruft, landet beim niedersächsischen »Krisentelefon gegen Zwangsheirat«, einer sozialen Einrichtung für notleidende Frauen und Mädchen. Für diejenigen, die Schutz suchen vor rachsüchtigen Ehemännern, gewalttätigen Brüdern, Cousins und Vätern. Sie bekommen dort Beratung, wie sie sich ein neues Leben aufbauen können.

Meltem Dogan arbeitet beim Krisentelefon, seitdem sie ihr Jurastudium beendet hat. Hülya Yilmaz hat die Notrufnummer vor vier Jahren gewählt, nachdem sie ihren Mann verlassen hatte, immer in Panik, dass einer aus der Sippe sie finden könnte. Sie haben ihr mit Mord gedroht.

Deshalb nennt sie nie ihren echten Namen. Anonymität ist eines der höchsten Gebote beim Krisentelefon. Auch die drei Mitarbeiterinnen machen ihre richtigen Namen nicht öffentlich, damit keine Spur zu den Opfern führt. Eine Adresse ist im Internet nirgends zu finden, nur die Telefonnummer.

»Hülyas Erzählungen haben mich fassungslos gemacht«, sagt Meltem. »Für so etwas fehlt einem die Vorstellungskraft.«

Kindheit und Jugend der beiden Musliminnen hätten tatsächlich unterschiedlicher kaum verlaufen können. Während Hülyas Lebensgeschichte selbst die schlimmsten Vorurteile über unterdrückte Frauen im Islam bestätigt, ist Meltem unbeschwert und behütet aufgewachsen. Ihre Biografie passt so gar nicht zum Stereotyp der geknechteten Muslimin. Sie hatte Freiheiten, von denen Hülya bis vor einiger Zeit noch nicht einmal zu träumen wagte.

Die Erfahrungen der beiden Türkinnen zeigen, wie schwierig es ist, pauschal die Frage nach der Rolle der Frau im Islam zu beantworten. Wie viel Schuld trägt die Religion tatsächlich daran, dass Frauen wie Hülya so übel mitgespielt wird? Dass sie im Namen des Islam zwangsverheiratet, misshandelt, sogar ermordet werden? Warum hatte es Meltem so leicht und Hülya so schwer? Die beiden Frauen haben ihre eigenen Antworten auf diese Frage gefunden.

Die Hitze in der Region Diyarbakir ist im Sommer so drückend, dass kaum jemand im Haus schlafen mag. Hülyas Familie wohnt in einem einfachen, weiß getünchten Gebäude. Möbel gibt es kaum, sie sitzen und essen auf dem Teppichboden. Auf dem Dach stehen zwei riesige Bettgestelle aus Metall, ein paar Matratzen liegen auf dem Boden. Darauf schlafen Hülya und ihre neun Geschwister in den Sommernächten. Oben weht ein leichter Wind, das macht die Hitze erträglicher.

Es ist besser, wenn die Kinder ausgeschlafen sind, sonst quengeln sie auf dem Feld. Sie arbeiten dann nicht gut. Hülya weiß nicht mehr, wie alt sie war, als sie zum ersten Mal auf den Acker musste. Klein war sie, nicht älter als sechs oder sieben. Eine Schule hat sie in der Türkei nie von innen gesehen. Ihre beiden Brüder schon, wenn auch nur die Grundschule. Denn die Jungs in ihrem Dorf haben Rechte, die Mädchen nicht.

Im Koran gibt es viele Passagen, die sich auf die Rolle der Frau beziehen: Sie wird hauptsächlich im Kontext der Familie gesehen, als Mutter, Tochter oder Ehefrau. Einige Stellen verheißen den Frauen nichts Gutes: »Die Männer stehen über ihnen«, beginnt ein Vers. Auch gibt es eine Vielzahl von frauenfeindlichen Hadithen, also überlieferten Geschichten aus dem Leben des Propheten, die als moralische Richtschnur für Muslime gelten. »Ich hinterlasse dem Manne keinen schädlicheren Unruhestifter als die Frauen«, lautet etwa ein Hadith. Eine Vorlage für jeden Mann, der sich überlegen fühlen möchte. Es existieren jedoch auch Überlieferungen, die den Mann ermahnen, seine Frau gut zu behandeln: »Der ist der Beste unter euch, der zu seinen Frauen am besten ist.«

Hülya glaubt, dass die Männer in ihrer Familie weder die einen noch die anderen Passagen wirklich kennen. »Sie sind es einfach gewohnt, dass sie immer recht haben, und dass sie bedient werden«, sagt sie. »So ist die Tradition bei uns auf dem Land. Und das wird von Generation zu Generation so weitergegeben.« Was in den religiösen Schriften stehe, sei nebensächlich. »Die Männer in meiner Familie haben sich auch nie darum geschert, dass Muslime keinen Alkohol trinken sollen.«

Auch Meltem macht vor allem die rückständige, feudale Lebensweise für das verantwortlich, was den Frauen widerfährt, die bei ihr anrufen. »Das Problem sind die patriarchalischen Strukturen«, sagt sie. »Vorlagen hierfür gibt es nicht nur im Koran, sondern genauso auch in der Bibel.« So gilt die Frau im Alten Testament als »Besitz des Mannes«, und selbst im Neuen Testament ist noch die Rede davon, dass die Frau nur »ein Abglanz« des Mannes sei.

Die Mitarbeiterinnen des Krisentelefons arbeiten deshalb nach einem »feministischen Ansatz«, wie sie sagen. Es gehe nicht um Religionsfragen, sondern darum, Frauen in ihrem Kampf gegen diese patriarchalischen Strukturen zu unterstützen. Auch zwangsverheiratete Russisch-Orthodoxe und irakische Christinnen haben die Notrufnummer schon gewählt. »Die haben ähnliche Geschichten zu erzählen wie die Musliminnen«, sagt die Türkin.

Meltem wächst gemeinsam mit ihrem jüngeren Bruder in einem Vorort von Hannover in einer kleinen Eigentumswohnung auf. Vor ihrem Haus gibt es einen Garten mit Schaukel. Sie hat ihr eigenes Kinderzimmer – vollgepackt mit Spielsachen und Büchern. Während Hülya auf dem Feld Mais erntet, spielt Meltem Memory.

Als sie ins Teenageralter kommt, sind ihre Eltern manchmal »ein bisschen übervorsorglich«. Ihr Vater holt sie von jeder Party persönlich ab. »Das war nervig, aber ich konnte es auch verstehen«, sagt Meltem. »Die haben sich halt Sorgen gemacht.« Dogans sind Muslime, aber nicht sehr religiös. »Bei uns ist das wahrscheinlich so wie bei den Christen, die zweimal im Jahr in die Kirche gehen«, sagt Meltem. »An Weihnachten und an Ostern.« Solche Traditionen gebe es auch im Islam, das gemeinsame Fastenbrechen etwa.

Alltägliche Gewalt

Die rechtliche Stellung der Frauen

Die traditionelle islamische Rechtsordnung mit ihren Vorgaben zur Ehe hat in vielen Staaten maßgebliche Bedeutung für die rechtliche Stellung der Frau. In Ländern wie dem Jemen, den Vereinigten Arabischen Emiraten oder Saudi-Arabien ist sie die einzige Grundlage der Rechtsprechung. Im saudi-arabischen Königreich dürfen Frauen ohne Kopftuch nicht einmal aus dem Haus.

Auch in Iran gilt seit 1979 die Scharia. In der dortigen Interpretation sieht sie unter anderem für Ehebruch, Mord und Raub die Todesstrafe vor. Immer wieder steht das Land in der weltweiten Kritik, weil Frauen und Männer wegen angeblichen Ehebruchs zum Tod durch Steinigung verurteilt werden.

Für internationalen Protest hat zuletzt das Schicksal von Sakine Mohammadi Aschtiani gesorgt, die zum Tod durch Steinigung verurteilt ist. Sie hat vor laufender Kamera gestanden, an der Ermordung ihres Ehemannes beteiligt gewesen zu sein. Menschenrechtler glauben, dass Aschtiani zu dem Geständnis gezwungen wurde.

Auch das Bild der 18-jährigen Afghanin Aischa ging um die Welt, nachdem das US-Magazin »Time« das Mädchen Anfang August auf die Titelseite gehoben hatte. Ihr Ehemann, ein Taliban-Anhänger, hatte ihr die Nase abgeschnitten, weil sie aus ihrer Zwangsehe geflohen war.

AP

Der Vater ist Ende der Sechziger nach Deutschland gekommen. In den ersten Jahren arbeitet er als Übersetzer für Griechisch, Türkisch und Deutsch. Eine Zeitlang besitzt er ein Reisebüro, später wird er Maschinenschlosser. Seine Frau lernt er im Urlaub in der türkischen Küstenstadt Izmir kennen. Bald darauf folgt die Hochzeit. »Aus Liebe«, wie Meltem sagt. Und so will sie es auch einmal halten.

Als Hülya in Südostanatolien 16 Jahre alt wird, entscheidet ihr Vater, wen sie heiraten soll. Die Wahl fällt auf einen ihrer Cousins. Er ist in Hülyas Alter. »Hätte schlimmer kommen können«, findet sie. Die Hochzeit bietet ihr wenigsten die Chance, ihrem cholerischen Vater zu entkommen. Ein Imam verheiratet die Jugendlichen. Hülya zieht ins Nachbardorf zu der neuen Großfamilie.

Von nun an muss sie nahezu allein den Haushalt schmeißen. Zwischen vier und fünf Uhr morgens steht sie auf, facht den Ofen an, macht sauber und kocht Schwarztee. »Du bist da nichts anderes als eine Arbeitsmaschine«, sagt sie. »Und wenn du keine Schläge abbekommst, dann hast du es gut erwischt.«

Hülya beklagt sich nicht. Auch nicht, als sich ihr Mann nach zwei Jahren in eine andere verliebt und auch diese Frau heiraten möchte. Das geht problemlos, weil die Hochzeit zwischen ihm und Hülya nicht amtlich ist. Der türkische Staat hat nie davon erfahren. Hülya sagt »kein Problem«. Sie gibt ihr Okay, dass die andere Frau einziehen darf. Vielleicht, so hofft sie, bekomme sie dann Hilfe im Haushalt. Die Konkurrentin aber weigert sich, in einer polygamen Ehe zu leben.

Hülya wird zurückgegeben. Ihr Ehemann liefert sie bei ihrem Vater ab. Gründe hat er genug: Sie habe ihm auch nach zwei Jahren noch keinen Sohn geschenkt. Und sie habe schlecht gearbeitet. Hülyas Vater ist rasend. Verprügelt sie, weil sie Schande über die Familie gebracht habe.

In der Türkei sind nach offiziellen Angaben 99 Prozent der Bevölkerung muslimischen Glaubens. Religion und Staat sind jedoch strikt getrennt. Keine Muslimin mit Kopftuch darf eine Behörde, Schule oder Universität betreten. Polygamie und auch reine Imamehen sind in der Türkei offiziell verboten. Es gelten weltliche Gesetzbücher, die Scharia spielt keine Rolle.

In den Großstädten gibt es viele selbstbewusste Musliminnen, die emanzipiert ihr Leben gestalten. Frauen in gehobenen Positionen sind in vielen Unternehmen eine Selbstverständlichkeit. 1993 wurde Tansu Çiller Regierungschefin, lange vor Angela Merkel. In den ländlichen Regionen im Südosten gibt es jedoch nach wie vor Familien, die sich wie die Yilmaz' den Regeln des Staates und der modernen Gesellschaft widersetzen. Schätzungen zufolge ist jede zehnte Ehe arrangiert. »Manche Frauen halten das für völlig normal«, sagt Meltem. Sie vermutet, dass es nicht wenige Türken gibt, die sich das islamische Recht zurückwünschen. »Nicht, weil sie besonders religiös sind«, sagt die Juristin, »sondern weil sie glauben, dass sie dann noch mehr Macht über ihre Frauen haben.«

Hülya weiß nicht, was passieren würde, wenn ihre Familie sie fände. Sie ist mittlerweile von ihrem mehr als 40 Jahre älteren Ehemann geschieden. Hilfe hat sie vom Krisentelefon bekommen, die ihr einen Anwalt besorgten.

In den Augen ihrer Eltern hat sie gleich zweimal die Familienehre verletzt. Für ihren ersten Mann war sie nicht gut genug. Und dem zweiten ist sie davongelaufen. Dabei hatte er Geld für sie bezahlt. Hülya weiß das, weil sie ein Gespräch der Männer belauscht hatte, als es um ihren Verkauf nach Deutschland ging. »Ein paar Hundert Euro waren es«, sagt sie. Viel mehr sei sie nicht mehr wert gewesen. Während ihrer Flucht in Deutschland hat sie einmal zu Hause angerufen. Ihr Bruder war dran. Er sagte, er werde sie finden, und das sei ihr Ende.

Wahrscheinlich aber würde er sie nach fünf Jahren gar nicht mehr wiedererkennen. Hülya ist nicht mehr die, die sie einmal war. Sie ist selbstbewusster geworden. Ihr Gang ist aufrechter, und sie spricht nicht mehr so leise wie früher. Sie trägt kein Kopftuch mehr und keinen weiten Mantel. Hülya liebt enge Jeans und bunte Oberteile. Sie hat jetzt eine eigene Wohnung, und sie hat lesen und schreiben gelernt. Auch ihr Deutsch ist mittlerweile so gut, dass sie sich zurechtfinden kann. Sie macht einen Integrationskurs, will einen Schulabschluss versuchen und eine Ausbildung. Ihr Traum wäre ein Jurastudium, um wie Meltem anderen Frauen zu helfen, etwa wenn sie sich scheiden lassen wollen, sagt sie.

Hülya hat sich trotz all ihrer Erlebnisse nicht von ihrer Religion abgewandt. Diese sei Teil von ihr und lasse sich nicht so einfach abstreifen wie ihr Kopftuch. Hülya ist nach wie vor Muslimin. Und sie ist frei.

Allahs subversiver Schelm

Nasreddin Hodscha ist
eine Art muslimischer Till Eulenspiegel.

Von Claudia Stodte

Der weise Narr ist in den Volkskulturen des islamischen Orients von jeher eine der populärsten Gestalten. Die Türken nennen ihren fabelhaften Helden, der in manchem an Till Eulenspiegel erinnert, Nasreddin Hoca (eingedeutscht »Hodscha«), die Perser Molla (»Mullah«) Nasroddin, die Griechen Nastradin und die zentralasiatischen Turkvölker Apandi (von türkisch Efendi). In der Türkei fungiert er sogar als eine Art Nationalheiliger: Jeden Juli findet in Akşehir, wo angeblich sein Grab liegt, ein Festival statt, das Hodscha-Anekdoten in Szene setzt.

Andere wiederum sehen in Nasreddin vor allem den Satiriker. So trägt die erste islamische Satirezeitschrift, 1906 in Tiflis gegründet, ebenso seinen Namen wie mehrere internationale Zeichenwettbewerbe: Der »International Nasreddin Hodja Cartoon Contest« wurde 2010 bereits zum 30. Mal ausgelobt. Höchste Weihen verlieh die Unesco dem Narren, als sie 1996/97 zum Nasreddin-Jahr ausrief.

Der Schelm zeigt viele Gesichter: Mal erscheint er als Philosoph oder Freigeist, mal als Einfaltspinsel oder Betrüger. Immer aber ist er Muslim – als Hodscha oder Mullah sogar muslimischer Würdenträger. Umso größer der Spaß für die Zuhörer. Denn Nasreddin begegnet Allah auf Augenhöhe, feilscht gern mit dem Allmächtigen um beschwerliche religiöse Pflichten und pflegt ein hemdsärmelig-subversives Verhältnis zu Autoritäten im Allgemeinen und besonders zum himmlischen Herrn:

Ein Dieb rettet sich vor einer Hundemeute in die Moschee und legt sich auf der Balustrade schlafen. Frühmorgens erscheint Nasreddin zum Beten und klagt Gott lautstark sein Leid: »Entweder gibst du mir Geld, damit ich meine Schulden bezahlen kann, oder du lässt einen Stein auf mein Haupt fallen!« Vom Lärm geweckt, schleudert der Dieb wütend den Ziegelstein, auf den er seinen Kopf gebettet hat, auf den Störenfried. Nasreddin hört den Stein von oben herabsausen, weicht geschickt aus und entrüstet sich himmelwärts: »Hoho! Du bist schnell dabei, wenn man von dir einen Stein verlangt. Aber bei Geld bist du knauserig!«

Der Held, dem solche Anekdoten zugeschrieben werden, entzieht sich der historischen Festlegung. Niemand weiß, ob, wo und wann einer wie er gelebt hat. War er Türke, Araber oder Perser? Kaufmann, Dieb oder Richter? Treusorgender Ehemann oder frivoler Lebemann? Bauernschlau, gewitzt oder weise?

Die meisten Geschichten spielen in einem namenlosen Dorf zwischen Markt und Moschee. Weitere Protagonisten sind Nasreddins Ehefrau, ihre Kinder und Nachbarn sowie Fremde und Halunken. Ein Nebenheld ist Nasreddins Esel, der selten in der bildlichen oder figürlichen Darstellung fehlt:

Jeden Tag überquert Nasreddin die Grenze mit seinem Esel, hoch mit Stroh beladen. Da er zugibt, ein Schmuggler zu sein, unterziehen ihn die Grenzwachen Leibesvisitationen und sieben das ganze Stroh durch – müssen ihn aber stets unverrichteter Dinge ziehen lassen. Nasreddin wird immer wohlhabender. Schließlich setzt er sich in einem anderen Land zur Ruhe. Dort trifft ihn Jahre später ein Zollbeamter. »Jetzt könnt Ihr es mir ja verraten, Nasreddin«, sagt er. »Was habt Ihr damals bloß geschmuggelt?« – »Esel«, erwidert der Schelm.

Der Islamwissenschaftler Ulrich Marzolph hat in seiner 1996 herausgegebenen lesenswerten Sammlung »Nasreddin Hodscha. 666 wahre Geschichten« den Wandel der Figur durch die schriftliche Überlieferung untersucht: Diese habe seit dem 19. Jahrhundert den »urwüchsigen Volkshelden gezähmt«: Während die mündlich tradierten Scherze der Vergangenheit oft obszön, blasphemisch und – aus heutiger Sicht – sexistisch sind, wird der einst subversive Narr inzwischen fast ausschließlich als liebenswerter Philosoph oder charmanter Tollpatsch dargestellt. Von Fürzen und ausgefallenen Sexualpraktiken ist da kaum noch die Rede.

Chris Hellier/Corbis

Nasreddin Hodscha als Folklore-Figur

Inseln unter dem grünen Banner

Wie sich ein zersplittertes Reich in Südostasien vom Tummelplatz der Weltreligionen zum größten muslimischen Staat der Erde wandelte.

Von Thilo Thielke

Der Reisende Ibn Battuta war entzückt. Seit so vielen Wochen war er nun schon unterwegs, so fern der Heimat. Gerade meinte er, eine merkwürdige Stadt namens »Schamtara« auf einer seltsamen Insel namens »Java« erreicht zu haben – und nun stellte er hocherfreut fest, wie verblüffend vertraut ihm vieles in der Fremde vorkam. Sogar die Namen seiner Gastgeber hörten sich fast an wie zu Hause.

Al-Malik al-Sahir Dschamaluddin nannte sich zum Beispiel der Herrscher dieses entlegenen Reichs – ein arabischer Name. Und frommer Muslim war er auch. »Er gehört der Rechtsschule der Schafiiten an«, notierte Ibn Battuta begeistert, »tut viel für den Dschihad und geht zum Freitagsgebet, demütig wie er ist, zu Fuß.« Die »Ungläubigen« in der Nachbarschaft seien »ihm unterlegen und bringen ihm Geschenke«.

Die Szene spielt in der Mitte des 14. Jahrhunderts. Der staunende Fremde, ein Scheich und Weltreisender aus Marokko, hatte Indonesien erreicht, die endlose Inselwelt zwischen Indischem Ozean, Südchinesischem Meer und Pazifik. Mekka, Mesopotamien, die afrikanische Ostküste, die Malediven und Indien hatte er hinter sich gelassen.

Bis heute bereitet seine Verwendung des Namens »Java« Probleme. Arabische Geografen seiner Zeit bezeichneten oft auch die Insel Sumatra, manche gar den gesamten indonesischen Archipel als »Java«. Unabhängig davon erscheint Ibn Battutas Beschreibung der einheimischen religiösen Bräuche, überliefert in seinem berühmten Reisebuch »Rihla«, weitgehend glaubwürdig.

Von Götzenanbetern, Ungläubigen, Hindus, Buddhisten und Muslimen wusste er zu berichten. Der große Fabulierer erzählte allerdings auch von Amazonen, die wohl eher ins Reich der Phantasie gehören. Und er will Menschen gesehen haben, deren »Mund einer Hundeschnauze gleicht«, und berichtet von Menschen, die »sich beim Geschlechtsverkehr wie wilde Tiere verhalten« – »ein Mann kann 30 Frauen haben oder mehr«.

Er schwärmte von Herrschern, die auf Elefanten ritten und ließ sich eher befremdet über Untertanen aus, die sich aus »Liebe zum Sultan« selbst enthaupteten. Ibn Battuta: »Der Sultan fragte: ›Macht man so etwas auch bei euch?‹ Als ich antwortete: ›Ich habe dergleichen noch nie gesehen‹, lachte er und sagte: ›Dies sind meine Sklaven. Sie töten sich aus Liebe zu mir.‹«

In der Welt, die Ibn Battuta da vor mehr als 650 Jahren erkundet hatte, thronten an vielen Orten die hinduistischen Gottheiten der Inder. Noch glaubten zahlreiche Menschen auch an die Lehre Siddhartas, den Buddhismus. Und weithin lebten die Einwohner des riesigen, mehr als 17000 Inseln umfassenden Archipels in Eintracht mit ungezählten regionalen und lokalen Gottheiten. Doch das 14. Jahrhundert markiert den unaufhaltsamen Vormarsch des Islam in Indonesien. 200 Jahre später neigten sich wohl bereits die meisten Insulaner beim Beten gen Mekka.

Heute bekennen sich 88 Prozent der Indonesier zum Islam, das sind rund 203 Millionen Menschen. Nur etwa acht Prozent sind Christen – überwiegend von Portugiesen zum Katholizismus oder von Holländern zum Protestantismus bekehrte Ureinwohner. Nur auf der Trauminsel Bali hat sich der Hinduismus als bestimmende Religion gehalten – die mehrheitlich hinduistischen Balinesen machen nicht einmal zwei Prozent der Gesamtbevölkerung aus. Ein Prozent der Indonesier, meist solche mit chinesischer Abstammung, bezeichnen sich als Buddhisten oder Daoisten.

Indonesien ist mit Abstand das bevölkerungsreichste muslimische Land der Erde. Hier leben ungefähr achtmal so viele Muslime wie in Saudi-Arabien oder siebenmal so viel wie im Irak und immer noch dreimal mehr als in der Türkei.

Der malaysische Anthropologe Shamsul A. B. blickt noch über Indonesiens Grenzen hinaus und betrachtet die »Malaiische Welt« als einen zusammenhängenden Kulturraum im Zentrum Südostasiens: Sie umfasst Malaysia, Indonesien, Brunei, Singapur, Südthailand, den Süden der Philippinen und den Süden Kambodschas. Von den hier lebenden über 250 Millionen Einwohnern sind 90 Prozent Muslime, ihre Verkehrssprache ist Malaiisch. Folglich sprechen weltweit ähnlich viele Muslime Malaiisch wie Arabisch. Shamsul klagt, diese Tatsache werde selten hervorgehoben. Unbekannt sei sie »selbst bei der Mehrheit der Muslime in der Welt«.

Die »dynamische Region« mit ihren vielen Muslimen könne sich aber, wie mittlerweile viele westliche Länder befürchteten, zum »Nest des globalen Terrorismus« (Shamsul) entwickeln. »Tatsächlich steigt in Indonesien die Gefahr der Radikalisierung«, bestätigt Rumadi, Programmkoordinator des moderaten islamischen Wahid-Instituts im Herzen Jakartas. »Aber noch folgt die Mehrheit der indonesischen Muslime einem relativ toleranten Islam.«

Das gilt jedoch nicht für alle Landesteile. In Aceh, der 2004 vom Tsunami so schwer verwüsteten und besonders frommen Provinz an der Nordspitze Sumatras, wird die Scharia so blutig ausgelegt wie sonst bisher nirgends im Land. »Dort kann Dieben die Hand abgehackt werden«, sagt Rumadi, »sogar Steinigungen sind erlaubt. In Jakarta dagegen tragen viele Frauen kurze Röcke.«

»Indonesien ist ein großes Haus«, erklärt der Experte, »die Mehrheit der Muslime ist friedlich.« Dennoch werde ein immer stärkerer Druck von radikalen Kräften ausgeübt, die einem wahhabitischen Islam anhingen und von islamistischen Gruppen aus dem Ausland unterstützt würden.

Wiederholt haben in den vergangenen Jahren Meldungen von Anschlägen in Indonesien die Welt aufgeschreckt: Im Jahr 2002 töteten Bomben auf Bali 202 Menschen, 2004 gab es einen Angriff auf die australische Botschaft, und 2009 wurden Selbstmordanschläge auf Luxushotels in Jakarta verübt. Gegen diese Form des Extremismus geht die indonesische Polizei rigoros vor. In den vergangenen Jahren wurden über 200 Mitglieder der extremistischen Jemaah Islamiah festgenommen, zuletzt im August 2010 deren angeblicher Führer und Scharfmacher Abu Bakar Ba'asyir, 72.

Doch es sind nicht nur die spektakulären terroristischen Aktionen, die Rumadi Sorgen bereiten. »Hinter den Gewalttätern sind viele andere Aktivisten tätig – und deren Wirken findet fast geräuschlos statt«, sagt er. Immer häufiger versuchten Aktivisten durch Demonstrationen oder Beschwerden bei den Behörden, Christen einzuschüchtern und ihre Gottesdienste oder den Bau neuer Kirchen zu verhindern. Ein Bezirk nach dem anderen habe die Scharia übernommen. Frauen, die sich für den Geschmack der Scharfmacher zu aufreizend kleideten, würden belästigt, öffentliche Schulen systematisch von Islamisten infiltriert. »Wenn die Toleranten nicht gegen diese Radikalisierungstendenzen protestieren, können wir ernsthafte Schwierigkeiten bekommen«, befürchtet Rumadi, zudem müsse der Staat wirksamer als bisher die Rechte der Minderheiten schützen.

Die religiöse Vielfalt ist eine Folge der besonderen Geschichte des indonesischen Archipels. Er erstreckt sich über riesige Entfernungen: Von Papua im Osten bis Aceh im Nordwesten sind es 5100 Kilometer, das entspricht der Entfernung von Oslo bis Abu

Dhabi. Von Nord nach Süd zählt man rund 1900 Kilometer. In drei verschiedenen Zeitzonen leben die Indonesier, die gemessen an der Bevölkerung die viertgrößte Nation der Erde bilden.

»Ohne Weiteres ließe sich aber auch vom ›Land der tausend Inseln, Völker und Sprachen‹ sprechen«, schreibt der Indonesienexperte Volker Stahr in seinem Buch »Südostasien und der Islam«. »Die Weitläufigkeit des Landes hat auch eine starke ethnische, religiöse und sprachliche Zergliederung zur Folge.« Insgesamt unterscheidet man über 300 Volksgruppen und mehr als 200 Sprachen und Dialekte. »Der Grad islamischer Identifikation« sei »je nach geografischer und ethnischer Zugehörigkeit sehr unterschiedlich«, so Stahr. Zwischen den Bewohnern von Aceh und denen der Molukken liegen Welten, auch wenn alle den gleichen Pass haben.

Darüber, wie alles begonnen hat, streiten Historiker. Die einen meinen, der Islam sei von den Arabern nach Indonesien gebracht worden – von Händlern zumeist, die bereits im 7. oder 8. Jahrhundert nach Südostasien vorstießen. Der holländische Islamforscher Salomo Keyzer vertrat schon im 19. Jahrhundert die These, Ägypter hätten für die Verbreitung des Islam in Südostasien gesorgt. Damit erklärte er Gemeinsamkeiten der schafiitischen Rechtsschule des Islam, die in Indonesien wie in Ägypten vorherrscht.

Manche spätere Geschichtsforscher hielten es für wahrscheinlicher, dass die Verbreitung des Islam in Südostasien seinen Ursprung in Indien habe. Erst im 12. Jahrhundert, wenn nicht noch später, sei er in Südostasien aufgetaucht. Anhänger dieser Theorie verwiesen auf beliebte Handelsrouten jener Zeit und argumentierten mit der Ähnlichkeit von Grabsteinen und literarischem Stil, die man hier wie dort angetroffen habe.

Der Historikerstreit geht unter anderem um die Frage, aus welcher indischen Region der Islam nach Indonesien kam. Später setzte sich die Meinung durch, dass Südindien die Quelle sei, weil hier und nicht im Westen Indiens die schafiitische Rechtsschule dominierte.

In Indonesien hat sich die Auffassung durchgesetzt, dass es die Araber waren, die den Koran im Gepäck hatten. Auch der niederländische Islamspezialist Johan Meuleman hält es für »sehr wahrscheinlich, dass die südostasiatischen Küstenzonen irgendeinen Kontakt mit Muslimen aus der allerersten Periode des Islam hatten«.

Ähnliche Unklarheit wie über die zeitliche Abfolge der Islamisierung und die geografischen und ethnischen Ursprünge dieses Prozesses herrscht über die möglichen Übertragungswege. Verbreiteten vornehmlich Händler die Lehre des Propheten? Sorgten eher politische Motive für dessen Durchsetzung? Oder wirkte eine Kombination beider Faktoren?

Der Islamforscher A. C. Milner betont den Pragmatismus damaliger Herrscher und Händler. Den südostasiatischen Prinzen jener Zeit habe die »übermenschliche Position muslimischer Könige« (Meuleman) imponiert, deren Macht noch durch die Übernahme persischer Traditionen und gewisser Aspekte der islamischen Mystik verstärkt worden sei. Die indonesischen Händler hingegen hätten sich vom Übertritt zum Islam schlicht bessere Geschäfte mit ihren ausländischen Partnern versprochen. So könnte es gewesen sein.

Oder auch nicht – wie Milners Kollege und Kontrahent A. H. Johns meint: Nicht die Schwächen der menschlichen Natur erklärten den südostasiatischen Siegeszug des Islam. Vielmehr habe die mystische Kraft des damals praktizierten Sufismus und das weitverzweigte Netzwerk seiner Anhänger die Ausbreitung des Islam nach Südostasien ermöglicht – nachdem das Bagdader Abbasiden-Kalifat samt einer einzigartigen Hochkultur durch die Mongolen 1258 zerstört worden war.

Wann immer auch die ersten Indonesier konvertiert sein mögen – erst im 13. Jahrhundert konnte der Islam auf dem

Archipel richtig Fuß fassen. Und zwar zunächst in den Hafenstädten an der Nordküste Sumatras, von wo er später weiter exportiert wurde.

Als Marco Polo 1292 Sumatra besuchte, existierte dort bereits ein Islamstaat: Er nannte sich Perlak. »Dieses Königreich«, notierte der Venezianer, »ist so sehr von sarazenischen Kaufleuten besucht, dass sie die Einheimischen zum Gesetz Mohammeds konvertiert haben – ich meine damit aber nur die Städter, die Bergmenschen leben eher wie die Tiere und essen menschliches Fleisch genauso wie alle anderen Arten von Fleisch, ob es sauber ist oder unrein.«

Nördlich von Perlak entwickelte sich jenes Sultanat, von dem der Reisende Ibn Battuta so entzückt berichtete. Dem Islam war nun der Weg geebnet. Aus Indonesien wurde ein islamisches Riesenreich.

Weltenbummler des Islam

Einer der bedeutendsten Reisenden der Geschichte, der mit seinem geografischen Radius Marco Polo übertrumpfte, war im 14. Jahrhundert Ibn Battuta.

Von Rainer Traub

Keine Religion war im 14. Jahrhundert, als Amerikas Entdeckung und gewaltsame Christianisierung noch in weiter Ferne lag, in Asien, Afrika und Europa so verbreitet wie der Islam. Von der fabelhaften Vielfalt und Ausbreitung islamischer Kulturen hat einer der größten Reisenden der Weltgeschichte ausführlich erzählt: Ibn Battuta.

Im Jahr 1325 bricht der junge Scheich und studierte Jurist Abu Abdullah Mohammed, genannt Ibn Battuta, aus Tanger zur obligaten Pilgerreise nach Mekka (Hadsch) auf. Ein gutes Jahr braucht er, um über Algerien, Tunesien, Libyen, Ägypten und Syrien an sein Ziel zu kommen. Dort absolviert er die vorgeschriebenen Rituale – er umkreist siebenmal die Kaaba, küsst den Heiligen Stein, trinkt aus dem Heiligen Brunnen.

Das Reisen erfüllt ihn mit unersättlicher Neugier, es verlangt ihn nach mehr. Nach einem Abstecher ins irakische Nadschaf, wo er das goldgedeckte Grab von Mohammeds 661 ermordetem Schwiegersohn Ali besucht, kehrt Ibn Battuta zunächst nach Mekka zurück, um dort zwei Jahre zu studieren. Dann zieht es ihn endgültig ins Weite.

Einer ersten Seereise entlang der ostafrikanischen Küste folgt die Suche eines Landwegs nach Indien durch die asiatischen Steppen. Im Feldlager des Mongolenführers Öz Beg Khan freundet er sich mit einer von dessen Ehefrauen an. Sie ist die Tochter des Herrschers von Byzanz, Andronikos III., und begleitet ihn nach Konstantinopel, wo der Kaiser dem muslimischen Weltmann stolz seine – bereits von den Osmanen bedrohte – christliche Hauptstadt präsentiert. Überall zieht der Weitgereiste einflussreiche, wohlhabende Leute an, die seinen Geschichten lauschen und ihm Ausrüstung und weitere Reisen finanzieren.

Durch die eisige russische Steppe gelangt er über Buchara, Samarkand und die afghanischen Berge 1333 bis nach Delhi, wo er mit dem Renommee seines Mekka-Studiums vom Sultan als »Kadi« (Richter) angestellt und 1341 mit prächtigem Gefolge als Botschafter nach China entsandt wird. Nachdem aber Ibn Battutas gesamter Besitz in einem Sturm vor der indischen Küste versunken ist, schlägt er sich auf eigene Faust nach China durch. Drei Jahre dauert die Heimkehr nach Tanger, doch bald bricht der Rastlose erneut auf. Diesmal will er das islamische Reich von Granada gegen die christlichen Angreifer verteidigen.

Auf Weisung des marokkanischen Sultans schreibt Ibn Battuta nach einer letzten Karawanenreise durch die Sahara die große, aus Fakten und Fabeln buntgemischte Saga über seine Abenteuer nieder.* In knapp 30 Jahren will er 120 000 Kilometer zurückgelegt haben – dreimal so viel wie Marco Polo. Im Westen wird der frühe Weltbürger des Islam freilich erst ein halbes Jahrtausend später entdeckt, nachdem der Orientalist Johann Ludwig Burckhardt im Kairo des 19. Jahrhunderts auf Ibn Battutas Bericht gestoßen ist.

* »Die Reisen des Ibn Battuta«. Herausgegeben und übersetzt von Horst Jürgen Grün. 2 Bände. Allitera Verlag, München, 2007.

Wie Muslime klicken

Auch im Internet zeigt sich der Islam vielfältig, bunt und widersprüchlich.

Von Yassin Musharbash

Macht eine Betäubungsspritze vom Zahnarzt das Fasten im Ramadan ungültig? Welches islamische Datum ist heute? An was glauben eigentlich Sufis? Und wird Hira, 25, aus Pakistan online einen Ehemann finden?

Kaum eine Gruppe von Internetnutzern wächst so rasant wie die der muslimischen. In vielen Ländern des Nahen Ostens hat schon ein Drittel der Menschen Internetzugang, bei Muslimen im Westen liegt die Rate höher. Es ist kein Wunder, dass es für sie mittlerweile ein Angebot von Tausenden spezialisierter Websites gibt, deren gemeinsamer Fixpunkt der Islam ist. Die Unterschiede aber sind erheblich.

Wirbt ein Angebot damit, dass es von Muslimen für Muslime gemacht ist, soll dies signalisieren: Hier seid ihr unter euch! Für fromme Singles, die sich zum Beispiel auf naseeb.com treffen, ist dies oftmals Bedingung, Beziehungen zu Nichtmuslimen sind für sie tabu. Aber auch muslimische User, die Rezepte suchen, sich mit ihren Schulfreunden von früher virtuell treffen oder über Politik austauschen wollen, finden diesen Hinweis oft wichtig. Es ist wie Surfen mit Sicherheitsgurt: Niemand wird versuchen, ihnen Schweinefleisch schmackhaft zu machen, sie werden nicht mit Mohammed-Karikaturen konfrontiert und müssen sich als bekennende Muslime nicht für die Taten von Terroristen rechtfertigen.

Verlässliche Statistiken über muslimische Websites gibt es nicht. Klar ist, das Interesse ist riesig. Eine aktuelle Studie über das Medienverhalten europäischer Muslime kommt zu dem Ergebnis, dass »Muslime ihre Nutzung von Mainstream-Medien durch Minderheiten-Medien komplementieren, und zwar in großem Umfang«.

Die Diversifizierung ist enorm. Da sind zum einen die maßgeblichen Institutionen der traditionellen Gelehrsamkeit – alle-

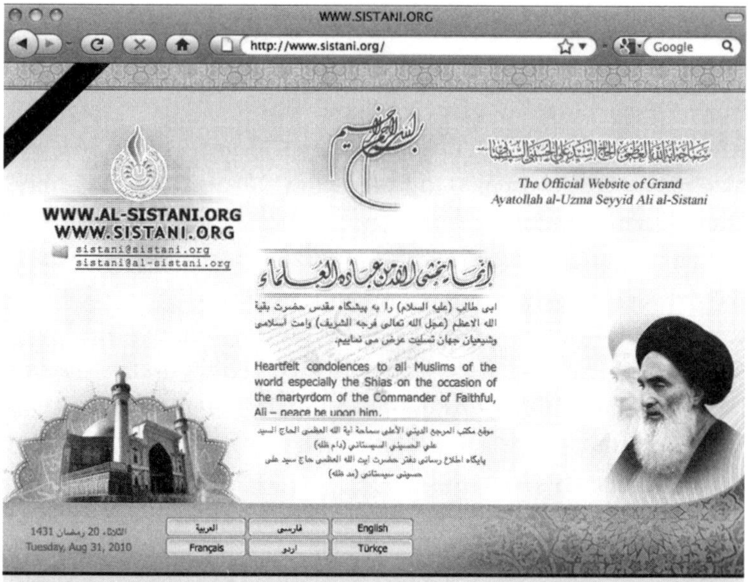

Islamische Websites:

virtuallyislamic.blogspot.com – Blog von Gary R. Bunt
euromediascape.com – die zitierte Studie
islam.de – Infos und vielfältiger Service vom Zentralrat der Muslime in Deutschland
muxlim.com – große englischsprachige Lifestyle-Website
www.islamonline.net/english/index.shtml – englisch
muslimica.com – Datingseite
altmuslim.com – Debattenseite
sistani.org – Website von Ali al-Sistani
ahewar.org/eng/ – liberale Muslime, arabisch, englisch

samt im World Wide Web angekommen – , etwa die für Sunniten bedeutsame Azhar-Universität in Kairo oder der schiitische Gelehrte Ali al-Sistani, Großajatollah im irakischen Nadschaf.

Und es gibt eine Fülle von Seiten, in denen sich Politik und Religion mischen, etwa auf der Homepage der Muslimbruderschaft. Eine der am häufigsten angesurften Seiten weltweit dürfte islamonline.net sein, eine konservativ bis moderat islamistisch inspirierte Plattform. Sie macht zum Beispiel die Islamophobie in den USA oder die politische Zukunft Afghanistans zum Thema, bietet aber auch islamische Rechtsgutachten (Fatwas).

Überhaupt scheint es einen großen Bedarf an zügigen Auskünften zu geben. Hunderte Fatwa-Seiten operieren nach dem Motto: »Frag den Gelehrten«. Eine Antwort erhält der Fragesteller per E-Mail oder gleich im Netz innerhalb von Minuten. Denn irgendwo hat immer ein Cyber-Mufti Dienst: Globalisierung auf Islamisch.

Auch Liberale, Moderate, fromme Blogger und sogar Irreligiöse haben sich längst Webpräsenzen gesichert und diskutieren Frauenrechte, Polizeiübergriffe oder Argumente gegen Terroristen. Wer sich seine eigene Meinung bilden will, findet ebenfalls, was er benötigt. Der Koran, die Aussprüche des Propheten (komplett mit Stichwortsuche), theologische Grundlagenwerke: alles online.

Der Islamforscher und Internetexperte Gary R. Bunt, Verfasser des Buches »iMuslims: Rewiring the House of Islam« hält die Zugänglichkeit dieser Quellen für besonders wichtig: So bekämen auch nicht traditionell ausgebildete Gläubige die Möglichkeit, ihre Religion mitzudefinieren.

Bunt bilanziert im Übrigen, romantisch ausgelegte Websites seien deutlich häufiger als dschihadistisch inspirierte. Er vergleicht das islamische Internet mit einem lebensprallen Basar. Die Hassseiten, auf denen Propaganda von al-Qaida & Co. verbreitet wird, erinnerten daneben an eine dunkle Gasse im Hinterhof.

Die Zwickmühle der Aufklärer

Der Wunsch nach mehr Demokratie ist
in der islamischen Welt weitverbreitet. Aber Reformer
müssen Rücksicht auf die traditionellen Werte
der Gläubigen nehmen.

Von Ludwig Ammann

Seit Gott sich vor 1400 Jahren durch seinen Gesandten Mohammed offenbart hat, streiten Muslime jedweder Gesinnung mit Inbrunst über die rechte Deutung seiner Botschaft: Meinungsverschiedenheiten sind ein Muss, wenn man heilige Schriften besser verstehen will – auch wenn dies die Selbstgerechten unter den Deutern kränkt.

Heute, nach über zwei Jahrhunderten bruchstückhafter Modernisierung der Gesellschaften von Marokko bis Indonesien, hat sich der Streit zu einem regelrechten innerislamischen Kulturkampf zugespitzt. Es geht um nichts Geringeres als die Zukunft des Glaubens in einer Welt, die sich stark verwestlicht und verweltlicht hat. Das heißt: Starker Glaube ist auch für Muslime nicht mehr selbstverständlich. Dennoch wählen ihn viele, zum Erstaunen glaubensschwacher Europäer, und schließen sich als wiedergeborene Muslime, wie wiedergeborene Christen auch, globalen Erweckungsbewegungen an. Andererseits beten 35 Prozent der Muslime in Deutschland selten oder nie. Das tägliche Gebet, das ein buchstäbliches Verständnis der religiösen Hauptpflichten gebieten würde, praktizieren etwas weniger, nämlich ein Drittel.

Der gegensätzliche Umgang mit einem Herzstück der Scharia, nämlich dem Gottesdienst, zeigt: Der von Islamisten wie von Islamkritikern beschworene »Islam nach Vorschrift« besagt wenig über die tatsächlich anzutreffende Praxis. In Wirklichkeit reicht das Spektrum von Extremisten bis zu Exmuslimen – bereits 14 Prozent der Türken, 20 Prozent der Marokkaner und 34 Prozent der Iraner in Deutschland bezeichnen sich als religionslos!

Am äußersten Rand dieses Spektrums, wo die nüchterne Diagnose von Modernisierungsdefiziten einem angst- und hasserfüllten Krisentremolo weicht, geben radikal islamische Parolen dem Westen die Schuld an allen Übeln. In dieser Sicht besteht keinerlei Anlass für Selbstkritik. Radikal antiklerikale Exmuslime und Nichtmuslime hingegen suchen die Schuld gern beim Islam an sich. Diese Haltung läuft darauf hinaus, dass keine Glaubensreform die Übel aus der Welt schaffen könne, sondern nur ein Glaubensverzicht – ein religionsfeindliches Szenario.

Am liebsten hört man im Westen Stimmen, die ohne jeden Gottesbezug für die vertraute Eindämmung von Religion streiten wie der junge iranische Blogger »Our Voice«: »25 Jahre religiöse Herrschaft haben wenigstens etwas Gutes bewirkt: In den nachfolgenden Generationen wird kein Iraner mehr auf die Idee kommen, Staat und Religion zu vermischen!«

Dass die gebrannten Kinder des dortigen Gottesstaats so denken, ist kein Wunder. Das Problem ist nur: In den meisten anderen Ländern herrschen autoritäre Säkularisten. Der Widerstand gegen diese nicht abwählbaren Autokraten artikulierte

Ludwig Ammann
Der promovierte Islamwissenschaftler hat zahlreiche Bücher und Zeitschriftenbeiträge publiziert. Die jüngste Veröffentlichung des 50-Jährigen trägt den Titel »Islam. Was stimmt? Die wichtigsten Antworten« (Herder Spektrum).

sich daher über viele Jahrzehnte bevorzugt islamisch. So waren religiöse Politikbegründungen in der islamischen Welt bislang populärer als weltliche. Erst jüngst geben Aufstände in Tunesien, Ägypten und anderswo zur Hoffnung Anlass, dass nun auch in der arabischen Welt eine halbwegs postislamistische Generation herangewachsen sein könnte.

Diese können auf ihrerseits undemokratische Herrschaft zielen – sie müssen es aber nicht. Zwischen unverbesserlichen Fundamentalisten, die einen islamischen Staat fordern und vor allem blutrünstige Symbole wie die Steinigung meinen, und kompromittierten Säkularisten wie Mubarak und Ben Ali haben sich gewissermaßen im Mittelfeld liberale und konservative Reformer etabliert. Sie wollen die Religion erneuern und die politische Kultur fortentwickeln und kommen der verbreiteten Sehnsucht nach Versöhnung von Islam und Demokratie entgegen. Das allerdings heißt für satte 90-Prozent-Mehrheiten von Marokko bis Jordanien: Sie wünschen sich eine demokratische Regierung und dazu, mit Ausnahme der Türkei, die Scharia als eine – oder sogar einzige – »Quelle der Gesetzgebung«. Zum Vergleich: In den USA erklären immerhin 55 Prozent der Befragten, dass die Bibel eine oder die einzige »Quelle der Gesetzgebung« sein solle; der in Europa weithin übliche Verzicht auf einen derartigen Anspruch ist vermutlich ein Sonderweg.

Dieses Demokratieverständnis, das die Abwählbarkeit der Regierung mit institutionell garantierten islamischen Werten verbinden will, wird hierzulande wenig geschätzt. Die Reformer antworten darauf mit einer breiten Palette von Entwürfen, die den bornierten Buchstabenglauben der Puritaner zurückweisen. Aber auch ihre Auslegung des Islam begründet die Forderung nach Demokratie religiös – in konservativen Versionen mit gottesrechtlichem Vorbehalt, in liberalen ohne diesen.

Auf Gott, nämlich den Koran und das Vorbild seines prophetischen Verkünders, berufen sich dabei alle, ob Laien oder

Gelehrte. Ebendas, die Rückbesinnung, macht sie ja zu Regleich Rückformern im wörtlichen Sinn: Sie suchen, wie einst die christlichen Reformatoren, ihr Heil in einer Umkehr. Das Wort »Erneuerung« bringt den eigentümlichen Doppelsinn solcher Bewegungen, die Neues im Rückgriff auf Altes schaffen, auf den Punkt.

Dabei haben zumindest die liberalen muslimischen Glaubensreformer Luther und seinesgleichen längst überholt. Sie bekennen sich unzweideutig zum Pluralismus – während Luther noch dazu aufrief, Abweichler wie die Täufer direkt dem Henker zu überliefern (von Calvins Genfer Gottesstaat samt Hexenverbrennungen ganz zu schweigen). Und selbst die konservativen Reformer stellen sich mit ihren Überzeugungen zumindest der Debatte. Das geht auch gar nicht anders angesichts eindeutiger Plebiszite für die Redefreiheit – von Marokko bis Indonesien haben demoskopische Erhebungen diesbezüglich Mehrheiten zwischen 82 und 99 Prozent ermittelt. Das Diskussionsforum www.futureislam.com formulierte das pluralistische Credo so: »Der Koran verleiht niemandem das alleinige Recht, Gottes Wort zu deuten. Niemand hat das Recht zu entscheiden, wessen Glauben gültig ist und wer als echter Muslim gelten kann.«

Dies zur ersten Orientierung – und nun zu einzelnen Stimmen aus beiden Lagern. Die Knebelung der demokratischen Debatte durch theokratische Instanzen hat gerade in Iran besonders liberale Stimmen hervorgebracht. Die Erfahrung, dass der Gottesstaat die Jugend dem Glauben entfremdet, brachte bedeutende Religionsgelehrte zu dem Schluss, dass Freiheit die Bedingung wahren Glaubens ist. Zu ihnen gehört der 74-jährige Mohammed Modschtahed Schabestari, der vor vier Jahrzehnten das schiitische Zentrum in Hamburg leitete und danach viele Jahre an der Universität von Teheran lehrte.

Der einstige Revolutionär ist heute ein postislamistischer Reformdenker, der für ein historisches Verständnis der Offenbarung, für Demokratie und Menschenrechte eintritt. Als die »Islamische Charta« des Zentralrats der Muslime von 2002 Zuwanderer nur auf die »lokale Rechtsordnung« Deutschlands verpflichten wollte, legte er in einem herausragenden Diskussionsbeitrag auf der Website des Zentralrats dar, warum heutzutage Demokratie für gläubige Muslime überall auf der Welt die wünschenswerte Regierungsform darstellt: weil sie im unvermeidlichen Streit um das rechte Islamverständnis und dessen Verwirklichung alle zu Wort kommen lässt und sich der Gesinnungsdiktatur Einzelner widersetzt.

Abdolkarim Sorusch, 65, auch er ein früherer Anhänger Chomeinis und nun Kritiker des Gottesstaats, geht noch weiter. Göttliche Wahrheiten seien zwar ewig – das fehl- und damit immer wieder revidierbare Wissen der Menschen davon aber schreite voran. Eine Neuerung wie Chomeinis »Herrschaft des Rechtsgelehrten« könne darum so wenig das letzte Wort sein wie jeder frühere Entwurf von Politik. Und ebenso wenig könne eine einzelne Religion für sich beanspruchen, im Alleinbesitz der Wahrheit zu sein – auch nicht der Islam. Es gebe also nicht nur den einen »rechten Weg«, wie es in der Eröffnungssure des Koran heißt, sondern viele rechte Wege. Das ist ein erstaunliches Plädoyer für religiöse Vielfalt als Forschungswettbewerb und für das Menschenrecht auf Religionsfreiheit!

Gegen den weitverbreiteten Irrglauben – nicht zuletzt auch islamkritischer Kreise – der Koran sei wortwörtlich zu verstehen und zu befolgen, streiten türkische Theologen in Ankara ebenso wie der verstorbene ägyptische Literaturwissenschaftler Nasr Hamid Abu Said. Sie alle machen sich für ein geschichtliches Verständnis stark, das den Wandel der Zeiten bedenkt und nach dem Sinn des Gesagten fragt. Wer Gottes Botschaft die Treue halten wolle, müsse sich daher vom Wortlaut lösen, der auf damalige Verhältnisse zugeschnitten sei. Was zählt, ist nicht der Buchstabe, sondern der Geist der Gesetze; nicht die anachronistischen Steuerbruchteile nach klassischen Scharia-Vorschriften, sondern die angestrebte Gerechtigkeit. Entwaffnend fragt Ömer Özsoy – in Frankfurt seit 2006 erster muslimischer Theologieprofessor an einer deutschen Universität – die Verfechter dumpfer Nachahmung: Wollen wir »muslimische Menschen oder etwa arabische mittelalterliche Menschen?«

Bleibt die Gretchenfrage: Welche Rolle soll Gottes Heilsweg, die Scharia, die vom Gottesdienst bis zum Strafrecht so vieles umfasst, in muslimischen Mehrheitsgesellschaften heute spielen? Für liberale Reformer ist die Scharia insgesamt ein bloßes Sittengesetz: Die Gläubigen befolgen es, wenn sie wollen, aus freien Stücken.

Keineswegs sieht dieser Teil der Reformer in der Scharia ein Gesetz, dessen Vollzug der Staat mit Strafen wie Steinigung und Handabhacken erzwingen kann, wie manche Islamisten es wünschen. Der Jurist und Aktivist sudanesischer Herkunft Abdullahi an-Naim argumentiert in seinem Projekt »Die Zukunft der Scharia« so: Würde die Befolgung der Scharia vom Staat erzwungen, verlöre sie ihren religiösen Wert. Die religiöse Neutralität des Staates hat den Zweck, jedem sein eigenes und revidierbares Religionsverständnis freizustellen. Sie dient aber diesem Reformer zufolge keineswegs dazu, Religion auch aus der Politik zu verbannen; die Befürchtung, dass der säkulare Staat ebendies zur Folge haben werde, habe dessen Ruf bei Muslimen ruiniert. Vielmehr könnten, so an-Naim, die Grundsätze der Scharia sehr wohl eine Quelle der Gesetzgebung sein: unter der Voraussetzung, dass sie erstens durch den demokratischen Prozess vermittelt werden und zweitens keine Menschenrechte verletzen. Dabei soll die zweite Bedingung einer »Tyrannei der Mehrheit« vorbeugen.

Dieses keineswegs religionsfeindliche Plädoyer für den säkularen Staat geht vielen Vertretern einer konservativen Reform bereits zu weit. Für sie müsste die Scharia in einer islamischen

Demokratie mehr Gewicht haben als vereinzelte, den Fährnissen demokratischer Willensbildung unterworfene Gesetzesinitiativen.

Zu den mächtigsten Wortführern dieses Flügels zählt der erzkonservative 83-jährige Rechtsgelehrte Jussuf al-Karadawi in Katar. Er erreicht als Fernseh- und Internetprediger ein arabisches Millionenpublikum vom Golf bis nach Marokko. Sein Hauptziel ist es, die Moderne zu islamisieren. Er will der Scharia schon jetzt im verweltlichten Alltag der Gläubigen neue Geltung als fromme Sitte verschaffen. Gerade darum bemüht er sich um eine – allerdings sehr behutsame – Rechtsfortbildung für die Gegenwart. So erklärte er 2009 endlich die weibliche Genitalverstümmelung in einem Gutachten für von Gott verbotenes Teufelswerk.

Derselbe Mann rechtfertigt aber Selbstmordanschläge auf Israelis als Verteidigung und empfahl, den Palästinenser-Präsidenten Mahmud Abbas zu steinigen, falls sich der Verdacht bewahrheiten solle, dass er die Israelis zur Gaza-Offensive angestiftet habe. »Das Erlaubte und das Verbotene im Islam« (1960) heißt sein immer wieder nachgedrucktes Werk für Muslime, die sich fragen: Was soll Islam für mich sein? Karadawi steht für die autoritäre Antwort: Islam ist, was er und seinesgleichen bestimmen. Das sind all die Rechtsgelehrten, die sich gegen eine tiefgreifende Reform der Rechtsquellenlehre – also der Spielregeln für die Rechtsfindung – verwahren. Diese Gelehrten würden auch in einer Demokratie das letzte Wort beanspruchen: ein Vetorecht gegenüber Parlament, Regierung und Volk.

Da ist ein Mann wie der umstrittene Schweizer Intellektuelle Tariq Ramadan trotz konservativer Gesinnung aus anderem Holz. Antiklerikalen europäischen Beobachtern ist der Enkel Hassan al-Bannas, des Gründers der Muslimbrüder, ein Dorn im Auge: Der bei jungen französischen Muslimen erfolgreiche Reformer tritt für eine öffentliche Rolle von Religion ein, wie sie in den

USA selbstverständlich ist. Ein laizistisch weichgespülter Islam im stillen Kämmerlein, wie man sich ihn hierzulande nach dem Beispiel des privatisierten Christentums wünscht, ist seine Sache nicht. Gerade darum predigt er glaubwürdig gegen revolutionäre Gewalt. 2005 berief ihn der damalige britische Premier Tony Blair in den muslimischen Rat zur Bekämpfung des islamischen Extremismus.

Muslime in Europa, so Ramadan, sollten sich weder bis zur Selbstaufgabe anpassen noch in Ghettos abschotten. Sie sollten sich vielmehr durch kritische Aneignung der europäischen Kultur neu entwerfen. Gegen den auslegungsfeindlichen Buchstabenglauben salafitischer Fundamentalisten zieht er vehement zu Felde: Nur wenig sei in religiösen Texten nicht interpretationsfähig. Dabei bleibt er ein Wertkonservativer, der Alkohol und Ehen zwischen Muslimin und Nichtmuslim ablehnt. Aber das letzte Wort haben für Ramadan nicht Gelehrte: Es entscheide das »autonome Gewissen, das seine Wahl im Namen seiner Überzeugungen trifft« – und sei es, um vom Glauben abzufallen.

Damit stellt Ramadan die von Karadawi beanspruchte Deutungshoheit der Gelehrten geradezu lutherisch infrage. Als er 2003 in einer Fernsehdebatte mit dem damaligen französischen Innenminister Nicholas Sarkozy ein Moratorium für die Steinigung forderte, warfen ihm Kritiker tief entrüstet vor, er hätte den grausigen Brauch unverzüglich verdammen müssen. Tatsächlich hat Ramadan 2005 zu einem sofortigen Moratorium für Körperstrafen, Steinigung und Todesstrafe in der islamischen Welt aufgerufen. Das Fanal beklagt die Verkürzung von Islam und Scharia auf grausame Strafen, die engstirnige und unterdrückerische Auslegung der Quellen und möchte eine breite gesellschaftliche Debatte eröffnen. Was spricht dagegen, die genannten Strafen auf diesem Wege abzuschaffen? Das Europäische Parlament hat zuletzt 2007 eine Initiative für ein weltweites Moratorium der Todesstrafe beschlossen. Niemand zeigte sich entrüstet. Wenn es um den richtigen Weg zu Reformen geht, messen manche Nichtmuslime mit zweierlei Maß.

Ein Mann wie Tariq Ramadan versucht, die konservative Mehrheit der Muslime da abzuholen, wo sie steht. Er baut ihnen eine verlässliche Brücke in unsere Gegenwart. Damit schlägt er sich im innerislamischen Kulturkampf der zwei Reformgeschwindigkeiten auf die Seite des vom Wandel überforderten Volks. Das kommunikative Dilemma vieler weltoffener Reformer hat er so auf den Punkt gebracht: »Was sollen wir tun, um auf eine Veränderung des Denkens hinzuwirken? Die schriftlichen Quellen verdammen – und von der islamischen Welt nicht mehr angehört werden? Eine sogenannte moderne Meinung aufzwingen – und dafür als ›verwestlicht‹ im Handeln oder, schlimmer noch, Überläufer zur Sache des ›Feindes‹ angesehen werden? Vom Westen gehört werden um den Preis, das Gehör der islamischen Welt zu verlieren?«

Die Reichweite liberaler Reformvorschläge ist noch gering. Doch verbieten sich pauschale Prognosen. Viel hängt davon ab, welche Kräfte vor Ort wirken. In Iran hat Enttäuschung über die theokratischen Fesseln postislamistischen Ideen den Boden bereitet, doch konnte das Regime bislang alle Proteste gegen seinen Machtmissbrauch unterdrücken. In der Türkei unterrichten liberale Reformtheologen die künftigen Imame und Religionslehrer; hier ist seit dem Sieg der postislamistischen AKP im Jahr 2002, die demokratische Gesinnung und Frömmigkeit verbindet, Aufklärung vom Staat erwünscht. In der arabischen Welt bricht sich zu Beginn 2011 erstmals die Sehnsucht der Völker nach Selbstherrschaft in Aufständen Bahn, die nicht nach dem islamischen Staat rufen. Das könnte zum Wendepunkt im Schicksal islamistischer Bewegungen werden, die über Jahrzehnte den Widerstand gegen die Autokraten anführten. Der Weg bis zum Regimewechsel, der die Streit- und Sicherheitskräfte der demokratischen Kontrolle zu unterwerfen hätte, ist allerdings noch weit. Und es ist ungewiss, wie die beim Sturz zum Beispiel Mubaraks verbündeten Kräfte, die Vorhut junger weltlicher Aktivisten, die ihnen beispringenden Muslimbrüder des jungen reformistischen Flügels und schließlich die streikende Arbeiterschaft, bei freien Wahlen abschneiden würden – und wie die religiösen und nichtreligiösen Gegner des Aufstands. Gut möglich ist aber, dass sich die fortschreitende Individualisierung der arabischen Gesellschaften in pluralistischen Arrangements niederschlägt – und die fortgeschrittene Re-Islamisierung dieser Gesellschaften in wertkonservativen Mehrheiten.

Die liberalen Reformer stecken hier und anderswo in der Zwickmühle: Sie betreiben das aufklärerische Geschäft, für einen bis in die Gesetzgebung hinein säkularen Staat zu streiten in einer Zeit, in der die Mehrheit der Muslime von der Politik mehr Rücksicht auf ihre religiösen Werte fordert. Die Zeit für anderes wird kommen, wenn die Modernisierung der Gesellschaft durch steigende Frauenbildung und sinkende Geburtenraten – in der Türkei und Iran bereits unter Bestandserhalt – weiter um sich greift.

AKG

Abraham ist bereit, seinen Sohn zu opfern
(Gemälde von Caravaggio, um 1600)

Islam von A bis Z

Verlangt der Koran, dass Frauen sich verschleiern?
Was ist eine Fatwa? Wie denken Muslime über Jesus?
Ein Überblick über die wichtigsten Fragen.

Von Anne-Sophie Fröhlich und Claudia Stodte

Abraham

Abraham (hebr. Avraham, arab. Ibrahim) gilt den drei Religionen Judentum, Christentum und Islam als Stammvater. Wie in der Bibel spielt er auch im Koran eine wichtige Rolle. Dort erscheint er mit seinem Sohn Ismail als Erbauer der ➢Kaaba und als Begründer der damit verbundenen Pilgerfahrt (u. a. Sure 3, Verse 95–97). Die Beinahe-Opferung von Abrahams Sohn schildert der Koran in Sure 37, Verse 83–111. Der Sohn trägt hier keinen Namen – im Gegensatz zur Bibel, die ihn Isaak (hebr. Jizchak) nennt. Viele Muslime sind der Ansicht, dass es sich bei dem zu opfernden Sohn nicht um Isaak, sondern um Abrahams älteren Sohn Ismail handelt, dessen Mutter die Ägypterin Hagar war.

Ajatollah

Im 19. Jahrhundert bildete sich die bis heute gültige Hierarchie der schiitischen Geistlichkeit heraus. Zuunterst steht der einfache Geistliche, der umgangssprachlich Mullah genannt wird (von arab. Maula, »Meister«). Er verfügt über wenig oder kein theologisches Wissen. Zum Hodschatoleslam (»Beweis des Islam«) avanciert, wer erfolgreich theologische Seminare absolviert hat; in Iran tragen etwa 28 000 Männer diesen Titel. Wer weiter aufsteigen und Ajatollah (»Zeichen Gottes«) werden will, muss

noch weitere zahlreiche Jahre studieren; der Erwerb des Titels geschieht jedoch informell.
Mit der Etablierung der Islamischen Republik 1979 wuchs die Zahl der Ajatollahs stark an; heute gibt es in Iran etwa 5000. Ein Ajatollah, dessen Lebensführung vorbildlich ist und der bedeutende theologische Schriften verfasst, kann den Titel Großajatollah erhalten; weltweit führen ihn derzeit rund 20 Gelehrte.
Großajatollahs, wie auch Ajatollahs, können als Mardschaa-e Taghlid (»Quelle der Nachahmung«) anerkannt werden. Auch diese höchste Auszeichnung erfolgt durch informellen Konsens. Grundsätzlich gelten alle Entscheidungen (➤Fatwas) als vorläufig und aufhebbar – durch die Fatwa eines anderen Rechtsgelehrten.

Aleviten

Die Aleviten sind eine eigenständige Glaubensgemeinschaft, die sich in Anatolien aus einer schiitischen Sufi-Bruderschaft des 14./15. Jahrhunderts entwickelt hat und der heute etwa 20 Prozent der türkischen Bevölkerung angehören. Im Zentrum ihrer Lehre steht die Verehrung Alis (➤Kalif). Den ➤Koran und die islamischen Gesetze legen sie spirituell aus und lehnen die ➤Fünf Säulen ab. Dies macht sie der sunnitischen Mehrheit als Ketzer verdächtig, unter osmanischer Herrschaft wurden sie immer wieder blutig verfolgt.
Alevit ist man durch Abstammung, Mitglied der Kultgemeinde durch eine Art Initiation. Anstelle von ➤Moscheen haben die als gesellschaftlich liberal geltenden Aleviten sogenannte Versammlungshäuser für ihre Rituale, an denen Männer und Frauen gleichberechtigt teilnehmen.

Alkohol

Nach allgemeiner Rechtsauffassung ist Muslimen der Konsum von Alkohol verboten. Der ➤Koran ermahnt die Gläubigen, nicht betrunken zum Gebet zu erscheinen (Sure 4, Vers 43); in anderen Versen wird der Weingenuss als Sünde, Gräuel und Satanswerk verdammt (Sure 2, Vers 219 und Sure 5, Vers 90). Allerdings zählt das Heilige Buch den Wein – neben Milch und Honig – auch zu den Genüssen, die die Gläubigen im ➤ Paradies erwarten.

Allah

Das arabische Wort für »Gott« hat sich mit dem Islam weit über den ursprünglichen Sprachraum hinaus verbreitet. In der islamischen Welt existieren daneben die Bezeichnungen der jeweiligen Landessprachen, etwa persisch Choda, während umgekehrt arabischsprachige Christen ihren dreieinigen Gott ebenfalls Allah nennen.

Apostasie

Auf den Abfall eines Muslim von seinem Glauben steht nach Meinung der meisten Rechtsgelehrten die Todesstrafe. Sie berufen sich dabei vor allem auf überlieferte Aussprüche des Propheten (➤ Hadith). Im ➤ Koran wird die Apostasie als schwere Sünde betrachtet: Abtrünnige erwartet der unversöhnliche Zorn Gottes und das ewige Höllenfeuer – doch die angedrohten Strafen sind jenseitiger Natur. Aus diesem Grund und weil der Tatbestand der Apostasie schwer zu fassen ist, plädiert ein Teil der Islamgelehrten gegen eine Bestrafung im Diesseits, solange die Betroffenen nicht versuchen, auch andere Muslime vom Glauben abzubringen.

Im 20. Jahrhundert entwickelten islamistische Vordenker wie Sajjid Kutb die Theorie, dass sich die meisten islamischen Gesellschaften so weit vom »wahren Islam« entfernt hätten, dass sie bekämpft werden müssten (arab. Takfir, »für ungläubig Erklären«).

Al-Azhar-Universität

Die im 10. Jahrhundert in Kairo gegründete Hochschule ist heute eine der bedeutendsten Lehrinstitutionen der sunnitisch-islamischen Welt. Neben islamischer Theologie und islamischem Recht werden seit 1961 auch Medizin, Naturwissenschaften und Geschichte gelehrt; auch Frauen dürfen nun an der »Strahlenden« (so die Übersetzung) studieren. Ihr Leiter, der Großscheich, gilt vielen ➤ Sunniten als höchste Instanz in Glaubensfragen; seit 1961 wird er vom ägyptischen Präsidenten ernannt. Derzeit hat Ahmed al-Tajjib das Amt inne, der als liberal und weltoffen gilt. Bis heute erstellt die Azhar ➤ Fatwas zu aktuellen Themen.

Beschneidung

Die Beschneidung von Jungen wird im Islam wie auch im Judentum auf ➤ Abraham zurückgeführt. Sie basiert nicht auf dem ➤ Koran, sondern gilt als Tradition. Üblicherweise findet sie zwischen dem siebten Tag nach der Geburt und dem 15. Lebensjahr statt. Die Beschneidung wird festlich begangen und als Zeichen der Aufnahme in die Gemeinde betrachtet.

Klitorisamputationen bei Mädchen, wie sie in einigen islamischen Ländern vorgenommen werden, sind mit der religiös begründeten Jungenbeschneidung nicht vergleichbar. Im November 2006 erließen Rechtsgelehrte, die sich an der ➤ Azhar-Universität in Kairo versammelt hatten, eine ➤ Fatwa, die Genitalverstümmelung von Frauen als unislamisch und als »strafbare Aggression gegen das Menschengeschlecht« verurteilt.

Bilderfeindlichkeit

Der ➤ Koran kennt kein Verbot der bildlichen Darstellung. Allerdings bezeichnet eine Vielzahl von Prophetenworten (➤ Hadith) die Nachbildung von Mensch und Tier als blasphemisch und daher als verboten: Gott allein dürfe Lebewesen erschaffen. Daher vertraten sunnitische wie schiitische Rechtsgelehrte seit dem 8. Jahrhundert eine bilderfeindliche Haltung. Trotzdem entwickelte sich in der islamischen Welt eine reiche Maltradition, die im 12. Jahrhundert in der Buchkunst ihren Ausgang nahm. Im 14. Jahrhundert entstanden sogar Illustrationen, die Szenen aus dem Leben des Propheten ➤Mohammed zeigen. Nur der Koran wurde nie bildlich verziert.

Burka

Die Burka (arab. Burku, pers. Borka) ist ein in Teilen Afghanistans und Pakistans gebräuchlicher Ganzkörperschleier, bei dem die Trägerin nur durch eine Art Gitter im Stoff etwas sehen kann. Unter dem Taliban-Regime war er in Afghanistan bis 2001 für Frauen vorgeschrieben.

Diwan

Der persische Begriff bedeutet »Liste« oder »Aufstellung«. So nannte der zweite ➤Kalif Umar die erste genuin islamische Verwaltungseinrichtung, die Kriegsbeute und Steuern der eroberten Provinzen verwaltete. Seit dem 9. Jahrhundert wurden alle obersten Verwaltungsorgane so bezeichnet; ein Diwan war nun eine Dienststelle oder ein Büro. Westliche Reisende, die an den Grenzen mit dem »Diwan« in Berührung kamen, übernahmen den Begriff mit der Bedeutung »Zollamt« (franz. douane). Das Möbelstück, auf dem die Schreiber saßen, wurde in Europa als »Diwan« bekannt.
Der Begriff bezeichnet zudem die Gedichtsammlung eines Poeten. Goethes »West-östlicher Divan« ist eine Hommage an den persischen Dichterfürsten Hafis (gest. 1389).

Dschihad

Das individuelle »Sichanstrengen oder Sichbemühen« für die Sache Gottes unter Einsatz von Besitz und Leben wird im ➤Koran mehrfach erwähnt. Gemeint war mit dem Dschihad der

kämpferische Einsatz eines jeden Muslim bei den Aktivitäten des Propheten gegen arabische Stämme und städtische Fraktionen, die sich dem monotheistischen Islam und der Anerkennung der Prophetenrolle ➤Mohammeds widersetzten.
Dschihad ist niemals Krieg im üblichen Sinne, dafür hat das Arabische andere Bezeichnungen. Es geht vielmehr um einen aufopferungsvollen und risikoreichen »Gottesdienst unter Waffen«. Dazu aufrufen können Vertreter der politischen Gewalt, aber auch Privatleute, die über die nötige Autorität verfügen. Dem Appell dürfen nur volljährige Muslime folgen. Sie müssen die Kosten für den »Gottesdienst« weitgehend selbst tragen; das schließt Söldner oder eine Berufsarmee von vornherein aus.
Der Dschihad ist nur dann religiös verdienstvoll, wenn die Gegner Nichtmuslime sind oder nicht mehr zur ➤Umma gezählt werden wie Häretiker oder vom Glauben Abgefallene (➤Apostasie). Zur Pflicht wird er für alle betroffenen Muslime bei Angriffen von außen.
Es gibt aber auch die Möglichkeit, die Feindseligkeiten gegen Nichtmuslime einzustellen, wenn diese nicht bezwingbar sind. So ist der Camp-David-Frieden mit Israel durch ein Gutachten der ➤Azhar-Universität überzeugend für zulässig erklärt worden.
Von den Asketen, später auch von den ➤Sufis, wurde der Dschihad schon früh im übertragenen Sinne als »innerer Kampf« des Frommen gegen die bösen Kräfte der eigenen Psyche verstanden. Falsch wäre es jedoch, in diesem »geistigen« Dschihad das eigentliche Ziel von Koran und Prophet zu sehen: Vorrangig, wenn nicht ausschließlich, ging es um den individuellen Einsatz im Kampf für den Glauben. *Albrecht Noth*

Dschihadismus
Radikale ➤Islamisten, die vor Gewalt an Zivilisten oder Selbstmordattentaten nicht zurückschrecken, werden heute oft als »Dschihadisten« bezeichnet, abgeleitet vom arabischen Wort

➢Dschihad. Zu ihnen zählen Gruppen wie die weltweit operierende al-Qaida (arab. »die Basis«), die pakistanische Lashkar-i-Toiba oder die indonesische Jemaah Islamiah.
Dschihadisten vertreten eine extrem antiwestliche Ideologie. 1998 erklärte die von Afghanistan aus operierende Qaida den USA den Krieg: »Der Befehl, die Amerikaner und ihre Verbündeten zu töten, ist eine individuelle Verpflichtung für jeden Muslim, der dazu fähig ist, in jedem Land, in dem so etwas möglich ist, um ihre Armeen zu zwingen, jeglichen islamischen Boden zu verlassen.« Entzündet hatte sich der Zorn des Qaida-Gründers Osama Bin Laden an der Stationierung von US-Truppen in Saudi-Arabien 1990 – sie wurde als Besetzung des »Territoriums der beiden Heiligen Stätten« gebrandmarkt. Auf die Anschläge der Qaida vom 11. September 2001, bei denen fast 3000 Menschen starben, antworteten die USA mit dem »Krieg gegen den Terror«.
Das Internet ist heute das Hauptmedium zur Verbreitung und Vernetzung des Dschihadismus. 2007 formulierte der damalige Innenminister Wolfgang Schäuble: »Das Netz ist für Terroristen Fernuniversität und Trainingscamp, Nachrichtenbörse und Rekrutierungsbüro in einem.«

Dschinn

Mehrfach erwähnt der Koran Dschinnen: intelligente, aber für den Menschen unsichtbare Geister, die aus einem »Gemisch von Feuer« erschaffen wurden (Sure 55, Vers 15) und sich in verschiedene Gestalten verwandeln können. Auch an sie richtet sich die Botschaft des Koran: Ihnen werden die gleichen Strafen angedroht und die gleichen Belohnungen versprochen wie den Menschen.

Engel

Engel spielen im ➢Koran eine große Rolle. Im Gegensatz zu den Menschen können sie Gottes Gesetze nicht übertreten, da sie nicht in der Lage sind, eigene Entscheidungen zu treffen:

»Sie kommen ihm im Reden nicht zuvor und handeln nur auf sein Geheiß«, heißt es in Sure 21, Vers 27. Namentlich genannt werden im Koran Dschibril (Gabriel) und Mikal (Michael) sowie Harut und Marut. Laut Sure 2, Vers 97 war es Gabriel, der ➤Mohammed mit Gottes Erlaubnis den Koran »ins Herz hinab gesandt« hat.

Fatwa

Jeder Muslim kann sich an einen ➤Mufti wenden und um Auskunft in einer Frage bezüglich der ➤Scharia bitten. Grundsätzlich kann alles erfragt werden: Ist das Rauchen von Tabak verboten? Ist das Spenden von Organen erlaubt? Auf der Grundlage der wichtigsten Rechtsquellen erstellt der Mufti – beziehungsweise die entsprechende Behörde – daraufhin eine Fatwa, ein religiöses Rechtsgutachten. Dies kann wenige Zeilen oder viele Seiten umfassen. Rechtsverbindliche Folgen hat die Fatwa nicht, sie dient lediglich der Klarstellung und Empfehlung. Heute ist das Internet der bevorzugte Publikationsort von Fatwas: Es gibt Fatwa-Online-Dienste, Fatwa-Archive oder Fatwa-Chats.
Aufsehen erregte im Frühjahr 2010 eine Fatwa des saudi-arabischen Rats der Hohen Religionsgelehrten, die den »Terrorismus« vom legitimen Befreiungskampf abgrenzt und verurteilt. Anfang März erstellte der einflussreiche pakistanische Gelehrte Mohammed Tahir-ul-Qadri eine 600 Seiten lange Fatwa, die Terroristen als »Rebellen gegen den Islam« brandmarkt: »Es gibt keinen islamischen Terrorismus – wer Terrorismus propagiert, stellt sich außerhalb der ➤Umma.«

Feste

Zwei kanonische Feste kennt der islamische Kalender: Das Opferfest (arab. Id al-Adha, türk. Kurban Bayrami) findet im Rahmen der Pilgerfahrt (➤Hadsch) statt. Es dauert drei Tage und wird von Muslimen überall auf der Welt gefeiert. Das Schlachten eines

Opfertiers – meist Schaf, Kamel oder Rind – erinnert an ➤Abraham, der auf Geheiß Gottes seinen Sohn zu opfern bereit war. Auf die Fastenzeit des Monats ➤Ramadan folgt das drei bis vier Tage dauernde Fest des Fastenbrechens (arab. Id al-Fitr, türk. Şeker Bayrami genannt). Es wird mit speziellen Speisen und oft auch Geschenken begangen.
Zusätzlich wird in vielen islamischen Ländern der Geburtstag des Propheten ➤Mohammed gefeiert; für die ➤Schiiten ist zudem Aschura ein wichtiger Feiertag, an dem sie mit Prozessionen und Passionsspielen an den Tod des Prophetenenkels Hussein erinnern.

Freitag

Im Gegensatz zum jüdischen Sabbat sowie zum christlichen Sonntag ist der islamische Freitag traditionell kein Ruhetag. Die Vorstellung, Gott müsse am siebten Tag von seinem Schöpfungswerk ausruhen, ist Muslimen fremd. Vielmehr gilt der Freitag als »Tag der Versammlung«: Für männliche erwachsene Muslime ist das freitägliche gemeinsame Mittagsgebet mit anschließender Predigt in der ➤Moschee Pflicht. Ursprünglich leitete der ➤Kalif das Freitagsgebet; seit dem 10. Jahrhundert ist hierfür nur noch der ➤Imam zuständig.

Fünf Säulen

Die fünf Grundpflichten der Muslime werden in der islamischen Tradition als Säulen der Religion bezeichnet. Dazu gehört zunächst das Glaubensbekenntnis (arab. Schahada): »Es gibt keinen Gott außer Gott, und ➤Mohammed ist der Gesandte Gottes.« Es ist Teil des Gebetsrufs und wird als Zeichen des Übertritts zum Islam vor Zeugen ausgesprochen. Eine weitere Pflicht ist das Ritualgebet (arab. Salat), das fünfmal am Tag zu bestimmten Zeiten zu verrichten ist und eine Abfolge von Gebeten und Bewegungen umfasst. Die Gläubigen wenden sich dabei

in Richtung der ➢Kaaba und müssen sich im Zustand ritueller Reinheit befinden; auch der Boden, auf dem sie beten, muss sauber sein. Des Weiteren sind Muslime verpflichtet, Almosen für Bedürftige zu geben (arab. Sakat) und im Monat ➢Ramadan zu fasten. Auch die Pilgerfahrt (arab. ➢Hadsch) zählt zu den Fünf Säulen: Wer gesundheitlich und finanziell dazu in der Lage ist, soll zumindest einmal im Leben nach Mekka pilgern.
Von allen Pflichten außer dem Glaubensbekenntnis gibt es eine Reihe von Ausnahmen, sei es wegen Krankheit oder Armut, weil jemand auf Reisen oder eine Frau schwanger ist – schließlich betont der Koran an mehreren Stellen: »Gott will es euch leichtmachen, nicht schwer.«

Gebetskette

Die islamische Gebetskette besteht meist aus 33 oder 99 Perlen – aus Materialien wie Holz, Korallen oder Bernstein. Das dazugehörige Gebet entstammt dem ➢Volksislam; im 15. Jahrhundert wurde es von Islamgelehrten für erlaubt erklärt. Goethe spricht vom »mahometanischen Rosenkranz, wodurch der Name ➢Allah mit neunundneunzig Eigenschaften verherrlicht wird«.

Hadith

Der Prophet Mohammed gilt allen Muslimen als Vorbild. Laut ➢Koran »befiehlt er ihnen das Rechte und verbietet das Verwerfliche, er erlaubt ihnen die köstlichsten Dinge und verbietet die schlechten, und er nimmt ihnen die Last und die Fesseln ab, die auf ihnen lagen« (Sure 7, Vers 157). Deswegen begann man nach seinem Tod, alle Überlieferungen seiner Taten und Aussprüche zu sammeln. Diese Berichte werden als Hadithe (wörtlich »Gespräch, Mitteilung«) bezeichnet und stellen neben dem ➢Koran die zweite Hauptquelle des islamischen Rechts (➢Scharia) dar. Die Gesamtheit der Hadithe heißt Sunna (»Brauch, Tradition«).

Hadsch

Die Pilgerfahrt nach Mekka im heutigen Saudi-Arabien ist eine der ➢Fünf Säulen des Islam. Sie findet im letzten Monat des islamischen Mondjahres (➢Zeitrechnung) statt. Fast drei Millionen Gläubige nehmen an den Riten teil, zu denen neben dem Umkreisen der ➢Kaaba auch der Aufenthalt am Berg Arafat und eine symbolische Steinigung des ➢Satans gehören. Nach dem Opferfest (➢Feste) und der Rückkehr nach ➢Mekka mit erneuter Umrundung der Kaaba endet der Weihezustand (arab. Ihram), in dem sich die Pilger befinden, und sie legen das Pilgergewand ab. Fortan dürfen die Männer den Ehrentitel Hadsch beziehungsweise Hadschi führen, Frauen werden Hadscha genannt.

Harem

Das arabische Wort Harim bezeichnet ursprünglich einen religiösen, »geschützten, unverletzlichen Ort«. Im Alltagsgebrauch wird damit in der islamischen Welt der private Wohnbereich eines Hauses benannt, der im Gegensatz zu den offiziellen Räumen, in denen der Hausherr auch Besucher empfängt, den weiblichen Angehörigen des Haushalts vorbehalten ist.

Im Westen versteht man unter Harem meist den großen, abgeschlossenen Frauenbereich der Paläste muslimischer Herrscher und Würdenträger, in dem Ehefrauen, Konkubinen, Sklavinnen, Aufseherinnen und Eunuchen wohnten und der auf vorislamische, altorientalische Tradition zurückgeht. Diese Harems mit gelegentlich Tausenden Frauen waren hierarchisch streng gegliedert. An der Spitze standen Frauen, die mit dem Herrscher blutsverwandt waren (Mutter, Töchter, Schwestern), gefolgt von seinen Ehefrauen, Konkubinen und Favoritinnen. Jede dieser hochrangigen Frauen hatte ihren eigenen Wohnbereich und ihre eigene Dienerschaft. Die Bewachung des Harems oblag den »Schwarzen Eunuchen«, die jederzeit Zutritt beim Herrscher hatten, um Verdächtiges zu melden.

Petra Kappert

Homosexualität

Die ➤Scharia verbietet gleichgeschlechtliche Sexualität als Unzucht (Sina). Die Strafen variieren zwischen den verschiedenen Rechtsschulen und von Land zu Land. Sie können bis zu Auspeitschung und Todesstrafe reichen, etwa in Iran oder Saudi-Arabien. In der Literatur hat die (männliche) Homosexualität in der islamischen Welt dennoch eine gewisse Tradition, wobei zumindest der »männlich aktive« Part durchaus positiv besetzt ist.

Imam

Der arabische Titel »Imam« hat zwei Bedeutungen: Zum einen bezeichnet er den Vorbeter (und Vorsteher) einer islamischen Gemeinde – eine Tätigkeit, die im Prinzip jeder männliche Muslim ausüben kann; nur an großen Moscheen verfügen Imame über eine besondere Ausbildung. Zum anderen benennt er das religiös-politische Oberhaupt aller Muslime.

In der Schia geht die Bedeutung des Imam weit über dieses Konzept hinaus. Hier gilt der Imam als unfehlbarer Lehrer, dessen religiöser Führung die Gläubigen bedürfen.

Die schiitische Hauptrichtung, die Zwölferschia, geht von einer Kette von zwölf Imamen aus. Der zwölfte Imam soll im Jahr 874 nicht gestorben, sondern von Gott in die Verborgenheit entrückt worden sein, aus der er am Ende der Zeiten zurückkehrt (➤Mahdi). Mit Ausnahme Alis, des ersten Imam, war es den Imamen der Zwölferschia nicht vergönnt, neben ihrer geistigen Führungsrolle auch die Staatsgewalt zu übernehmen.

Islamismus

Im 20. Jahrhundert entwickelten sich zahlreiche heterogene Gruppierungen, die den Islam als politische Ideologie interpretieren. Ihre Anhänger werden als »Islamisten« (arab. Islamijun) bezeichnet, zuweilen auch mit dem ursprünglich amerikanischprotestantischen Begriff »Fundamentalisten«. Ausgerichtet an ➢Koran und ➢Hadith fordern sie einen Islam, der radikal alle Lebensbereiche umfasst; sie streiten für einen islamischen Staat, die Geltung der ➢Scharia und die Rückbesinnung auf die Werte der Altvordern. Einige Gruppen setzen zur Verwirklichung ihrer Ziele friedliche Mittel ein, andere gewaltsame (➢Dschihadisten).

Gemeinsam ist den Gruppierungen (und damit unterscheiden sie sich von der ➢Wahhabija), dass sie als Antwort auf eine bereits säkularisierte Umwelt entstanden. Trotz ihrer meist antiwestlichen Haltung wollen Islamisten nicht auf moderne Errungenschaften verzichten – der beruflich erfolgreiche Technokrat, der nicht den traditionellen ➢Ulama angehört, galt lange Zeit als Prototyp des Islamisten.

Die älteste und bis heute wichtigste islamistische Gruppierung ist die 1928 gegründete ➢Muslimbruderschaft, die auch außerhalb Ägyptens Fuß fasste; die 1987 gegründete Hamas erwuchs aus der Organisation der palästinensischen Muslimbrüder.

Ismailiten

Als Ismailiten sind die Angehörigen einer im 8. Jahrhundert entstandenen schiitischen Glaubensgemeinschaft bekannt. Anders als die größte schiitische Gruppierung, die Zwölferschia, erkennen sie nur sieben ➢Imame an und heißen daher auch Siebenerschiiten. Im Zentrum ihrer Lehre steht die Unterscheidung zwischen dem allen Gläubigen zugänglichen »Äußeren« (arab. Sahir) der Religion, etwa den Offenbarungsschriften und darin enthaltenen Geboten, und ihrem »Inneren« (Batin), den verborgenen unwandelbaren Wahrheiten. Nach dem zyklischen Geschichtsverständnis der Ismailiten gibt es sieben Epochen, von denen ➢Mohammed die sechste als »Verkünder« eingeleitet hat; seine Vorgänger waren Adam, Noah, ➢Abraham, Mose und ➢Jesus. Mit der Rückkehr des siebten Imam als ➢Mahdi wird

die letzte Epoche beginnen, in der alle verborgenen Wahrheiten offenbar werden.
Von 909 bis 1171 herrschte die ismailitische Dynastie der Fatimiden über weite Gebiete Nordafrikas. Heute leben die Ismailiten überwiegend in Indien, Pakistan und Syrien; ihr Oberhaupt ist Karim Agha Khan IV.

Jesus

Im Islam gilt Jesus als einer der wichtigsten ➢Propheten. Der ➢Koran spricht von seiner jungfräulichen Geburt (Sure 21, Vers 91), lobt den »Sohn der Maria« als »Diener Gottes« sowie als »Beispiel für die Kinder Israels« (Sure 43, Vers 59). Anders als im Christentum gilt Jesus aber nicht als Sohn Gottes; die christliche Trinität wird vom Islam als polytheistisch verworfen.

Kaaba

Die Kaaba ist ein würfelförmiges Gebäude in Mekka, das heute von einer riesigen ➢Moschee umbaut ist. Sie ist das Zentrum der islamischen Religion, zu ihr wenden sich alle Muslime beim Ritualgebet, zu ihr pilgern alljährlich Millionen Gläubige. Sie umkreisen den Bau und versuchen, den in die Ostecke eingelassenen schwarzen Stein (möglicherweise ein Meteorit) zu küssen. Schon in vorislamischer Zeit war die Kaaba ein bedeutendes Heiligtum. Nach islamischer Vorstellung ist sie »das erste Haus Gottes auf Erden« (Sure 3, Vers 96), erbaut vom Propheten ➢Abraham. Jedes Jahr zum Ende des ➢Hadsch wird die Kaaba mit einem Überzug aus schwarzem Brokat neu eingekleidet.

Kalif

Als ➢Mohammed im Jahr 632 starb, war die Frage seiner Nachfolge ungeklärt (so die Meinung der ➢Sunniten). Nach kurzer Kontroverse einigten sich die Muslime in Medina auf den engen Prophetengefährten Abu Bakr als Leiter der jungen Gemeinde.

Dieser erste Kalif (arab. Chalifa, »Nachfolger«) bestimmte Umar zu seinem Nachfolger, der wiederum ein aus sechs Männern bestehendes Wahlgremium ernannte, das den dritten Kalifen Uthman wählte.
Nachdem Rebellen 656 Uthman ermordet hatten, wurde Mohammeds Vetter und Schwiegersohn Ali zum vierten Kalifen ernannt. Er wurde jedoch von Uthmans Verwandtschaft verdächtigt, an dessen Ermordung mitgewirkt zu haben. Es kam zum offenen Kampf: Erstmals standen sich Muslime auf einem Schlachtfeld gegenüber – in die islamische Literatur ging dieser Streit als die erste »Anfechtung« (Fitna) ein. Trotz dieser blutigen Auseinandersetzungen verehren die ➢Sunniten die ersten Kalifen als die »vier Rechtgeleiteten«.
Auch Ali wurde 661 ermordet; Muawija, sein Gegenspieler und Nachfolger, begründete in Damaskus die erste Kalifendynastie, die Umajjaden (661 bis 750); in Bagdad folgte später die Dynastie der Abbasiden (bis 1258). Muslimische Rechtsgelehrte definierten im 8. bis 10. Jahrhundert die Aufgaben des Kalifen: Er war sowohl religiöser Führer (➢Imam) als auch Befehlshaber der Gläubigen (Amir al-Muminin), besaß jedoch keine Autorität in Rechtsfragen. 1517 übernahm der osmanische Sultan Selim den Kalifentitel. 1924, nur wenige Jahre nach dem Zusammenbruch des Osmanischen Reiches, erklärte Türkei-Gründer Kemal Atatürk das Kalifat für abgeschafft.

Kolonialismus

Der europäische Kolonialismus zeigte sich in der islamischen Welt in zweierlei Gestalt: als direkte Herrschaft in Form von Kolonien, Protektoraten und Mandaten sowie als informelle Durchdringung der Wirtschaft und Kultur. Die Hauptkolonialmächte Großbritannien und Frankreich ergriffen im 19. und 20. Jahrhundert von weiten Teilen Afrikas und Asiens Besitz, darunter Tunesien (1881), Marokko (1912) und Ägypten (1882).

Bereits 1869 war unter britischer Kontrolle der Suezkanal eröffnet worden.
Ein neuer Kolonisierungsschub fand nach dem Ersten Weltkrieg statt, als das Osmanische Reich aufgeteilt wurde. Schon während des Krieges hatten Großbritannien und Frankreich ihre Einflusssphären im Nahen Osten abgesteckt: Während Lawrence von Arabien noch für ein großarabisches Reich focht, unterschrieben sie am 16. Mai 1916 das geheime Sykes-Picot-Abkommen, das unter anderem die Internationalisierung Palästinas vorsah.
Dennoch versprachen die Briten der jungen zionistischen Bewegung, in Palästina eine »Heimstatt« für das jüdische Volk zu errichten (Balfour-Erklärung vom 2. November 1917); Zigtausende Juden wanderten daraufhin nach Palästina ein. Angesichts des arabischen Aufstands (seit 1936) sowie des drohenden Zweiten Weltkriegs änderte Großbritannien seine Palästina-Politik und stellte nun auch den Palästinensern (im MacDonald-Weißbuch vom 17. Mai 1939) die Eigenstaatlichkeit in Aussicht.
Während alle anderen arabischen Gebiete im 20. Jahrhundert ihre Unabhängigkeit erlangten, dauert der Palästina-Konflikt an: Der Uno-Teilungsplan vom 29. November 1947 brachte keinen Frieden, sondern den ersten arabisch-israelischen Krieg. Am 14. Mai 1948 wurde der Staat Israel proklamiert – die Gründung eines palästinensischen Staates steht noch aus.

Kopfsteuer

Im Mittelalter hatten Nichtmuslime unter islamischer Herrschaft eine Sondersteuer zu entrichten. Grundlage ist ein Koranvers: »Kämpft gegen diejenigen, die nicht an Gott und den Jüngsten Tag glauben und die nicht verbieten, was Gott und sein Gesandter verboten haben, ... bis sie kleinlaut von dem, was ihre Hand besitzt, Tribut entrichten« (Sure 9, Vers 29). Mit der Zahlung dieser Dschisja genannten Sondersteuer waren Christen, Juden und Zoroastrier vom Wehrdienst befreit. Zugleich galten sie als Schutzbefohlene mit dem Recht auf freie Religionsausübung.

Koran

Gläubige Muslime nennen den Koran (»Vortrag, Lesung«) immer mit dem Zusatz al-Karim, »der Erhabene«. Er gilt ihnen als Gottes Wort, das dem Propheten ➢Mohammed offenbart und nach dessen Tod niedergeschrieben wurde. Kürzere Offenbarungseinheiten wurden zu Suren (Kapiteln) zusammengefasst; diese sind nicht chronologisch, sondern grob der Länge nach geordnet. Inhaltlich finden sich im Koran Erzählungen ebenso wie Rechtsvorschriften, Lobpreisungen Gottes oder Warnungen vor dem Jüngsten Gericht – alles in der besonderen sprachlichen Form der arabischen Reimprosa. Wegen der Komplexität und Vielschichtigkeit des Textes ist der Koran immer interpretiert worden. Dem vierten ➢Kalifen Ali wird der Ausspruch zugeschrieben: »Der Koran ist eine Schrift zwischen zwei Buchdeckeln, die nicht spricht. Erst die Menschen bringen sie zum Sprechen.«

Mahdi

In frühislamischer Zeit entstand die Vorstellung, dass ein Mahdi (arab. »Rechtgeleiteter«) am Ende der Zeiten ein Reich der Gerechtigkeit errichten werde. Dieser Erlöser wurde zunächst mit ➢Jesus identifiziert. Später gingen die Muslime davon aus, dass der Mahdi ein Nachkomme ➢Mohammeds sein müsse. Im ➢Koran ist von einem Mahdi oder Messias nicht die Rede. In der islamischen Geschichte traten immer wieder selbsterklärte Mahdis auf, die oft Anführer oppositioneller Gruppen waren. Die Zwölferschiiten glauben, dass der zwölfte ➢Imam als Mahdi die Welt erretten wird.

Märtyrer

Wer im Kampf für den Islam zu Tode kommt, gilt als Märtyrer (arab. Schahid, »Zeuge«). Ihm verspricht die Tradition den direkten Eingang ins ➤Paradies, wo ihn nach einem ➤Hadith 72 Jungfrauen erwarten. Die Frage, für wen die Bezeichnung angemessen ist, wurde zu allen Zeiten diskutiert. Besonders angesehen sind im schiitischen Islam die frühen Märtyrer und ersten ➤Imame Ali, Hassan und Hussein. Im modernen Sprachgebrauch ist häufig auch Schahid, wer im Dienst als Polizist oder Soldat ums Leben kommt. Vor allem aber dient der Begriff Demagogen dazu, den Tod im Kampf religiös zu überhöhen und die eigenen Anhänger zu fanatisieren. So propagieren extremistische Gruppen Selbstmordattentate als »Märtyreraktionen« – obwohl hochrangige Islamgelehrte den Attentätern den Status als Märtyrer in ➤Fatwas absprechen.

Minarett

Seit dem 10. Jahrhundert weisen alle großen ➤Moscheen mindestens ein Minarett (arab. Manara, »Leuchtturm«) auf. Von seiner Außengalerie ruft der Muezzin fünfmal täglich zum Gebet; heute erklingt der Ruf allerdings meist via Lautsprecher. Nachempfunden wurden die ersten Minarette antiken Grab- und Wachtürmen. Internationales Aufsehen erregte im November 2009 ein Schweizer Volksentscheid, bei dem sich 57,5 Prozent der Stimmberechtigten gegen den Bau von Minaretten im Alpenland aussprachen.

Mohammed

Der um 570 in der Handelsstadt Mekka geborene Mohammed erlebte im Alter von etwa 40 Jahren seine Berufung zum Propheten. Durch den Erzengel Gabriel empfing er bis zu seinem Tod im Jahr 632 Offenbarungen, die später im Koran zusammengestellt wurden. Von den Muslimen wird er als Gesandter Gottes verehrt und als Vorbild und gutes Beispiel in allen Belangen betrachtet. Unzählige Überlieferungen (➢Hadith) berichten über sein Aussehen, sein Handeln und seine Gewohnheiten. Besonders betont wird sein freundliches, geduldiges Wesen – und sein Bart: Einen dichten schwarzen Bart habe der Prophet gehabt, in dem auch im Alter höchstens 20 graue Haare zu finden gewesen seien.

Moschee

Die Moschee (arab. Masdschid, »Ort, an dem man sich zum Gebet niederwirft«) ist der wichtigste Bau der islamischen Architektur; er fungiert als Gebetsstätte und Versammlungsraum zugleich. Architektonisches Vorbild der ersten Moscheen war das Wohnhaus des Propheten in Medina, das mit einem großen Innenhof ausgestattet war. Diese »Urmoschee« fungierte als politisches und religiöses Zentrum zugleich: Hier wurden nicht nur Glaubensinhalte diskutiert, sondern auch politische und militärische Entscheidungen getroffen.
In Deutschland entstanden in den siebziger und achtziger Jahren des 20. Jahrhunderts überwiegend »Hinterhofmoscheen«. Erst in jüngster Zeit werden verstärkt repräsentative Bauten errichtet. Die bisher größte deutsche Moschee wurde 2008 in Duisburg-Marxloh eröffnet; sie gilt als gelungenes Modell religiöser Integration.

Mufti

Ein Mufti ist ein Islamgelehrter, der befugt ist, ➢Fatwas auszustellen. Heftig umstritten ist derzeit, ob auch Frauen Mufti sein dürfen. Während in Indien bereits weibliche Muftis tätig sind, gibt es in der Türkei bisher nur weibliche »stellvertretende Muftis«. Im Februar 2009 dann die Sensation: Großmufti Ahmed al-Haddad, Vorsitzender des Ministeriums für Islamische Angelegenheiten im Emirat Dubai, erließ eine ➢Fatwa, nach der auch Frauen als Muftis wirken dürfen. Drei Emiraterinnen durchlaufen gegenwärtig die zweijährige Ausbildung.

Muslimbruderschaft

Die Muslimbrüder (arab. al-Ichwan al-Muslimum) wurden 1928 von dem jungen ägyptischen Lehrer Hassan al-Banna gegründet. Ziel der Gruppierung war die Reform der ägyptischen Gesellschaft durch die »Ordnung des Islam« (arab. Nisam al-Islam): Eine auf ➤Koran und ➤Scharia gestützte Gesellschaft würde den inneren und äußeren Feinden (Linken, Säkularen, Briten, Zionisten) Widerstand leisten können. Während bei der ➤Salafija der Bildungsgedanke im Zentrum stand, war es bei der Bruderschaft die Moral. Den Westen mit seinem »gewinnsüchtigen Materialismus« und seinem »Imperialismus« lehnte die Bruderschaft ebenso ab wie den »gottlosen« Marxismus. Durch eine straffe Organisation, engagierte Sozialarbeit und die Androhung von Gewalt wuchs die Muslimbruderschaft in den vierziger Jahren zu einer Massenbewegung an (➤Islamismus). Ihr wichtigster Ideologe war Sajjid Kutb (hingerichtet 1966). Unter Ägyptens Präsident Husni Mubarak (bis 2011) waren die Muslimbrüder offiziell verboten.

Nationalismus

Nationalistische Ideen kamen in der islamischen Welt Ende des 19. Jahrhunderts auf – durch die Begegnung mit der europäischen Moderne. Aus den ➤kolonial beherrschten Gebieten sowie der Konkursmasse des Osmanischen Reichs entstanden im 20. Jahrhundert zahlreiche Staaten, denen die Vorstellung einer über Sprache und Siedlungsgebiet definierten Nation zugrunde lag. Gleichzeitig entwickelten sich im Nahen Osten überstaatliche Nationalismen wie Panarabismus und Panturkismus. Ein großer Vorkämpfer des Panarabismus war der ägyptische Präsident Gamal Abd al-Nasser (gest. 1970). In Syrien war unter christlicher Beteiligung bereits 1947 die panarabische Baath-Partei (»Wiedergeburt«) entstanden, die auch im Irak an die Macht gelangte. Doch alle Versuche, mehrere arabische Staaten zu vereinen, schlugen fehl. Geblieben ist die 1945 gegründete Arabische Liga, die 22 Mitglieder umfasst. Der Nationalismus widerspricht in gewisser Weise dem Ideal der ➤Umma; ➤islamistische Gruppen trachten daher oft danach, den Nationalstaat zu überwinden.

Paradies

Das Paradies (pers. Firdaus, arab. Dschanna, »Garten«) wird im ➤Koran sinnlich ausgemalt: In den »Gärten der Wonne« fließen Wasser, Milch, Wein und Honig, dazu wachsen die herrlichsten Früchte. Man sitzt auf weichen Lagern und wird von jungen Mundschenken bedient. Obwohl Frauen wie Männer ins Paradies eingehen können, scheinen einige der Genüsse speziell auf männliche Wünsche zugeschnitten, ihnen stehen »Huris« zur Verfügung, ewige Jungfrauen mit großen, schönen Augen.

Philosophie

Eine eigenständige Philosophie entstand in der islamischen Welt im 9. Jahrhundert. Sie fußt auf der großen Übersetzungsbewegung, die zwischen dem 8. und 10. Jahrhundert fast die gesamte wissenschaftliche Literatur der Antike ins Arabische übertrug. Abu Jakub al-Kindi (gest. um 870) normierte erstmals im Arabischen die philosophischen Termini. Während seine Philosophie ganz im Dienst des islamischen Dogmas steht, lehnte der Arzt und Philosoph Abu Bakr al-Rasi (gest. 925 oder 932) eine Orientierung an der Religion ab. Das erste philosophische »System« in arabischer Sprache schuf Abu Nasr al-Farabi (gest. 950), ein Vertreter der Bagdader Schule, der auch viele Christen angehörten.

Enormen Einfluss auf die europäische Philosophie hatten die Aristoteles-Kenner Ibn Sina (Avicenna, gest. 1037) und Ibn Ruschd (Averroes, gest. 1198). Ibn Ruschd beantwortet die Frage, ob das Studium der Philosophie und Logik vom religiösen Standpunkt her überhaupt erlaubt sei, dahingehend, dass der ➢Koran die Philosophie für all diejenigen, die einen starken Intellekt besitzen, verpflichtend vorschreibt: »Denkt nach, die ihr Einsicht habt!«, zitiert er Sure 7, Vers 185.

Propheten

Der Islam kennt eine ganze Reihe von Propheten (arab. Anbija, Sg. Nabij), deren letzter, das »Siegel der Propheten«, ➢Mohammed ist. Im ➢Koran tauchen an mehreren Stellen Listen auf (z.B. Sure 4, Verse 163/4 oder Sure 6, Verse 83–86), in denen neben den bedeutenden Propheten des Alten Testaments viele biblische Gestalten genannt sind, die in jüdischer und christlicher Tradition diesen Titel nicht tragen, angefangen bei Adam als dem ersten Menschen und zugleich ersten Propheten über ➢Abraham bis hin zu ➢Jesus. Dazu kommen einige arabische Gesandte wie Hud, Schuaib und Salih sowie eine große Zahl namentlich nicht erwähnter Propheten: Die Tradition spricht von mehreren Hunderttausend.

Ramadan

»Der Monat Ramadan, in dem herabkam der ➢Koran den Menschen als Geleit ... – wer in ihm zugegen ist, soll fasten, doch wer von euch erkrankt oder auf Reisen ist, für den ist eine Anzahl anderer Tage möglich. Gott will es euch leichtmachen, nicht schwer.« So fordert es der Koran und legt auch die Bedingungen der Enthaltsamkeit von der Morgendämmerung bis zum Sonnenuntergang fest (Sure 2, Verse 183–187). In diesem »heiligen Monat« finden in ➢Moscheen zusätzliche nächtliche Gebete und Koranlesungen statt. Ein ➢Hadith besagt: »Wenn der Monat Ramadan beginnt, werden die Tore des Himmels geöffnet und die Tore der Hölle verschlossen, und die Teufel werden in Ketten gelegt.«

Reformislam

Europäische Denker der ➢Kolonialzeit vertraten die Ansicht, die materielle Überlegenheit des Westens habe auch mit dem Islam zu tun, da dieser nicht mit Wissenschaft und Zivilisation vereinbar sei. Muslimische Intellektuelle setzten sich um die Wende vom 19. zum 20. Jahrhundert gegen diese Unterstellung zur Wehr. Nach ihrem Verständnis beruhte die schmerzhaft wahrgenommene Rückständigkeit darauf, dass die islamische Lehre im Lauf der Jahrhunderte erstarrt sei und die ➢Ulama an längst überholten Normen festhielten. Vertreter des Reformislam wie Mohammed Abduh, der bis 1905 das Amt des obersten ➢Mufti von Ägypten bekleidete, plädierten daher für eine innere Erneuerung des Islam. Wichtigste Leitschnur solle dabei stets der Verstand sein.
Mit ihrer modernen Herangehensweise gelingt es Reformmuslimen, Werte wie Demokratie und Menschenrechte in den Kontext ihrer Religion zu stellen sowie naturwissenschaftliche Erkenntnisse und physikalische Gesetze mit dem ➢Koran zu versöhnen. Damit setzen sie dem Westen ein neues islamisches Selbstbewusstsein entgegen.

Revolutionen

Seit Januar 2011 gärt es in der arabischen Welt: Die Revolutionen in Tunesien und Ägypten führten am 14. Januar und 11. Februar zur Absetzung der autoritären Präsidenten Ben Ali und Mubarak, die seit Jahrzehnten ihre Länder diktatorisch kontrollierten. Hunderttausende Demonstranten prangerten zuvor die Korruption der herrschenden Eliten, die hohe Arbeitslosigkeit, insbesondere unter Jugendlichen, sowie die Zensur an und forderten demokratische Reformen. Auch in anderen Staaten wie Algerien, Jordanien, Libyen, Bahrain oder dem Jemen kam es zu Protesten und Volksaufständen: Abertausende forderten den Rücktritt der Regierung oder des – meist langjährigen – Herrschers. Vor allem in Libyen, Bahrain, Syrien und Jemen reagierten die Machthaber mit brutaler Gewalt. Andere Regenten, wie in Jordanien und im Oman, sagten Reformen zu, ließen Oppositionelle frei oder tauschten Regierungsmitglieder aus. Häufig formierte sich der Widerstand zunächst im Internet in sozialen Netzwerken wie Facebook und Twitter, so auch in Saudi-Arabien. Dort, wie auch in anderen Golfstaaten, versuchte man, die Bevölkerung durch Geldgeschenke und die Erhöhung von Subventionen ruhig zu stellen. Bemerkenswert ist, dass die Proteste in allen Ländern nicht ➢islamistisch orientiert waren.

Salafija

Wörtlich bedeutet der Begriff Salafija die Orientierung an der Zeit der »frommen Altvordern« (arab. al-Salaf al-Salih) – gemeint sind die ersten Generationen von Muslimen. Bedeutende Denker der reformistischen Salafija-Bewegung waren der Iraner Dschamaluddin al-Afghani (gest. 1897), der Ägypter Mohammed Abduh (gest. 1905) und der Syrer Raschid Rida (gest. 1935). Sie setzten sich für eine Erneuerung des Islam durch Bezug auf die Werte der islamischen Frühzeit ein – um auf diese Weise Islam und Moderne zu versöhnen. Besonders wichtig waren ihnen die Modernisierung von Bildung und Erziehung.
Die heutige Salafija-Bewegung hat sich dagegen von der reformistischen Bewegung weit entfernt und deren Intentionen ins Gegenteil verkehrt: Der Begriff ist heute fast gleichbedeutend mit ➢Islamismus oder ➢Wahhabismus. Auch ➢dschihadistische Gruppen bezeichnen sich als Salafisten, wie die Groupe Salafiste pour la Prédication et le Combat (GSPC) in Algerien.

Satan

Der islamische Satan (arab. Schaitan, Iblis) ähnelt in vielem dem jüdisch-christlichen. Laut ➢Koran ist er der »Feind« der Menschen (Sure 35, Vers 6), er stiftet Streit zwischen ihnen (Sure 17, Vers 53) und weckt in ihnen Wünsche (Sure 4, Vers 119). Dabei weilte Satan einst im ➤Paradies. Da er sich weigerte, vor Adam niederzufallen, musste er mit seinen Dämonen das Gartenreich verlassen. Von Gott erbat er sich das Recht, fortan die Menschen zu verführen: »Mein Herr, weil du mich verleitet hast, werde ich ihnen auf der Erde alles im schönsten Licht erscheinen lassen und sie allesamt verleiten, bis auf deine Knechte, die aus ihnen auserlesen sind« (Sure 15, Verse 39–40).

Schächtung

Im Islam gilt, ähnlich wie im Judentum, Blut als rituell unrein. Daher achten Muslime beim Schlachten von Tieren darauf, dass diese vollständig ausbluten. Die traditionelle Methode dafür ist, dem lebenden Tier die Halsschlagader zu öffnen, sodass durch den noch aktiven Kreislauf ein möglichst großer Teil des Blutes aus dem Körper strömt; das verbleibende Blut wird sorgfältig entfernt.
Diese Praxis widerspricht europäischen Vorstellungen von Tierschutz und steht zudem industrieller Fleischproduktion entgegen. Viele Islamgelehrte vertreten daher die Ansicht, dass die vorherige Betäubung des Schlachttiers mit den islamischen ➤Speisevorschriften vereinbar ist.

Scharia

Die auf Gott und ➤Mohammed, seinen Gesandten, gründende Lebens- und Rechtsordnung der Muslime, die Scharia, wurde über drei Jahrhunderte hinweg von muslimischen Theologen und Rechtsgelehrten entwickelt. Sie ist also nicht Ergebnis herrscherlichen oder staatlichen Willens. In Debatten- und Lehrzirkeln, die untereinander in Verbindung standen, versuchten die ➤Ulama für alle Bereiche des Lebens die Frage zu beantworten, was ➤Koran und Sunna entspreche und was nicht.
Allmählich wurden, sofern sich die Gelehrten einig waren, Entscheidungen zu Einzelfragen auf der Basis des ➤Koran und des ➤Hadith sowie mittels Analogieschlüssen aus Präzedenzfällen

zu größeren Sachgebieten zusammengefasst: alles zu Ehe und Scheidung, alles zu Krieg, alles zu Sklaven und so weiter. Zwischen dem 11. und dem 14. Jahrhundert wurden die Ergebnisse, vorwiegend als Fallsammlungen, in umfassenden Rechtskompendien schriftlich niedergelegt.

Stark ausgebildet ist die Scharia, ihrer staatsfernen Herkunft entsprechend, in allen Bereichen des Alltagslebens (Religionsausübung, Personenstand, Sitten und Gebräuche), weniger jedoch in den Bereichen Staat, Verwaltung und Fiskus. Vielleicht gerade deswegen wurde die Scharia seit dem 16./17. Jahrhundert in fast allen islamischen Ländern allmählich durch europäische Rechtsformen ersetzt.

Wenn heute ➢Islamisten eine »Wiedereinführung« der Scharia fordern, geht es ihnen anscheinend vor allem um die drastischen Strafandrohungen und die Herabstufung der Frau. Das komplexe und komplizierte Rechtssystem Scharia und dessen hohe juristische Qualität ist ihnen oft kaum (oder gar nicht) vertraut.

Albrecht Noth

Scheich

Mit dem arabischen Wort Scheich (»ehrwürdiger Mann«) werden respektvoll Autoritäten angesprochen, sei es das Oberhaupt eines Stammes oder einer Sufi-Bruderschaft, sei es ein Islamgelehrter, ein weltlicher Fürst oder ein geachteter alter Mann.

Schiiten

Die Spaltung zwischen den beiden größten islamischen Gruppen – ➢Sunniten und Schiiten – ist fast so alt wie der Islam selbst. Die beiden Richtungen unterscheiden sich weniger durch theologisch-dogmatische Positionen als vielmehr durch das Bekenntnis zu bestimmten Personen, denen die höchste Autorität in der ➢Umma zugeschrieben wird (➢Kalif, ➢Imam).

Entzündet hatte sich das Schisma an der Nachfolge ➢Mohammeds: Eine Gruppe hielt allein Ali Bin Abi Talib, Vetter Moham-

meds und Ehemann von dessen Tochter Fatima, für den rechtmäßigen Nachfolger. Als dieser über 20 Jahre nach Mohammeds Tod zum vierten ➢Kalifen erhoben wurde, stieß die Entscheidung bei anderen Muslimen auf Kritik. Ali und seine Parteigänger (arab. Schia, »Partei«) zogen sich daraufhin in den Irak zurück – bis heute ein Kernland der Schia.
Nach Alis Ermordung 661 verzichtete Hassan, Alis ältester Sohn aus der Ehe mit Fatima (und nach schiitischer Lesart der zweite Imam), auf das Kalifat. Anders der jüngere Sohn Hussein, der 680 mit einigen Getreuen versuchte, den Umajjaden-Kalifen Jasid I. militärisch zu besiegen. Das Aufeinandertreffen bei Kerbela endete für die Schiiten desaströs: Hussein und seine Mitstreiter wurden niedergemetzelt. Erst nach dieser – später dramatisch überhöhten – Niederlage nimmt die »Partei Alis« religiöse Züge an.
Auch in späteren Jahrhunderten wurden die Schiiten als politische Oppositionsbewegung bekämpft. Erst im 10. Jahrhundert förderten Herrscher im Irak die Schia. 1501 kam in Iran die schiitische Dynastie der Safawiden an die Macht, die das bis dahin mehrheitlich sunnitische Land »schiitisierte«. Heute machen die Schiiten etwa zehn Prozent aller Muslime aus.

Schleier

Die Frage, ob und in welcher Form sich muslimische Frauen verschleiern sollen, wird seit etwa 100 Jahren von den Rechtsgelehrten heftig diskutiert. Ein eindeutiges Verschleierungsgebot lässt sich aus dem ➢Koran (Sure 24, Vers 31 und Sure 33, Vers 59) nicht herauslesen, und so sind in verschiedenen Regionen und Gesellschaftsschichten unterschiedliche Formen der Verhüllung üblich.
Der iranische Tschador ist, ähnlich wie der maghrebinische Haik, ein riesiges Tuch, mit dem Frauen Kopf und Körper verhüllen. Die Vollverschleierung mit einem Nikab, der nur die Augen freilässt, breitet sich, gestützt durch die ➢wahhabitische Lehre, auch über

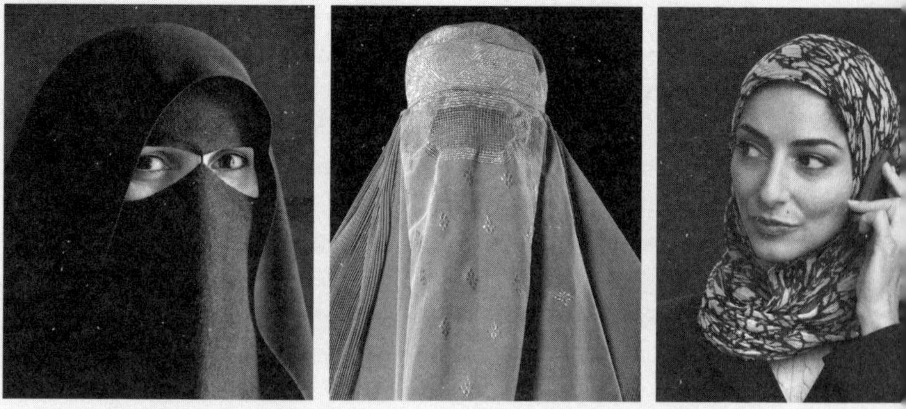

Heutige Formen der Verschleierung: Nikab, Burka, Hidschab

Bruno Ehrs/Corbis (links), Jason Horowitz/Corbis (Mitte), Hill Street Studios/Blend Images/Corbis (rechts)

die Arabische Halbinsel hinaus immer weiter aus – manchmal kombiniert mit schwarzen Handschuhen; anders als die ➢Burka wird sie auch von einigen europäischen Musliminnen getragen. Der allgemeine arabische Begriff Hidschab (»Vorhang, Schleier«), der im frühen 20. Jahrhundert in Ägypten für den Gesichtsschleier verwendet wurde, bezeichnet heute oft eine Kombination aus Kopftuch und weitem Mantel. Weitere Bezeichnungen sind Chimar, Dschilbab oder Sitr. In der Türkei, wo für öffentliche Einrichtungen ein Kopftuchverbot gilt, wurde in den vergangenen Jahren erbittert um die weibliche Verhüllung gestritten. Neu war dabei die Unterscheidung zwischen dem traditionellen, unter dem Kinn gebundenen Kopftuch und dem »Türban«, einer modernen Variante, bei der das Tuch eng um Kopf und Hals geschlungen wird.

Schura

Begründet wird das demokratische Grundprinzip von ➢Sunniten wie ➢Schiiten mit der 42. Sure des ➢Koran, die den Titel trägt »al-Schura« (die Beratung), ein Begriff, der heute oft gleichbedeutend neben »Dimukratija« steht. Auch in Sure 3, Vers 159 heißt es: »Und ratschlage mit ihnen über die Angelegenheit!« Gelegentlich wird dies durch ein Prophetenwort ergänzt: »Gott und sein Prophet benötigen keine Beratung (Schura), aber für meine Gemeinde hat sie Gott zu einer Barmherzigkeit gemacht, denn wer in ihr sich berät, dem wird die Rechtleitung nicht fehlen, und wer sie unterlässt, dem wird es an Irrtum nicht mangeln.« Im 20. Jahrhundert entstand eine Reihe von islamischen Verfassungen, die den Schura-Begriff durchaus in einem parlamentarischen Sinn interpretieren, ohne spezifisch islamische Grundvorstellungen aufzugeben. *Gernot Rotter*

Speisegebote

Die religiösen Speisevorschriften für Muslime beruhen auf dem ➢Koran. Dieser verbietet ausdrücklich den Verzehr von Blut, Schweinefleisch, Fleisch von verendeten Tieren sowie von solchen, die nicht unter Anrufung Gottes und entsprechend den Regeln bei der ➢Schächtung getötet wurden. Außerdem wird aus einigen Koranversen von den meisten Rechtsgelehrten ein ➢Alkoholverbot abgeleitet.

Sufismus

Die islamische Mystik begann als asketische Weltflucht; die Begriffe Sufismus und Sufi werden meist vom wollenen Gewand (arab. Suf, »Wolle«) der ersten frommen Gottsucher abgeleitet. Seit dem 11. Jahrhundert formierten sich sufische Bruderschaften, die sich oft auf einen spirituellen Meister zurückführen. Dennoch steht die Suche des Einzelnen nach reiner Gottesliebe oder Gottesvereinigung bis heute im Vordergrund.

Sultan

Der Titel Sultan (»Macht, Machthaber«) entstand als Beiname des ➢Kalifen, und bezeichnete den weltlichen Aspekt seiner Herrschaft. Später führten ihn auch untergeordnete Machthaber.

Sunniten

Die Sunniten leiten ihren Namen von der »Sunna«, dem Leben des Propheten Mohammed, ab. Auch die ➢Schiiten erkennen dieses als vorbildlich und daher verbindlich an; sie stellen jedoch die überlieferten Aussprüche ihrer ➢Imame als gleichwertig daneben. Während die Sunniten die Sunna in sechs kanonischen Büchern sammelten, überliefern die Schiiten die Direktiven ihrer ➢Imame in vier Büchern. Mit etwa 90 Prozent bilden die Sunniten heute die überwältigende Mehrheit der Muslime.

Theologie

Islamgelehrte sind in der Regel keine Theologen, sondern Rechtsgelehrte. Eine islamische Theologie entwickelte sich seit dem 8. Jahrhundert vor allem in Form des dialektischen Disputs (Ilm al-Kalam). Im Zentrum standen die Einheit Gottes und daraus resultierende Fragen nach seinen übrigen Eigenschaften. Auch die Handlungsfreiheit und Erkenntnisfähigkeit des Menschen angesichts der Allmacht Gottes wurden diskutiert.
Schließlich setzte sich eine stark an ➢Koran und ➢Hadith orientierte Theologie als »orthodox« durch, als deren wichtigster Vertreter Abu al-Hassan al-Aschari gilt (gest. um 935). Später brachte der persische Theologe Abu Hamid al-Ghasali (gest. 1111) eine an der Mystik (➢Sufismus) und ihrer lebendigen Gotteserfahrung orientierte Sichtweise in die Theologie ein.

Ulama

Als Gelehrte (Ulama, Singular: Alim) werden in der islamischen Welt diejenigen bezeichnet, die ein Studium der religiösen Wissenschaften absolviert haben und damit in ➢Koran, ➢Hadith und islamischem Recht ausgebildet sind. Jahrhundertelang war eine solche Ausbildung Voraussetzung für alle religiös relevanten Ämter wie ➢Mufti, Kadi, Prediger oder auch Lehrer und Notar. Da sich zumindest im sunnitischen Islam keine einheitliche Organisation oder Hierarchie herausbildete, entstanden Lehrmeinungen in oft langwierigen Prozessen der Konsensbildung (für die Schia: ➢Ajatollah).

Seit dem 19. Jahrhundert haben Ulama als Amtsträger häufig Beamtenstatus, bis dahin wurden sie in der Regel aus religiösen Stiftungen finanziert. Durch die Formalisierung der Bildungssysteme und die Einführung von staatlichen Rechtsnormen haben die traditionellen Gelehrten an Bedeutung verloren. Dennoch stellen sie mit ihrer auf Wissen beruhenden Autorität eine wichtige gesellschaftlich-moralische Instanz dar. Viele Ulama tragen als Zeichen ihrer Würde einen langen schwarzen Mantel und einen Turban.

Umma

Das arabische Wort Umma (»Volk, Gemeinschaft«) bezeichnet die Gemeinschaft aller Muslime weltweit, unabhängig von ethnischer oder sprachlicher Zugehörigkeit. Damit löst der Islam als einigendes Band frühere Identitäten wie Stamm, Clan oder Volk zumindest theoretisch ab. Das Ideal der Einheit trotz aller Vielfalt, das sich in dem Begriff bis heute ausdrückt, wird spätestens seit dem Aufkommen der Nationalstaaten und dem Ende des Kalifats in der Realität auf eine harte Probe gestellt. Nicht zuletzt deswegen streben Wortführer der ➢Salafija und der ➢Islamisten, aber auch viele andere Muslime die »Wiederherstellung« einer durch ihren gemeinsamen Glauben geeinten Umma an.

Volksislam

Unter dem Begriff Volksislam wird eine Vielzahl heterogener Ideen und Bräuche zusammengefasst, die nicht zur kanonischen Form des Hochislam zählen (sofern diese überhaupt existiert!) – und sich damit mehr oder weniger offen in Opposition zum Islam der Schriftgelehrten befinden. Die Verquickung von Islam und scheinbar »unislamischen« Bräuchen ist in der gesamten islamischen Welt zu beobachten. Dazu zählen das Feiern von

➢Mohammeds Geburtstag ebenso wie der Gebrauch von Amulett und Talisman. Eine große Rolle spielt die Verehrung lokaler Heiliger, die sich durch besondere Segenskraft auszeichnen. Da der Heilige diese durch seinen Tod nicht verliert, entstand vielerorts ein ausgeprägter Gräberkult.

Wahhabismus

Als Wahhabiten werden die Anhänger der Lehre von Mohammed Bin Abd al-Wahhab (gest. 1792) bezeichnet; sie selbst nennen sich Muwahhidun (»Bekenner der Einheit Gottes«). Bin Abd al-Wahhab, geboren im heutigen Saudi-Arabien, vertrat seine religionspolitischen Vorstellungen kompromisslos: Vehement forderte er die Rückbesinnung auf ➢Koran und Sunna sowie auf die Frühzeit der frommen Altvordern. Unerlaubte Neuerungen (arab. Bidaa) wie Tabakrauchen oder Musik lehnte er ab, ebenso die »übertriebene« Verehrung des Propheten oder gar die von Heiligen (➢Volksislam) oder ➢Imamen – sie galten ihm als Polytheismus.

1744/45 schloss er mit dem Regionalherrscher Mohammed Bin Saud ein Bündnis. Fortan lieferte die Wahhabija die ideologische Grundlage für die Expansion der saudischen Familie. Nichtwahhabitische Muslime wurden als ➢Apostaten bekämpft; ➢Moscheen und Gräber von Prophetengefährten oder Heiligen verwüstet. Unter der Zerstörung der schiitischen Heiligtümer in Kerbela 1802 leidet bis heute das Verhältnis von Iran und Saudi-Arabien. 1932 kam es zur Gründung des dritten saudischen Staates: des Königsreichs Saudi-Arabien. Seit 1986 schmückt sich der saudische König mit dem Titel »Hüter der beiden Heiligen Stätten« (Mekka und Medina) – für viele nichtwahhabitische Muslime eine Provokation.

Von ➢islamistischen Gruppierungen unterscheidet sich die Wahhabija durch ihr enges Verhältnis zu den USA: Seit 1943 ist die saudische Herrscherfamilie faktisch mit Amerika verbündet. Als sich eine von den USA geführte Allianz im August 1990 anschickte, das von Saddam Hussein überfallene Kuwait zu befreien, kam es zum Aufmarsch von US-Truppen auf saudi-arabischem Boden. Dieser wurde durch eine ➢Fatwa des Rats der Hohen Religionsgelehrten, der höchsten religionspolitischen Institution Saudi-Arabiens, für rechtens erklärt – der ehemalige saudi-arabische Staatsbürger Osama Bin Laden sah dies anders (➢Dschihadismus).

Zeitrechnung

Nach islamischem Kalender schreiben wir das Jahr 1432. Die Zeitrechnung beginnt mit der Übersiedlung (arab. Hidschra) ➢Mohammeds von Mekka nach Medina 622 n. Chr. und beruht auf einem reinen Mondjahr ohne Schalttage oder -monate. Dieses Jahr ist zehn bis elf Tage kürzer als ein Sonnenjahr, und so wandern mit den Daten des islamischen Kalenders auch die religiösen Feste der Muslime rückwärts durch die Jahreszeiten. Da der Mond der eigentliche Zeitregler ist, beginnt (ebenso wie im Judentum) der Tag bei Sonnenuntergang.

Zinsverbot

Die Erhebung von Zinsen ist das am meisten diskutierte Problem einer islamgemäßen Wirtschaftsordnung. Im Zentrum der Debatte steht der koranische Begriff Riba, der Zins oder Wucher bedeuten kann. Ein Teil der Experten geht davon aus, dass sich das Riba-Verbot ausdrücklich auf überhöhte Zinsen bezieht, wie sie im vorislamischen Mekka üblich gewesen seien. Grundsätzlich könne finanzielle Kompensation bei Geldgeschäften gestattet sein. Die Mehrheitsmeinung lehnt jedoch Zinsen strikt ab. Im Mittelalter wurden daher Geldgeschäfte in der islamischen Welt fast ausschließlich von Nichtmuslimen betrieben. Gleichzeitig entwickelten Händler rechtliche Kniffe, um das Verbot zu umgehen. Heute arbeiten »islamische Banken« offiziell ohne Zinsen, verfügen aber über Praktiken, die einen Zinseffekt mit sich bringen.

Buchhinweise

Tamim Ansary: Die unbekannte Mitte der Welt. Globalgeschichte aus islamischer Sicht. Campus Verlag, Frankfurt a. M., 2010.
Der Autor stammt aus Afghanistan, lebt in den USA und setzt dem eurozentrischen Geschichtsbild ein ganz anderes entgegen – gut lesbar, spannend und reich an Überraschungen.

Hartmut Bobzin: Der Koran. Eine Einführung. Verlag C. H. Beck, München, 1999. / Der Koran. Neu übertragen von Hartmut Bobzin. Verlag C. H. Beck, München, 2010.
Der Erlanger Islamwissenschaftler erläutert Entwicklung, Aufbau, Gehalt und Gestalt des Koran kompetent und gut verständlich. Seine Neuübersetzung will zeitgemäß und unverfälscht sein.

John Gray: Die Geburt al-Qaidas aus dem Geist der Moderne. Verlag Antje Kunstmann, München, 2004.
Der britische Ideenhistoriker Gray zeigt verblüffend, aber plausibel, wie islamistischer Terrorismus ideologisch von europäischen Vorbildern geprägt ist.

Heinz Halm: Der Islam. Geschichte und Gegenwart. Verlag C. H. Beck, München, 2000.
Der Tübinger Professor für Islamkunde präsentiert ein Konzentrat wichtigster Informationen.

Albert Hourani: Die Geschichte der arabischen Völker. Von den Anfängen des Islam bis zum Nahostkonflikt unserer Tage. Fischer Taschenbuch-Verlag, Frankfurt a. M., 2000.
Gut geschriebene, zuverlässige Gesamtdarstellung des verstorbenen britischen Gelehrten.

Navid Kermani: Gott ist schön. Das ästhetische Erleben des Koran. Verlag C. H. Beck, München, 1999.
Meisterliche, stilistisch glänzende Aufklärung.

Gudrun Krämer: Geschichte des Islam. dtv, München, 2008.
Die Islamwissenschaftlerin beleuchtet Vielfalt und Wandelbarkeit des Islam und untersucht, warum heute überall in der islamischen Welt der Protest gewaltsame Formen annimmt.

Bernard Lewis: Der Untergang des Morgenlandes. Warum die islamische Welt ihre Vormacht verlor. Gustav Lübbe Verlag, Bergisch Gladbach, 2008.
Lewis, der 94-jährige Methusalem westlicher Islamwissenschaft, beschreibt den Verlust der Vormacht farbig und mit vielen Beispielen, erklärt ihn allerdings nicht.

Abdelwahab Meddeb: Die Krankheit des Islam. Unionsverlag, Zürich, 2007.
Schonungslos untersucht der aus Tunesien stammende Autor, warum die islamische Kultur von früherer Höhe abgestürzt ist.

Annemarie Schimmel: Mystische Dimensionen des Islam. Die Geschichte des Sufismus. Insel Taschenbuch, Frankfurt a. M., 1995.
Standardwerk der international geschätzten, 2003 verstorbenen Gelehrten.

Autorenverzeichnis

Dr. Ludwig Ammann ist Islamwissenschaftler und Autor mehrerer Bücher über den Islam.

Dieter Bednarz ist Redakteur im SPIEGEL-Ressort Ausland.

Georg Bönisch ist Redakteur im SPIEGEL-Ressort Deutschland.

Annette Bruhns ist Redakteurin bei SPIEGEL GESCHICHTE / SPIEGEL WISSEN.

Katrin Elger ist Redakteurin im Berliner SPIEGEL-Hauptstadtbüro.

Dr. Erich Follath ist Diplomatischer Korrespondent des SPIEGEL.

Anne-Sophie Fröhlich ist Dokumentationsjournalistin beim SPIEGEL.

Uwe Klußmann ist Redakteur bei SPIEGEL GESCHICHTE / SPIEGEL WISSEN.

Dr. Michael Josef Marx unterrichtet Arabistik an der Freien Universität Berlin.

Yassin Musharbash ist Redakteur bei SPIEGEL ONLINE.

Dietmar Pieper ist Leiter der Reihen SPIEGEL GESCHICHTE / SPIEGEL WISSEN.

Christoph Schult ist SPIEGEL-Korrespondent in Brüssel, zuvor in Jerusalem.

Michael Sontheimer ist Autor für den SPIEGEL.

Daniel Steinvorth ist SPIEGEL-Korrespondent in Istanbul.

Dr. Claudia Stodte ist Dokumentationsjournalistin beim SPIEGEL.

Thilo Thielke ist SPIEGEL-Korrespondent in Bangkok.

Dr. Rainer Traub ist Redakteur bei SPIEGEL GESCHICHTE / SPIEGEL WISSEN.

Volkhard Windfuhr ist SPIEGEL-Korrespondent in Kairo.

Dank

Möglich wurde dieser Band nur, weil viele kluge und sorgsame Kollegen die Autoren unterstützt haben. Gewohnt umsichtig prüfte die von Dr. Hauke Janssen geleitete SPIEGEL-Dokumentation alle Beiträge auf ihre sachliche Richtigkeit, beteiligt waren Jörg-Hinrich Ahrens, Viola Broecker, Klaus Falkenberg, Cordelia Freiwald, Anne-Sophie Fröhlich, Silke Geister, Carsten Hellberg, Anna Kovac, Dr. Walter Lehmann, Michael Lindner, Rainer Lübbert, Mirjam Schlossarek, Dr. Claudia Stodte, Rainer Szimm, Dr. Eckart Teichert, Nina Ulrich und Ursula Wamser. Schnell und findig besorgten die Bibliothekare Johanna Bartikowski und Heiko Paulsen die Fachliteratur. Mit sicherem Gespür traf Claus-Dieter Schmidt die Bildauswahl, Britta Krüger kümmerte sich um die Bildrechte. Die informativen Grafiken erstellten Martin Brinker und Michael Walter, Thomas Hammer bereitete diese für das Buch auf. In der Schlussredaktion hatten Reinhold Bussmann und Tapio Sirkka einen scharfen Blick für nötige Korrekturen. Angelika Kummer und Petra Schwenke hatten im Sekretariat alles Organisatorische wie immer zuverlässig in der Hand. Antje Wallasch beim SPIEGEL und Karen Guddas bei der DVA kümmerten sich mit großer Umsicht um das gesamte Buchprojekt, für die Herstellung war Brigitte Müller verantwortlich. Ihnen allen herzlichen Dank für die hervorragende Zusammenarbeit.

Dietmar Pieper, Rainer Traub

Personenregister

Muslime weltweit